10/12 – 20..

A big hug
and respect to
Mr Robert Edwards
You changed my life
and gave me the hope!
I needed that to go along
with my life.

Ramona Franson

Ramona Fransson

Älskling, vi blir inte med barn

anomaR Förlag

Tidigare av Ramona Fransson:
Dyrbar kärlek
Iskall hämnd
Mord i Skärhamn

Ramona Fransson: Älskling, vi blir inte med barn

www.anomar-forlag.se
anomaR Förlag
Omslagsfoto: Lennart Falk
Omslagsdesign och sättning: Swepo Grafiska
Tryckning: Swepo Grafiska, Warszawa 2008

ISBN: 978-91-976320-3-4

Till Thommy min älskade make och bäste vän.

PROLOG

Dagligen gör vi människor val. Vi väljer mellan rödmjölk eller lättmjölk, Volvo eller Saab, begagnat eller nytt. Våra liv påverkas inte nämnvärt av valet av bil eller tvättmedel. I de flesta fall har vi gjort ett val utifrån vår ekonomiska situation. Men det finns ett val, som inte bara påverkar våra liv utan även våra föräldrars och flera generationer framåt. Valet är om vi ska skaffa barn. För de flesta människor är det ett ömsesidigt beslut och när man väl har bestämt sig, blir det så. Men ibland inträffar det som man inte är förberedd på. Det blir inga barn! Det är då chocken infinner sig. Det som de flesta av oss tar för givet som den naturligaste sak i världen, att bli med barn, fungerar inte! Så var det för mig.

Jag anser inte att det är en mänsklig rättighet att få barn. Men det är definitivt en mänsklig rättighet att få all hjälp som står till buds inom den allmänna svenska sjukvården för sin barnlöshet, som enligt Världshälsoorganisationen, WHO (World Health Organization) är klassat som en sjukdom. En del anser fortfarande att ofrivillig barnlöshet är en lyxsjukdom. Jag kan garantera, att jag enkelt hade avstått från lyxbehandlingen, om jag hade kunnat få barn på normalt vis! Till dagens och morgondagens politiker vill jag påpeka, att det ur ett mänskligt perspektiv är viktigt att tänka långsiktigt i den här frågan, vilket innebär, att alla som så önskar ska ha rätt till minst tre IVF-försök. Ni som är beslutfattare i den här frågan, ska tänka er in i hur det känns, att bara få en chans, när man vet att det finns par, som får tre chanser, bland annat i Västra Götalands län.

I boken har jag valt att fingera personernas rätta namn, även mitt och min mans. I boken är jag, Helena, och Thommy, heter Krister. Platser och tidpunkter är fingerade. Helt sant genom hela boken är, alla mina medicinska behandlingar och upplevelser som jag led mig igenom, ångesten som nästan kvävde mig, smärtan som var min eviga skugga, kärleken som jag gav och tog, sorgen som fick mina ögonlock att svullna av tårar, ilskan som fick mitt blod att pulsera hårt och intensivt, en gränslös längtan efter att bli med barn, som nästan övertygade mig om att glädjen över att leva skulle försvinna ur mitt liv.

Att få barn är en del av livet och
ett liv utan barn är annorlunda
men aldrig meningslöst.

Ramona Fransson

Älskling, vi blir inte med barn

Väckarklockans signal hördes i bakgrunden, men jag ville inte vakna. Fan också! Signalen överröstade mina tankar. Samtidigt som jag sträckte ut handen för att få tag i termometern, rev jag ner boken som låg på nattduksbordet. Jag böjde mig ner för att lyfta upp den. Titeln stirrade mig upp i ansiktet. ”Ett barn blir till”. Jag stoppade tempen i munnen och lutade mig tillbaka på kudden. Två minuter senare kom det välkända bip bip ljud, som talade om var i menscykeln jag befann mig. Var det dags att ringa efter Krister eller skulle han få äta sin lunch i lugn och ro? Efter att jag fyllt i tempkurvan var svaret uppenbart. Hans lunch låg inte i farozonen. Kurvans utseende hade formen av en berg-och-dal-bana. Min suck hördes i hela sovrummet. Herregud, skulle detta aldrig ta slut?

Det fanns ett svar på den frågan, men då skulle vi vara tvungna att avstå från barn och det var inte det svaret jag ville ha! Jag klev ur sängen, satte ner fötterna på det iskalla golvet, och gick ut till badrummet för att börja morgonproceduren. I spegeln såg jag att det uppstått en ny rynka i mungipan. Eller hade den funnits där redan igår? Mina ögon hade inte längre färgen av bruna pepparkakor överdragna med genomskinlig glasyr. Nu för tiden påminde de mer om vidbrända pepparkakor. Jag drog borsten genom håret och konstaterade att på höger sida i hårfästet hade ett nytt grått hårstrå uppenbarat sig. Tja, vad kan man förvänta sig, jag var ju trots allt trettiofem år. Det var inte min dag, idag heller, sa jag högt och tog tag i handfatet och lutade mig närmare spegeln. Undra hur andra människor skulle beskriva mig? Hon har ett fyrkantigt ansikte, högt hårfäste och markerade kindkotor. Munnen fyllig och blir hon nervös, tuggar hon på sin underläpp. Kan man kalla henne söt? Jag grimaserade mot spegeln. Söt, låter som en jävla karamell! Nej, nu fortsätter beskrivningen. Håret mörkt, inte speciellt tjockt, men inte heller tunt. Frisyren är för tillfället klippt så att den ska vara enkel att hantera. Kroppslängden är inte mycket att orda om, 162 cm över havet. För det mesta är hon glad och positiv, med undantag för menstruationsperioderna, då är hon fylld med besvikelse, hat, vrede, ilska och gråter mycket. Min blick vandrade över kroppen och fastnade vid naveln. Där satt tre knappnålsstora ärr och längs med bikinilinjen fanns ytterligare ett ärr. För att inte tala om alla ärr i själen, osynliga men alltid närvarande... Jag stirrade på min spegelbild. Varför just jag, mumlade jag fram, varför just jag? Det kom inget svar. Det fanns inget svar.

Utanför badrumsfönstret hörde jag ett intensivt fågelkvitter, det lät rogivande. Vinden smög sig in genom fönstret och doftade av nyklippt gräs. Syrenernas sötaktiga doft följde med. Våren var här och för en stund lugnade det min oro. Efter duschen satte jag mig vid köksbordet och sorterade posten. Plötsligt slog det mig att det hade gått tolv år sedan det första läkarbesöket. Det var knappt att jag fattade det själv! Tolv långa år, under den här tiden kunde jag själv ha studerat till läkare. Men alla åren hade bara förflutit i en ändlös väntan. Berättade jag det för någon som hade barn, skulle de antagligen inte förstå hur jag kunde vara så dum att jag låtit år gå till ingenting. Hur många år av mitt liv har jag tillbringat i väntrum, tummat på gamla veckotidningar och stirrat på färglösa väggar? Det var nog tur att jag inte hade fört någon statistik. Det hade säkert varit en skrämmande läsning. Jag blev avbruten i mitt funderande av en telefonsignal.

– Hej, Helena. Det är Krister, hur mår du?

– Tack bra, efter omständigheterna.

– Vad menar du med det?

– Din lunch är oantastad, om du förstår vad jag menar, sa jag.

– Det är med andra ord inte dags än, sa Krister.

– Nej, du kan lugnt tugga vidare på din smörgås!

– Helena, du låter så arg. Har jag gjort något?

Nu hade jag gjort det igen. Jag hade passerat gränsen. Varför var det så svårt för mig att behärska mitt humör? Det var inte Kristers fel att det inte tog sig. Tyvärr var det ett återkommande problem i vårt förhållande. Krister var snäll och jag var elak.

– Förlåt, det var inte meningen att fräsa åt dig, sa jag. Du förstår, det här med tempkurvan driver mig till vansinne!

– Okej, jag kommer hem vid fyratiden som vanligt, sa Krister. Är det något du vill att jag ska ta med mig hem?

Ja, en påse med befruktade ägg skulle jag vilja säga, men det gjorde jag naturligtvis inte.

– Nej tack, det behövs ingenting här hemma. Hejdå!

Efter samtalet återgick jag till mina funderingar. Tänk om någon kunde uppfinna ett glöm-bort-bli-med-barn-piller. Så mycket enklare livet skulle bli.

Det började för mig, som det säkert har gjort för många kvinnor i livet. Året var 1976, jag var tjugo år, hade avslutat skolan och påbörjat mitt första arbete. Jag hamnade på ett kontor tillsammans med tre andra tjejer. Alla fyra var vi i ungefär samma ålder. Gigi var tjugotvå, singel och bodde med sin katt i en etta i Haga. I ett av hennes två fönster som vette mot Haga kyrkan, hängde ett par barnskor. Hon hade spikat upp dem i ett gummiband. En gång råkade jag riva ner dem och Gigi blev upprörd. Efter en stund bad hon om ursäkt, men förklarade sitt utbrott med att skorna hade tillhört hennes lillasyster som avlidit i cancer vid tolv års ålder. Skorna hängde där för att Gigi ville bli påmind om alla fina minnen de hade haft tillsammans. Efter att jag hade fått reda på anledningen, betraktade jag skorna ur ett annat perspektiv. Gigi hade längst anställningstid. Hon hade varit på företaget i ett och ett halvt år. I hennes handväska låg alltid fickspegeln nära till hands och hörde hon steg i korridoren, var den kvickt uppe i hennes hand och nytt läppstift smordes ut på läpparna. Anna-Lena var den yngsta, nitton år och utseendemässigt vann hon överlägset. Långt, lent, lockigt blont hår och hennes liljevita hy glänste.

Leendet bestod av en jämn rad pärlvita tänder som lyste upp hennes del av skrivbordet. Få var de som gick förbi bordet utan att snegla på Anna-Lena. Hon bar alltid högklackade skor och när hon gick för att hämta något vickade ändan fram och tillbaka som på en ankstjärt.

Den tredje hette Gunvor och vi var födda samma år, men hon fyllde år i augusti och jag i mars. Skulle man tro på hennes berättelser, bodde hon ihop med en slarver och äventyrare. Utseendemässigt påminde vi om varandra, likadana frisyrer, mörkt hår och båda hade vi bruna ögon. Skillnaden var att hennes ansikte var rundare och när hon blev arg visade sig ett svagt ”v” i hennes panna. Det var inte starkt markerat, men om tio, femton år skulle det antagligen framträda tydligare. Efter att ha arbetat ihop i närmare två år, förstod vi att vi hade mer gemensamt än bara utseendet. Anna-Lena och Gigi var trevliga, lättsamma och snälla, men på något sätt kom jag aldrig dem så nära som jag gjorde med Gunvor. Vi fyra arbetade bra ihop och det var få gånger som vi rök ihop. Vår chef var en snäll och timid man, vi roade oss med att gissa hans ålder och trodde att han var i fyrtiofemårsåldern, men ingen av oss ställde någonsin frågan. För det mesta befann han sig på sitt rum och pratade med kunder. Vid sällsynta tillfällen satt han och drack kaffe med oss, men då pratade vi självfallet inte om hans ålder. Gunvor och jag hade hand om fakturorna och bytte med varandra i växeln. Gigi hade hand om löneutbetalningarna och bokade in kundträffar. Anna-Lena sorterade posten och var lite av allt-i-allo. Givetvis hjälptes vi åt, men var och en hade sitt ansvarsområde. På vår lunch gick vi ofta ut och åt tillsammans. Hade vi ärenden innan, bestämde vi klockslag, restaurang och träffades där. Efter cirka sex månader hände det allt oftare att bara Gunvor och jag åt lunch tillsammans. En av anledningarna var att Anna-Lena hade träffat en kille och eftersom de arbetade i samma kvarter ville de träffas så ofta som möjligt. Båda bodde fortfarande hemma hos respektive föräldrar och lunchen var ett av få tillfällen de kunde träffas på tu man hand. Varför inte Gigi längre ville tillbringa lunchen i vårt sällskap, hade vi ingen bra förklaring på. Kanske kände hon att Gunvor och jag var på samma våglängd och att hon dessvärre hamnade ett par längder utanför. Vi fick aldrig reda på orsaken, men just då bekymrade det oss inte.

Gunvors kille arbetade som taxichaufför och med det följde

oregelbundna arbetstider. Han var inte vad jag skulle vilja kalla pratsjuk och det största intresset var fotboll. Det ordet var magiskt för honom. En dag när jag som vanligt var hemma hos dem och drack kaffe, pratade plötsligt någon i radion om fotboll. Lars hoppade ur köksstolen, rusade in i vardagsrummet och slog på stereon på hög volym. Gunvor tittade på mig och himlade med ögonen. Jag förstod exakt vad hon ville ha sagt. Undra hur det gick till när de skulle älska med varandra? Lars kanske läste och bockade av programtiderna i förväg för att vara garderad, tänkte jag och bestämde mig för att en sådan kille ville jag inte ha.

Vi satt kvar vid köksbordet med våra kaffekoppar och småpratade när Gunvor i förbifarten nämnde att hon var gravid.

– Nämen grattis! Vad roligt, sa jag.

– Jag är bara i andra månaden, det syns knappt, sa Gunvor, reste sig upp från stolen och lyfte upp jumpern över behån. Men det syns på brösten.

– Hur känns det? Att vara med barn, menar jag.

– Det känns inget speciellt, inte än i varje fall, sa Gunvor.

– Du mår inte illa?

– Nej, faktiskt inte. Jag har inte mått illa en endaste gång.

– Vad säger Lars? Han mår som en prins antar jag!

– Det enda han har sagt är, att det vore kul om det blev en kille man kunde sparka fotboll med, sa Gunvor och log.

Vi skrattade, det var en typisk kommentar att komma från Lars.

– Har du träffat barnmorskan än?

– Nej, men jag har fått en tid till nästa vecka, sa hon.

– Tycker du inte att det är spännande?

– Ibland tycker jag det, men ibland glömmer jag bort att jag är med barn. Fast när jag tänker på förlossningen blir jag rädd, sa Gunvor.

– Men du ska väl gå på profylax, eller vad det nu heter?

– Jodå, men trots det är jag rädd, man har sett en och annan bild och hört en del hårresande historier, sa Gunvor och fingrade på behån.

– Jag tror att allt kommer att gå som smort för dig och barnet, sa jag och klappade henne på armen.

– Det är skönt med någon som du Helena. En tjej man kan prata med när ens kille blir trött på ordet ”gravid”.

– Du vet att du kan ringa mig när du vill, sa jag.

– Tack för dom orden, det är skönt att veta, sa Gunvor.

– Nej, om jag skulle ta och pallra mig hem. Vi ses imorgon, då kan vi prata mer, sa jag.

Gunvor följde mig ut i hallen, vi kramades och jag ropade hejdå till Lars. Märkligt nog hörde han mig och hojtade tillbaka.

*

På min väg hem tittade jag upp mot de upplysta fönstren. Undra hur det känns att bli förälder? Jag började plötsligt tänka på Lars och hur han funderade. Hade han kanske också huvudet fullt av frågor innan han somnade? Kände han sig annorlunda nu när han skulle bli pappa? Var han kanske också rädd? Rädd för att barnet skulle inkräkta på förhållandet mellan honom och Gunvor? Skulle deras sexliv bli annorlunda? Gunvor hade kanske också samma funderingar? Jag stannade i hörnet på Olivedalsgatan. Nu var det tänt i de flesta fönster. Jag tittade på klockan, den var halv sju och det började skymma. I kaféet på hörnet satt några människor och plötsligt blev jag sugen på en sliskig bakelse. Jag skrattade för mig själv. Med en sådan nyck skulle man kunna tro att det var jag som var gravid istället för Gunvor. Jag bestämde mig för att gå in och ta den sliskigaste bakelsen de hade. Bjällran, som satt ovanför dörren plingade välkommet när jag öppnade dörren. Från de flesta bord ringlade sig cigarettrök upp mot taket. Jag gick fram till disken och pekade på bakelsen som fallit mig i smaken. Med brickan i handen tittade jag mig omkring för att se var jag kunde slå mig ner. Vid ett av borden satt en ensam kille med en tidning i handen och såg ut att vara koncentrerad på att läsa. Jag ställde mig framför honom.

– Ursäkta är det ledigt här, frågade jag och gav den tomma stolen en menande blick.

Han lyfte upp blicken från tidningen och jag höll nästan på att tappa brickan. Jag stirrade in i ett par ögon med kulören av ett stormfyllt marinblått hav. Jag kände hur min mun öppnades på vid gavel. Han mötte min blick, log och sträckte ut armen i en gest som bjöd in mig.

– Nejdå, här är ledigt! Varsågod!

Givetvis spillde jag ut kaffe på brickan innan jag hade hunnit sätta mig ner. Plötsligt kändes det outhärdligt att sitta just där, men jag klarade inte av att resa mig upp och ta ett annat bord. Varför säger inte människan något, tänkte jag. I det här läget hade vad som helst varit välkommet. Till och med kommentarer om min näsa hade godtagits.

– Behöver du kanske en servett, eftersom du spillde ut kaffe?

– Va? Eh, jaha, tack ska du ha för omtanken. Det kanske skulle vara bra, sa jag och hörde hur dumt det lät. Varför kunde inte jag konversera lika flott, som man alltid läser om att andra gör? Här satt jag och kom inte på en enda begåvad replik. Han kom tillbaka med en hög av servetter.

– Tack, klämde jag ur mig.

Jag började sakta torka upp kaffet. Det hade runnit ut över hela brickan. I smyg försökte jag ta mig en titt på hur han såg ut.

– Du, den där bakelsen ser riktigt smaskig ut, sa han.

– Javisst gör den! Vill du ha hälften?

Orden som nyss hoppat ur min mun var ofattbara för att komma från mig. Han måste tro att jag är rubbad, men istället spred sig ett leende över hela hans ansikte och svaret fick mig att tappa hakan för andra gången inom ett par minuter.

– Ja tack, gärna! Jag ska hämta en tallrik till.

Han kom tillbaka med tallriken och jag pytsade över halva bakelsen. Nu tyckte jag att det var dags för en riktig presentation. Vi hade trots allt delat en bakelse!

Med munnen full av bakelse och ett leende på läpparna svarade han:

– Hej själv, jag heter Jörgen.

Resten skötte sig själv när presentationen var över. Vi började prata om allt mellan himmel och jord. Han berättade att han arbetade på sin pappas firma. Samtidigt läste han på komvux till ekonom. Jörgens mamma hade avlidit när han var liten och han hade inte så många minnen av henne. Jörgen verkade så rar när han satt mitt emot mig på kaféet och berättade om sig själv. Inte alls någon skrytpelle, som man kunde träffa på ett dansställe. Han verkade blyg och snäll. Undra hur han skulle reagera om jag bjöd hem honom till mig någon kväll? På något sätt förstod jag att det skulle bli mitt drag. Jag tittade på klockan, hon var fem i nio. Vi hade suttit och småpratat i över två timmar. Tiden rinner iväg när man har roligt och vi hade pratat med varandra som om vi var gamla goda vänner. Det var inte precis varje dag man råkade på en sådan person. Jag hade egentligen ingen lust alls att släppa ifrån mig den här stunden, men jag var tvungen.

– Vad skulle du svara om jag ville bjuda hem dig på en kopp kaffe någon dag?

– Jag skulle tycka att det vore trevligt, sa Jörgen.

Jag kände hur mina ögon spärrades upp och blev klotrunda. Han hade tackat ja till min inbjudan. Det var knappt jag trodde att det var sant. För första gången i mitt liv hade jag vågat fråga en kille om en träff och hade fått ett ja tack. Jag böjde mig ner, greppade tag i min handväska, började rota efter papper och penna för att jag skulle kunna skriva upp hans namn och telefonnummer. Jag hittade ett papper, men pennan fick Jörgen bidra med. Efter att jag skrivit ner hans telefonnummer reste vi oss upp för att gå. Utanför kaféet tittade Jörgen på mig.

– Var bor du? Jag menar, du kanske vill att jag följer dig hem?

– Det var verkligen omtänksamt av dig. Men jag bor bara ett par kvarter härifrån så det är onödigt, sa jag.

– Åt vilket håll bor du?

– Ser du skylten med Nordlöfs skor, till höger om spårvagnshållplatsen, frågade jag.

Jörgen nickade.

– När du passerar den och fortsätter en bit genom parken, kommer man fram till mitt hus.

Hans blick vändes mot mig. Jag tittade in de havsblå ögonen och kände mitt hjärtas slag.

– Jag hoppas verkligen att du hör av dig. Det vore trevligt att lära känna dig, sa han.

– Det är klart jag gör, svarade jag och kunde knappt bärga mig tills dess.

*

Nästa morgon när jag kom in på kontoret måste någonting ha avslöjat mig. Jag hade knappt hunnit sätta mig ner på min stol förrän Gunvor fullkomligt vältrade sig över mig.

– Jaha, vad har hänt dig? Du strålar som en sol! Har du möjligen vunnit högsta vinsten?

– Hur kan du se att det har hänt något, frågade jag.

– Var inte löjlig! Du är inte den som brukar komma till jobbet med ett solskensleende.

– Okej, det har faktiskt hänt något.

– Ja, men sitt inte där och tig! Ut med språket!

Jag betraktade Gunvors ögon och såg hur livligt de rörde sig. Hon drog till sig sin stol och hjulen skrapade i golvet. Jag tittade bort mot chefens dörr och såg att den var stängd. Jag sänkte volymen på min röst och började berätta.

– Efter att du och jag hade sagt hejdå till varann fick jag ett våldsamt sug efter en sliskig bakelse.

Gunvor följde mig ut i kafferummet och lyssnade på varje ord. Det kändes skönt att få dela min berättelse med henne. Eftersom jag inte hade några syskon, och en väldigt upptagen mamma var det skönt med en person som orkade lyssna och var intresserad. Min mamma var mycket omtänksam och jag älskade henne men jag hade ingen lust att diskutera eventuella pojkvänner med henne. Gunvor hade redan en kille och skulle snart bli mamma själv. Det kändes mer rätt att sitta och prata med henne och dela med mig av mina hemligheter.

Gunvor hade många frågor. Hur ser han ut? Vad jobbar han med? Hur gammal är han? Var bor han? Jag blev tvungen att vifta avvärjande med händerna för att hon skulle ge mig en chans att berätta och jag började med att beskriva hans utseende, vilket inte var det enklaste. Jag beskrev hans ögon, de vackraste blå ögon jag någonsin hade sett. Har du sett hur ett hav ser ut en varm sommardag? Klart och mörkblått, men trots den mörka färgen kan du se ända ner till botten. Håret var tjockt och askblont. Vi var födda samma år. Han var lite längre än jag. Kanske var han runt en och sjuttio? I vilket fall som helst var han mjuk, snäll och jättegullig.

– Ska ni träffas igen? I så fall när, frågade hon.

– Klart vi ska träffas igen. Det har vi redan kommit överens om, sa jag.

– Vad roligt för din skull, sa Gunvor.

När hon sa det kände jag att det verkligen kom från hjärtat. Det kanske till och med kunde bli så att vi träffades alla fyra och hade roligt. Nu gick jag händelserna i förväg, men det var jag känd för. Efter samtalet till Jörgen där jag föreslog lördag eftermiddag och han tackade ja, började jag genast räkna timmarna.

*

Äntligen var det lördag och jag hade förberett allting omsorgsfullt. Dagen till ära hade jag köpt in nya kaffekoppar. Jag vet inte hur många gånger jag rusade in i sovrummet till min älskade och hatade garderob för att byta kläder. Varje gång var jag missbelåten. Tänk att det inte gick att se bra ut! Jag passerade spegeln och gjorde fula grimaser. Äntligen kom det en signal från dörrklockan! Med två skutt var jag framme och tog ett djupt andetag för att försöka få hjärtat att slå normalt. Jag öppnade dörren och där stod han. I ena handen höll han en vinflaska och i den andra en blombukett. Jag kände hur värmen steg i mitt ansikte. Det här var första gången jag hade fått blommor av en kille men det var inte första gången jag träffade en kille och jag var inte oskuld om nu någon hade fått för sig det! Först stod vi bara och tittade på varann. Till slut var det Jörgen som började prata.

– Vad fin du är! Jag tog med mig lite blommor och en flaska vin, sa han.

Jag tog mig samman, det var kanske inte meningen att han ville stå i farstun och prata.

– Välkommen, det var kul att du kunde komma, sa jag och visade honom var han kunde hänga av sig sin jacka.

– Idag tänker jag bjuda på kakor, inte någon sliskig bakelse, sa jag och flörtade med honom. Man måste tänka på sin figur.

– Din figur är det då sannerligen inget fel på, sa Jörgen.

Jag såg hur hans blick vandrade upp och ner över mig och en förväntansfull ilning av värme spred sig i min kropp i takt med blickarna.

I mitt vardagsrum stod två soffor och ett bord. Jag hade medvetet dukat upp med kaffekoppar och fat vid den ena av sofforna. På det sättet tvingades vi sitta bredvid varandra. Jörgen tog plats i soffan och jag kunde tydligt avläsa hans nyfikenhet. Jag satte mig ner och plötsligt infann sig tystnaden. Jag fastnade med blicken på en tavla som hängde ovanför TV:n. Det var två pinsamma minuter innan jag äntligen fattade mod. Antagligen var det samma känsla för Jörgen, för helt plötsligt pratade vi i munnen på varandra.

Känslan från kaféet var tillbaka, otvungen och lättsam.
En timma senare korkade Jörgen upp vinet och det hade jag ingenting emot. Jag reste mig ur soffan och valde ut en LP-skiva med soft musik, lade plattan på skivtallriken och sänkte försiktigt

ner nålen. Hoppas att skivan inte har någon repa och börjar hacka, tänkte jag, återvände till soffan och satte jag mig närmare honom. Han tog tag i min hand och mitt hjärta hoppade över ett slag, med sin andra hand smekte han mig i nacken. Det kittlade på samma gång som det var skönt. Jag böjde mitt huvud bakåt mot soffryggen. Hans läppar var varma och mjuka, andedräkten doftade kaffe och vin. Våra tungor möttes och jag kände hur blodet rusade genom kroppen. Han lade sig över mig i soffan och det blev trångt. Med en handrörelse visade jag att vi skulle gå in i sovrummet. Han förstod vinken, så fort vi kom innanför dörren tog han försiktigt tag i min jumper och drog den sakta över mitt huvud. Han böjde sig ner och begravde sitt ansikte mellan mina bröst. Åtrån mullrade som ett vulkanutbrott genom min kropp och mitt sköte värmdes upp som av het lava. Hans hand var innanför trosorna och med en knyck hjälpte jag honom att få av dem. Händerna gled över magen och ner mot värmen som ångade ur min kropp. Hans läppar vandrade upp och ner och jag rös av vällust. Munnen omslöt mina styva bröstvårtor och jag tog tag i hans lyckostång. Jag började smeka hans pung, den kändes mjuk och len, som av sammet. Hans lem var stenhård och mogen för att föras in i min varma och fuktiga grotta. Han rörde sig i mig med försiktiga och långsamma rörelser. Då och då fastnade våra blickar på varandra, men lika snabbt slöt jag ögonen och plötsligt visste jag hur det borde kännas att promenera på moln. Hans lem spändes, vidgades och några sekunder senare kände jag hur något varmt rann ut mellan mina ben. Efteråt låg vi flämtande sida vid sida, tittade varandra i ögonen och ingen ville släppa den andre med blicken. Det här var otroligt! Andra träffen och redan så ljuvligt, tänkte jag. Jörgen låg och betraktade mig med sina blå ögon.

– Vet du vad? Det här är kanske inte låter vettigt, men jag vet redan nu att det är med dig jag vill bo och ha barn med, sa Jörgen.

Det var det finaste jag någonsin hade hört en kille säga. Han kramade om mig hårt och länge.

– Vad sägs om en kopp kaffe, viskade han i mitt öra.

Jag nickade och han hoppade ur sängen med ett leende. Under tiden som Jörgen kokade kaffe bäddade jag sängarna. Kuddarna doftade av hans aftershave och jag tyckte redan mycket om honom. Utifrån köket ropade Jörgen att kaffet var klart och när jag kom in vardagsrummet satt han redan i soffan. Han markerade tydligt med handen att jag skulle sätta mig ner bredvid honom.

– Visserligen är detta ditt hem, men du förstår säkert att jag vill dela det med dig, sa han.

Det var precis min stil, snabba och klara beslut. Han visste vad han ville, så varför skulle han inte tala om det? Jag ville precis samma sak. Helst skulle jag vilja att han flyttade in idag. Det var varken klokt eller förståndigt. Men jag hade aldrig varit vare sig klok eller förståndig, så varför börja nu?

*

En vecka senare var Jörgen på plats i min lägenhet med alla sina prylar. Han hade inte många saker, men de blev ett komplement till mina. Första tiden i vårt förhållande hade vi jätteroligt. Var och varannan dag var vi nere i stan och shoppade. Ibland kom vi hem med en ny diskborste och ibland nya gardiner. Vi gick på bio, träffade Jörgens vänner och plockade svamp tillsammans. Lägenheten på 60 kvm, numer vår gemensamma, hade två rum och kök. Det fanns toalett, gasspis och rinnande kallt vatten i köket. Den räknades som omodern eftersom det saknades en del moderniteter, men i gengäld var den billig att hyra. Den kostade bara 525 kronor i månaden!

Vi hade varit tillsammans i ett år när vi började prata om att förlova oss. Till slut bestämde vi oss för ett datum och att bara bjuda in Gunvor och Lars. Förlovningsdagen närmade sig och jag började känna av en viss nervositet. Till min glädje märkte jag att Jörgen led av samma åkomma. Han sprang fram och tillbaka i lägenheten utan att ha klart för sig vart han var på väg eller vad han ville göra.

Ringarna var avhämtade och vi hade valt rött guld. Nu låg de och vilade på röd sammet i en hjärtformad ask. Inför kvällens fest hade jag valt ut min klänning med omsorg. Modellen var av typiskt fyrtiotalssnitt, mycket vidd i kjolen och med ett markerat liv. Den var vit med röda prickar och prydd med en röd fluffig sjal. Jörgen hade köpt sig en blå skjorta med matchande slips och till det en mörkbrun kavaj. Jag tyckte att han var den finaste killen jag hade sett i hela mitt liv!

Maten stod på spisen och från köket kom dofter som fick det att vattnas i munnen på mig. Jag hade precis lagt ner den sista servetten, dekorerad med en ring av mässing, när det ringde på dörren.

I dörröppningen stod Lars och var lastad med väskor i olika storlekar, en påse med blöjor och på toppen låg en blomsterbukett. Bakom honom stod Gunvor med barnvagnsinsatsen.

– Välkomna in! Stå inte där och glo, sa Jörgen och hjälpte Lars med packningen. Du milde, vad prylar man måste släpa på när man har barn!

– Det här är bara en bråkdel av alla prylarna, svarade Lars och gav ifrån sig en hörbar suck.

Gunvor hade inte yttrat ett enda ord, men hennes ögon gav ifrån sig signaler som klart visade att humöret inte var på topp. Jag fångade hennes blick och gjorde samtidigt en grimas, som ingen av killarna lade märke till. Gunvor svarade med en liknande grimas och därefter började vi fnittra. Killarna stirrade undrande på oss.

– Jaha, sa jag och samlade ihop mina anletsdrag. Ska vi stå här tills det växer mossa eller hur ska vi ha det?

Lars klev in tätt följd av Gunvor. Jag visade henne in till vardagsrummet, eftersom där var den bästa platsen för barnvagnsinsatsen. Hon ställde ner insatsen på soffan och jag kunde äntligen kika ner i den. Jag tittade förundrat på de små knutna händerna! Lirkade in mitt lillfinger i den hårt knutna handen och babyn tog den i ett järngrepp. Jag häpnade över styrkan i det lilla barnet. Jag drog loss mitt finger, han öppnade sina ögon och stirrade på mig. Plötsligt började ansiktet att dra ihop sig och färgen övergick från rosa till lila. Fascinerat tittade jag på förvandlingen. Den lilla munnen formades till bokstaven ”o” och ur det lilla hålet kom ett tjut som nästan sprängde mina öron. Tänk att en så liten människa kunde föra ett sådant oväsen. Gunvor kom till undsättning och skrattade när hon såg mitt ansiktsuttryck.

– Han är säkert hungrig, sa hon och lyfte upp honom. Var kan jag amma honom, frågade hon och tittade sig omkring i rummet.

– Vi kan ta in honom till vårt sovrum, sa jag.

– Det låter bra, Lars blir så fruktansvärt irriterad när han skriker, sa Gunvor.

Jag satte mig på sängkanten, bredvid Gunvor, och tittade på när hon bytte blöjor på honom. Han hade slutat skrika och nu gnydde han bara lite. Hon drog upp tröjan, tog fram bröstet och stoppade in bröstvårtan i hans mun. Det var ett sällsamt ljud att höra honom äta. Det smackade, slaskade, kved och framkom sörplande läten, som gjorde mig alldeles förundrad. Samtidigt spred sig en förunderlig varm känsla i min kropp och den känslan var helt ny för mig. Det var en sällsam lyckokänsla som inte går att beskriva. Jag tog hans lilla fot i min hand och omslöt den som om den vore en fågelunge. Plötsligt fick jag tårar i ögonen och önskade att Jörgen också skulle vilja ha barn så fort som möjligt. Som om Gunvor hört mina tankar frågade hon:

– Och när hade ni tänkt planera in en sån här liten krabat?

– Vi har pratat lite löst om det, men vi har låtit det bero till förmån för Jörgens studier, som inte är avslutade förrän till hösten, svarade jag med darrande röst.

– Vad använder ni för skydd, undrade Gunvor.

– Jag har en spiral som sattes in några månader innan jag träffade Jörgen. Så jäkla ont som det gjorde när den sattes in... herregud!

– Gjorde det ont? Det har jag aldrig hört att det ska göra, sa Gunvor förvånat.

– Precis när jag var på väg upp i gynekologstolen frågade jag läkaren om det skulle göra ont. Istället för att svara, frågade han mig om jag hade besvär i samband med mina menstruationer. Jag bekräftade att så var fallet. Har du kraftiga mensvärkar behöver du inte oroa dig, det blir inte värre, lovade han. När jag sedan låg där med benen i vädret, totalt avslappnad, satte han sig mellan mina ben och påbörjade undersökningen. Efter några minuters klämmande och tryckande vände han sig till sköterskan och bad om att få en tång! I samma sekund vaknade jag till i stolen och undrade givetvis varför han behövde en tång. Du förstår, svarade han, din livmodertapp sitter snett under livmodern och får jag bara dragit fram den, är det inga problem. Jag kände det kalla stålet i mitt underliv, sedan skrek jag så högt att om det hade funnits patienter i väntrummet hade dom varit på väg ut. Sedan svimmade jag och vaknade upp på en brits i sköterskans kontorsrum.

– Men herregud, vad fruktansvärt! Vad hände sedan, frågade Gunvor och tittade med uppspärrade ögon på mig.

– Läkaren kom fram till britsen där jag låg och skakade, klappade mig på armen och berättade att det var tur att jag hade svimmat, annars skulle inte spiralen sitta där den satt nu. Visst var det väl glädjande nyheter, eller hur? För säkerhets skull tillade han att min första mensvärk ihop med spiralen, antagligen kunde bli värre än vad jag var van vid, men det tyckte han inte att jag skulle bekymra mig över.

– Hur blev det, viskade Gunvor.

– Min första mens efter att jag hade satt in spiralen tillbringade jag på badkarskanten, desperat letande efter tråden som spiralen var fäst vid. När jag väl hade den i handen, vågade jag inte dra ut spiralen, utan satt och höll ett krampaktigt tag i tråden. Till slut orkade jag inte ta mer smärta utan åkte upp till akuten. Dom la in mig direkt. Jag röntgades och rullades runt till olika avdelningar, men dom hittade inga fel på spiralen. Den satt där den skulle, tyvärr!

– Det här var en helt ny variant på hur en spiral kommer in, sa Gunvor och skakade på huvudet.

– Jag hoppas verkligen att jag är den enda kvinnan som har gått igenom den behandlingen. Jag önskar ingen annan den upplevelsen, sa jag.

Efter amningen var det dags för den lille att rapa. Gunvor gick omkring och bar sin son på axeln, samtidigt som hon klappade honom i baken i jämnt takt. Belöningen kom strax därpå i form av ett ljudligt rap och han kräktes upp en del av maten.

– Nu får du mata honom igen, sa jag leende.

– Det ser bara så ut. Faktum är att det är mycket mindre än vad det ser ut att vara, sa Gunvor.

Lars tittade in genom dörren. Blicken var stirrig.

– Vad sysslar ni med?

– Jag matar vår son! Snälla Lars, leta efter en mörkblå T-shirt i den stora svarta väskan med gula ränder, sa Gunvor.

Han försvann utan ett ord, efter tjugo sekunder var han tillbaka, slängde T-shirten på sängen, vände och gick ut igen.

– Vad är det här för ett beteende? Har ni bråkat, frågade jag.

Hennes ögon fylldes med tårar och jag tog henne i min famn.

– Berätta vad det är som har hänt, viskade jag i hennes öra.

Nu snyftade hon högljutt och jag hoppades att inte Lars eller Jörgen skulle uppfatta ljudet. Plötsligt hörde jag ett glädjetjut utifrån vardagsrummet och förstod att hemmalaget hade gjort mål. Med andra ord var de utom hörhåll.

– Stanna kvar här inne så ska jag smyga mig ut till badrummet och hämta lite papper. Du kan behöva det för att snygga till dig, sa jag.

Jag smög mig ut, drog av en meter papper från toalettrullen, gick tillbaka in i sovrummet och gav henne det.

– Nu vill jag att du berättar för mig vad det är som har hänt, sa jag.

– Jag vet inte riktigt var jag skall börja, sa hon. Allt var bra tills att vi fick barn.

– Men visst ville väl Lars också ha barn? Eller hur?

– Jovisst, men jag tror inte någon av oss var förberedd på vad det egentligen betydde att få barn. Du förstår att ända sedan Johan... vi ska döpa honom till det om en månad. Ända sedan vi kom hem från BB har han skrikit sig genom nätterna.

– Men då måste han väl ha fått kolik? Har du inte varit på mödravårdscentralen med honom?

– Jo, vi var där med honom och Johan har kolik, vi vet det nu, svarade hon.

– Hur länge har dom kolik, frågade jag.

– Om jag har fattat det rätt finns det tremånaders och sexmånaderskolik. Jag hoppas att Johan har fått tremånaders kolik, sa Gunvor.

– Hur har ni fördelat att gå upp på nätterna?

– Fördelat? Det existerar ingen fördelning av nattarbetet. Hela natten är min, sa Gunvor.

– Av vilken anledning opponerar sig Lars över det?

– Jag försöker alltid att vara snabb, men ibland vaknar Lars och då blir han fruktansvärt sur nästa dag, sa hon.

Plötsligt stod Jörgen i dörröppningen.

– Ska ni sitta här hela kvällen? Har du glömt vad det är för dag idag, sa Jörgen och tittade på mig.

Jag såg hans blick och ömheten spred sig som skvalpande vågor genom min kropp. Jörgen skulle förhoppningsvis aldrig uppföra sig som Lars när vi fick barn, tänkte jag. Vi reste oss upp men innan vi lämnade rummet vände jag mig till Gunvor.

– Jag kanske skulle fråga Jörgen om det inte snart är dags att planera in en baby. Det är trots allt nio månaders leverans och han hinner ta sin examen innan, sa jag hoppfullt.

– Jag hoppas verkligen inte att ni får ett kolikbarn, sa Gunvor och började fnissa.

– Om du behöver en barnvakt, så säg till. Vi borde träna, sa jag.

Herregud! Under tiden som Gunvor och jag suttit och pratat hade jag totalt glömt bort maten på spisen. Jag rusade ut i köket och såg framför mig en vidbränd potatisgratäng och torkade köttrester i botten av kastrullen. När jag störtade in i köket stod Jörgen helt lugnt och rörde om i en av grytorna.

– Trodde du inte att jag klarade av att laga mat, frågade han och munnen drogs upp i ett leende.

– Du har glömt att ta på dig förklädet som hänger bakom dörren, sa jag. Självklart vet jag att du kan laga mat.

Han lade ifrån sig sleven och sträckte ut armarna mot mig. Jag var inte sen att besvara inviten. Det var skönt att vila i hans famn, han luktade gott.

– Hur är det med Gunvor? Jag tyckte det såg ut som om hon hade gråtit. Stämmer det?

– Deras son har drabbats av kolik, sa jag.

– Det var tråkigt att höra. Vi får hoppas att dom hjälps åt att lösa sina problem. Jag gillar dom och hoppas att deras förhållande ska hålla, sa Jörgen.

– Vad säger du? Ska vi ta ut maten till gästerna och börja fira lite, sa jag och gav honom en puss på näsan.

Vi kom in i vardagsrummet och i soffan satt Gunvor och Lars, tätt omslingrade, och kysstes. Jörgen harklade sig ljudligt. De lösgjorde sig ur varandras armar och tittade på oss.

– Vadå, sen när är det förbjudet att kyssa sin blivande fru, frågade Lars och strök samtidigt Gunvors ben med handen.

Gunvors blick mötte min och jag nickade i samförstånd. Jag var lika glad som hon över att bråket verkade vara glömt.

– Sa du blivande fru, frågade Jörgen och slog sig ner mittemot dem. Han lutade sig fram mot Lars och låtsades vara arg.

– Tycker du att det är rätt av dig att fria till Gunvor här och just idag? Det är faktiskt min och Helenas förlovningsdag, om du nu råkat glömma det!

– Jag bara skojade, sa Lars och viftade avvärjande med

händerna. Inte att vi ska gifta oss, men självklart ska vi inte stjäla er dag.

Jörgen lutade sig tillbaka i fåtöljen, låtsades borsta av damm från byxorna, smackade med tungan och lade sig till med en grov röst.

– Annars kanske maten helt plötsligt har tagit slut, sa han och putade med underläppen. Vi skrattade åt Jörgens skådespelartalang. Klockan hann bli halv elva innan Jörgen reste sig upp och hämtade asken med ringarna. Plötsligt blandades mina lyckokänslor med rädsla. Gjorde vi rätt? Var det för tidigt? Egentligen onödiga frågor, det borde jag ha tänkt på innan. Jag försökte fånga Jörgens blick. Det var som om jag ville ha ett svar för att lugna min oro. Uttrycket i hans ögon gav mig svaret, i dem såg jag inte ett uns av tvivel, enbart kärlek. Det lugnade mig. När Jörgen trädde ringen på mitt finger, fick jag tårar i ögonen. Samtidigt reste sig Gunvor och Lars och började hurra för oss. Jörgen hämtade champagnen och korken smällde av upp i taket. Det blev en mycket lyckad kväll. Jag hade totalt glömt bort mina farhågor, när vi stod omslingrade i dörröppningen, och vinkade adjö till Gunvor och Lars. Jörgen tog hand om disken. Diskade, handtorkade och med slamrande ljud ställde han in glas och tallrikar i skåpen.

Vi låg i sängen i mörkret och jag kände Jörgens hand komma smygande. Han kröp in under mitt täcke och hans varma andedräkt pustade mellan mina ben. Efteråt låg vi utmattade i varandras armar och Jörgen mumlade, med grötig röst, i mitt hår.

– Helena, visst var deras lilla knyte en härlig syn, tycker du inte det?

– Jo, svarade jag och försvann in i drömmarnas land.

*

Två veckor senare låg jag på knä och skurade vårt köksgolv. Plötsligt kände jag en dov smärta i ljumskarna. Jag slutade skura och kände efter. Jodå, smärtan fanns där. Jag visste att det inte var mensvärk. Jag reste mig upp och satte mig på en stol. Konstigt, tänkte jag, en sådan plötsligt smärta hade jag aldrig upplevt tidigare. Var det överansträngning på grund av mitt skurande? Jag skakade på huvudet och tänkte att om jag vilar en stund går det säkert över. Efter att ha suttit och vilat i tio minuter påköksstolen undrade jag oroligt varför den gnolande värken inte försvann. Jag bestämde mig för att ringa till kvinnokliniken på Sahlgrenska.

– Har du feber, frågade sköterskan.

– Det känns inte så, svarade jag.

– Om inte värken släpper får du komma upp, sa hon.

– Vad kan det vara, frågade jag oroligt.

– Det låter som att det skulle kunna vara äggledarinflammation.

– Jaha, sa jag. Då hade jag ingen aning om vad den sjukdomen kunde ställa till med på en ung kvinna.

Till slut orkade jag inte med ovissheten och den gnagande oron, utan åkte till Sahlgrenskas kvinnoklinik. Där tog de sänka och tempen. Ingenting visade förhöjda värden, men smärtan släppte inte sitt grepp. De frågade om jag hade någon hemma som kunde hjälpa mig. De ville att jag skulle ligga stilla i min säng och vila, men om jag insisterade skulle de lägga in mig. Jag stannade hemma i två dagar, men det var omöjligt att ligga stilla i sängen eftersom jag inte kände mig sjuk, och beslutade mig för att åka tillbaka till Sahlgrenska. Jörgen var orolig för mig och tyckte definitivt att jag skulle utnyttja våra skattepengar. Samtidigt som de skrev in mig på avdelningen sa sköterskan att de var tvungna att ta ut min spiral och mitt hjärta tog ett kraftigt skutt. Inte för en sekund hade jag glömt hur ont det hade gjort att sätta in den.

– Visst, ta ut den, men då får ni söva mig först, sa jag.

– Det är inte alls nödvändigt, förklarade sköterskan vänligt. Man drar bara i det lilla snöret och då rätar spiralen ut sig. Från att spiralen har sett ut som ett frågetecken kommer den att se ut som ett utropstecken. Det känns inte alls, sa hon.

Orden, ”känns inte alls” kände jag alltför väl igen och stod på mig. Ville de inte söva mig skulle de inte heller få lov att ta ut min spiral! Till slut rullade de in mig på ett läkarrum och en kvinnlig gynekolog kom in i rummet. Min första blick hamnade på hennes mage. Hon var höggravid.

– Nu ska jag visa dig hur enkelt man drar ut spiralen, sa hon och log.

I handen höll hon en attrapp tillverkad i plast som föreställde det kvinnliga underlivet i naturlig storlek. Hon placerade spiralen, som var av samma modell som den jag hade, i attrappen på samma sätt som den satt inuti mig.

– Titta nu när jag drar i tråden! Ser du hur spiralen rätar ut sig och blir som ett streck?

Jag tittade och nickade, men trodde inte ett ögonblick på att det skulle bli samma resultat inuti mig.

I en halvtimma pratade vi om allt mellan himmel och jord. Barn, graviditet, arbete och spiraler. Till slut tyckte jag att hon var värd att få göra ett försök. Hon lovade mig att om det gjorde det minsta lilla ont skulle hon avbryta omedelbart. Jag kände hur hon fick tag i den lilla tråden och jag knep ihop ögonen. Hon tog min hand, kramade den och försökte få mig att slappna av.

– Nu tar du ett djupt andetag och håller andan, bad hon.

Jag drog in all luft jag kunde och höll andan.

– Nu blåser du ut, ropade hon.

Samtidigt som jag andades ut drog hon ut spiralen. Det kändes inte ett dugg! Jag blev mycket förvånad och kände hur skammens rodnad spred sig i mitt ansikte och över halsen.

– Du behöver inte skämmas! Jag förstår att du måste ha haft en fruktansvärd obehaglig upplevelse när dom satte in den. Inte konstigt att du kände som du gjorde, sa hon.

De orden gav mig den tröst jag behövde.

– Vi kan väl glädjas åt att det gick smärtfritt, tycker du inte det, sa läkaren och log vänligt mot mig.

Naturligtvis hade hon rätt. Det var underbart att det var över. Sammanlagt var jag inlagd i fem dagar på avdelningen. Läkarna påstod att det hade varit lättare variant av en äggledarinflammation. I samband med min sjukhusvistelse tillsammans med fler kvinnor med samma åkomma, sa personalen att det var viktigt att vi låg stilla i våra sängar. Att vi kunde bli sterila om vi inte gjorde det, var det dessvärre ingen som upplyste oss om!

Läkaren, som skrev ut mig, frågade vilket preventivmedel jag hade tänkt mig. Jag hade inte tänkt alls! Jörgen och jag hade inte diskuterat klart barnfrågan än och därför var det lika bra att jag åt p-piller fram tills vi hade bestämt oss. Inte för att jag åt pillerna med någon större glädje. Fortfarande år 1978 visste inte läkarvetenskapen allt om p-pillrets biverkningar. Jörgen kom med bilen och körde oss hem.

– Nu måste du ta det lugnt, sa han. Hur länge är du sjukskriven?

– I två veckor så nu kan jag städa hela lägenheten i lugn och ro, sa jag, gick ut i köket och fyllde upp kaffekokaren med vatten.

Han stod i köket, tittade på mig med lätt höjda ögonbryn och försökte se sträng ut, men det lyckades inte. Jörgen tog fram koppar och fat och vi satte oss vid köksbordet.

– Vad har vi för skydd nu, frågade han.

Istället för att svara började jag skratta.

– Vad vi har för skydd? Du menar väl vilket skydd jag har, sa jag.

Han tittade irriterat på mig.

– Du fattar väl vad jag menar, sa han.

– Visst fattar jag! Han skrev ut p-piller åt oss!

Först då begrep Jörgen vad jag menade och flinade stort.

– Om det skulle vara så att du inte mår bra av att äta p-pillren...

Här gjorde han en paus. I det ögonblicket var jag övertygad om att han skulle säga: ”Då försöker vi göra barn”! Men istället sa han:

– Då börjar jag använda kondom!

Besvikelsen över hans ord blev mycket större än vad jag hade trott, men jag ville inte tjata om barn. Inte än i alla fall.

Jag mådde uruselt av p-pillren och inbillade mig att jag skulle tappa allt mitt hår. Det resulterade i att varje gång jag tvättade håret, kändes det som att händerna var fulla av tappade hårstrån. Det som övertygade mig om att slänga pillerna var när jag tappade sexlusten och det märkte även Jörgen. Vi övergick till de små plastöverdragen, kondomerna. De sprack vid några få tillfällen och varje gång hoppades jag att det skulle resultera i en graviditet. Efter att de spruckit en gång för mycket, tyckte Jörgen att det fick vara nog. Vi struntar i kondomerna, sa han. Blir det barn är det välkommet. När jag hörde honom säga de ljuvliga orden visste min lycka inga gränser. Följande dag dansade jag in på min arbetsplats. Gunvor klappade händerna av förtjusning när jag invigde henne i min lycka.

– Du menar att ni äntligen har bestämt er?

– Vad menar du? Äntligen! Vi har bara varit tillsammans i drygt ett och ett halvt år.

– Är det inte längre? Jag tycker det känns som om ni varit ihop i flera år. Tänk vad roligt om du kunde bli med barn inom några månader, då skulle vi bli mammalediga nästan samtidigt, sa Gunvor och klappade sig på magen. Hon var gravid i tredje månaden.

– Hur lång tid tog det för er, efter att ni hade bestämt er, frågade jag.

Gunvor drog händerna genom sitt kortklippta hår, för tillfället askblont och såg fundersam ut.

– Faktum var att när jag slutade äta mina p-piller fick jag aldrig någon mens.

– Menar du att du blev med barn direkt?

Jag tyckte det lät för bra för att vara sant. Kunde det verkligen gå så fort? Jodå, det påstod Gunvor. Hon visste exakt när det hade tagit sig och någon mens hade hon aldrig fått emellan. Det lät mer än lovande i mina öron. Då kunde jag kanske bli med barn alldeles snart!

Efter jobbet den dagen satt vi vid köksbordet, drack kaffe efter maten och jag berättade vad Gunvor hade sagt. Först tittade Jörgen förvånat på mig, sedan ändrades uttrycket till att se bekymrat ut.

– Helena, gör dig inga större förhoppningar så här tidigt. Du kanske inte blir med barn lika snabbt som Gunvor.

– Du var mig en uppmuntrade typ! Klart att jag hoppas att det ska gå lika fort för mig. Du vet hur jag avskyr att vänta, vad det än gäller.

– Det är precis därför jag vill att du inte ska ha för stora förhoppningar, sa Jörgen tålmodigt.

Vi diskuterade ämnet i flera timmar innan vi hamnade i säng. I sängen avslutades diskussionen med att Jörgen enträget bad mig att lova att jag skulle försöka tänka på något annat än att få barn. Om du kopplar av sådana tankar kommer det att gå av sig självt, sa han, gav mig en godnattpuss och släckte lampan ovanför sängen.

Ämnet bli-med-barn var antagligen inte något som diskuterades livligt på Jörgens arbetsplats. Förutom Jörgens pappa var det ytterligare en anställd, även det en man, och han var i Jörgens pappas ålder. Men på min arbetsplats, med fyra kvinnor, var ämnet barn hett. Gunvor hade redan ett barn och väntade ett till. Gigi var fortfarande singel men hade skaffat sig ytterligare en katt. Anna-Lena och hennes kille hade nyligen fått tag på en lägenhet och skulle flytta ihop. De kanske inte skulle bli barn med en gång, men man vet aldrig, tänkte jag. Varje morgon hade Anna-Lena alltid en lång utfrågning av Gunvor. Hon ville veta om Gunvor hade gått upp i vikt, mådde hon illa, kände hon något i brösten, hur hon upplevt sin första förlossning och så vidare. Efter att jag hade avslöjat att Jörgen och jag också ville ha barn, fanns det bara ett enda ämne på kafferasten och ämnet var barn!

*

Det började närma sig semestertider och juni månad visade sig vara ovanligt varm. Gunvor, som var i åttonde månaden, led fruktansvärt av värmen. De kunde inte resa någonstans eftersom beräknad nedkomst för barnet var i augusti. En dag i slutet av juni hade Jörgen tagit med sig hem broschyrer över Gotland. Han lade ut dem som en solfjäder på köksbordet. Jag var fullt upptagen med middagsbestyren och slängde bara ett halvt ett öga på de färgglada broschyrerna. Jag hann se ord som rauk, stuga och Fårö.

– Hjälper du mig med att duka bordet, frågade jag.

– Ser du inte vad det är jag har lagt fram, frågade Jörgen.

– Kan du inte vänta med det till efter maten, sa jag.

– Du verkar inte särskilt entusiastisk. Har det hänt något?

Hur skulle jag kunna förklara för honom vad jag kände? Hur skulle han kunna förstå min upprördhet över att på mindre än tre månader, efter att Anna-Lena och hennes kille hade flyttat ihop, hade hon blivit med barn! Jörgen skulle med all säkerhet enbart bli irriterad över min reaktion. Jag visste det, men mina tankar kunde inte släppa Anna-Lenas graviditet. Jag stod vid spisen, rörde runt i grytorna och försökte se ut som om jag koncentrerade mig på maten, men i mitt inre gnagde tankarna över vår situation. Visst, i antalet månader hade vi inte försökt någon längre tid, men räknade jag in tiden med de trasiga kondomerna var det över sju månader utan något resultat, tänkte jag grinigt och rörde vidare i grytorna. Jörgen tog mig tillbaka till verkligheten. Han trummade hårt med fingertopparna i bordsskivan.

– Kan du möjligen lyssna på vad jag har att säga? Du verkar trampa runt i en annan värld!

Jag klistrade på mig ett tvunget leende, släppte sleven, och satte mig bredvid honom vid köksbordet. Då blev han ivrig och glad igen.

– Titta här ska du se vad fint dom har planerat det för oss!

Han lade fram en fullklottrad lapp på bordet. Det jag kunde se var att någon skrivit rad efter rad, men jag fick ingen ordning på vad det stod.

– Läs du! Jag begriper ingenting av det där, sa jag.

– Här har vi tiderna på båten som tar oss över till Gotland och här är dom olika priskategorierna på stugor som man kan hyra.

Jörgen pladdrade på om stugor och kostnader men mina tankar följde inte med. Jag kände hur irritationen kom krypande över mig.

– Men snälla Helena, skrek Jörgen.

Jag hoppade till i stolen och tittade förskräckt på honom.

– Har det hänt något, frågade jag och spärrade upp ögonen.

– Du är inte riktigt klok! Här sitter jag och försöker fixa en trevlig semester till oss och du lyssnar inte alls! Jag kunde lika gärna öppna fönstret och prata till fåglarna som sitter i träden. Dom lyssnar antagligen mer än vad du gör, sa Jörgen och rafsade ihop alla papper som låg på bordet.

Efter det var grälet i full gång och vi gapade åt varandra! Egentligen fanns det ingen anfallspunkt från någon av oss, men alltifrån; *Vem är det som alltid plockar upp dina skitiga kalsonger?* Till; *Vem är det som alltid torkar upp dina smulor från skärbrädan?* Vi skrek på varandra och det slutade med att Jörgen gick ut och drämde igen dörren efter sig med en smäll. Jag trodde att smällen skulle få tavlorna att lossa från väggarna. När han hade gått kom rädslan över mig. Det här var första gången som vi hade grälat sedan vi träffades. Tänk om han inte ville fortsätta vårt förhållande efter det här? Egentligen var det ett väldigt onödigt gräl. Jag borde ha varit ärlig och berättat för honom vad det var som gnagde inom mig. Istället hade jag bara stirrat ut i tomma intet. Jag gick fram till ett av fönstren och kikade ut bakom gardinerna. Undra vart han hade tagit vägen? En del av hans vänner spelade tennis, kanske hade han gått hem till någon av dem? Jag satte mig ner vid köksbordet och tände en cigarett. Det var egentligen något jag borde sluta med, tänkte jag och stirrade på den giftiga pinnen som satt mellan mina fingrar. Jag gick fram till telefonen och började slå numret hem till Gunvor.

– Samuelsson!

Gunvors effektiva röst kändes genast lugnande.

– Hej fru Samuelsson. Hur har ni det?

– Hej Helena, vi har det bra. Själv då?

– För att säga som det är, det är inte bra. Vi har grälat, sa jag.

– Vad har hänt, frågade Gunvor.

Jag kände att hon lät uppriktigt orolig över min situation.

– Det handlar om "barn", svarade jag med trötthet i rösten.

– Menar du att han inte vill, frågade Gunvor och hade ett förvirrat uttryck i sin röst.

– Nej inte så, sa jag och begrep att det lät underligt med halva meningar tagna ur luften.

– Du vet det där med Anna-Lena...

Sedan begrep Gunvor precis vad jag menade och blev arg på mig för att jag inte hade förklarat för Jörgen vad jag kände men det svåraste av allt var just att förklara! Jag ville att han skulle förstå utan att jag öppnade munnen. Jag ville att han skulle se smärtan som byggde bo inom mig när jag hörde att andra i min närhet var gravida. Han skulle förstå utan att jag skulle behöva ange en mängd förklaringar. Jag lade på luren, kände hur tårarna brände bakom ögonlocken och en tår trillade ner på min hand.

Till slut orkade jag inte kämpa emot utan lät tårarna få fritt fram. Jag borrade ner huvudet i kudden på sängen och tjöt ut min förtvivlan. Tio minuter senare kände jag att den värsta smärtan hade lagt sig. Jag gick ut i vardagsrummet, satte mig i soffan och tände en cigarett. Just då hörde jag hur en nyckel vreds om i låset på ytterdörren. Det kändes oerhört nervöst. Jag visste inte om jag skulle gå honom till mötes i hallen eller sitta kvar och vänta. Jag valde det senare. Jag hörde hur han först gick in i badrummet, sekunderna senare stod han framför mig och sjönk ner i soffan bredvid mig.

– Men lilla gumman, har du gråtit?

Hans hand lyfte upp min haka och han tittade mig djupt in i ögonen. Då kom tårarna igen. Jörgen kramade, tröstade mig och viskade i mitt hår.

– Att du tog vårt gräl så här allvarligt, det hade jag aldrig kunnat tro, sa han.

Först då begrep jag att han trodde att jag grät över att vi hade grälat, men det var inte sant! Hur skulle jag få honom att förstå att det fanns mer än en anledning till mina tårar?

– Jörgen lyssna på mig, sa jag och försökte ta mig ur hans famn. Snälla Jörgen, släpp mig nu!

Sakta sjönk hans armar ner utmed sidorna och händerna låg stilla på soffkanten.

– Jag vill förklara en sak för dig, började jag.

– Helena, det behövs inga förklaringar, jag förstår precis, sa han.

– Gör du, sa jag häpet, blev tyst och stirrade på honom.

Kunde det verkligen vara möjligt att Jörgen hade förstått att detta med ”barn” gjorde mig förtvivlad?

– Javisst, det här är vårt första stora gräl och du är upprörd. Har jag inte rätt, frågade han och tittade förväntansfullt in i mina ögon.

Jag suckade tyst för mig själv. Skulle jag säga sanningen eller låtsas att han hade rätt? Det enklaste hade varit att ljuga men samtidigt började varningsklockorna att ringa. Ljög jag nu skulle det bli svårare att berätta om det nästa gång jag mådde dåligt, och nästa och nästa....

Jag samlade mig, tog ett djupt andetag och började min monolog. I samma takt som jag berättade växlade Jörgens ansiktsuttryck som årstiderna. Det slutade med att han satt i soffan med benen uppdragna i ett kors och gned sig fundersamt om hakan.

– Helena, nu vill jag att du lyssnar på mig! Jag hoppas verkligen att vi inte ska behöva dra det här fler gånger. Jag vill ha barn, men jag vill inte tjata om det flera gånger i veckan. Du tror att det är något som är fel bara för att vi inte blir med barn inom fyra månader. Tycker du inte att det är lite väl mycket hysteri över ditt beteende? Det finns säkert fler än vi som försöker bli med barn och det kanske tar lite mer än fyra månader för dom flesta.

I den sista meningen hörde jag tydligt ironin bakom orden, men svalde och tyckte kanske att han inte hade helt fel i sina påståenden. Jag lovade att inte ta upp diskussionen om barn, åtminstone inte på de närmaste månaderna. Jag lyckades hålla löftet, men det kom ett ögonblick där löftet nästan bröts och det var i samband med Gunvors förlossning. Vi åkte upp till BB med blommor och en present till Erik, Lars och Gunvors andra son och när jag såg Erik ligga i korgen med det lilla ljusblå täcket kom tårarna. Jag lyckades torka bort dem snabbt och Jörgen hann aldrig se dem falla.

*

Semestern på Gotland blev riktigt trevlig. Vi hyrde en stuga några mil från Visby och båtresan över blev en skön och avslappnad tripp. Stugan var utrustad med vattentoalett och tvättmöjligheter. Det hade varit ett krav från min sida. Jag avskydde allt som stavades spartanskt. Utomhustoaletter med spindlar och andra kryp tillhörde inte mina favoritställen. Varje dag cyklade vi en mil till Visby på våra hyrda cyklar. Vi hade romantiska middagar i stugan och likt rosorna som klängde runt ringmuren promenerade vi tätt omslingrade i Visbys smala gränder. Den söta doften av rosorna följde oss var vi gick. Utelivet i Visby var underhållande på alla vis. Kaféer och uteserveringar trängdes om utrymmet och över det hela vilade en stämning av gemytlighet. För mig som älskade den gotländska dialekten var det en tröst i mitt annars så dystra sinne att höra den och samtidigt vandra i stadens myller. I tre härliga veckor latade vi oss, solade, badade, läste och shoppade ibland, men allt har ett slut, så även den här semestern. När vi kom hem hade vi ett berg av tvätt och kylskåpet var tomt. Under vistelsen på Gotland hade inte varje stund i mitt sinne ägnats åt tanken på att bli med barn, men hemma var det annorlunda. Min första tanke var; *Tänk om jag hade blivit med barn när vi var på Gotland?* Ur handväskan plockade jag fram almanackan och smög mig in i badrummet. Hur många dagar var det kvar innan mensen skulle dyka upp? Det var fem dagar kvar och min mage vred sig av spänning med tanke på att ett barn faktiskt kunde ha blivit till på Gotland.

Punktligt på den femte dagen kom mensen! Jag svor och förbannade den, men inför Jörgen låtsades jag som om ingenting hade hänt. Han skulle inte få chansen att säga att jag hade brutit mitt löfte och nu var det bara en månad kvar innan jag hade tänkt ta kontakt med en läkare. Enligt Jörgens sätt att tänka hade det bara gått sex månader sedan vi började försöka att bli med barn och vi hade inte diskuterat vad vi skulle göra när de sex månaderna hade passerat. Jag däremot, tyckte att det var en god idé att beställa tid hos en gynekolog.

Månaden förflöt i lugn och ro. Vi tittade på TV, gick på bio och det hände absolut ingenting. Kvällen när jag tog upp bli-med-barn-ämnet hade varit mysig. Vi hade ätit en god middag, haft avslappnande musik i bakgrunden och kandelabrar på bordet. Jag berättade om mina funderingar och Jörgen lyssnade.

– I ärlighetens namn måste jag erkänna att tiden som har gått också gjort mig fundersam. Det kanske borde ha blivit barn vid här laget, sa han och skruvade på sig i soffan.

Jag satte mig upprätt och min blick följde ivrigt hans rörelser.

– Vad får dig att säga det här? Har något fått dig på andra tankar, frågade jag och inväntade svaret med spänd och stirrande blick.

– Du vet Jimmy som brukar spela tennis med Mikael på torsdagar? Han och hans tjej gick till doktorn efter att dom inte hade lyckats bli med barn på sex månader. Det visade sig att hon hade en infektion. Efter behandlingen tog det två månader, sedan var hon med barn, sa Jörgen.

– Där ser du, sa jag triumferande. Det finns faktiskt par det kan vara fel på. Dessutom kan man inte veta om alla fel själv.

Jörgen reste sig ur soffan och började vanka fram och tillbaka över golvet.

– Tänk om det inte är något fel på oss, sa han och slog ut med armarna i en uppgiven gest. Vad ska vi då ta oss till?

– Snälla Jörgen, tycker du inte att vi borde fråga en läkare om det? Inte ställa diagnosen själva!

– Okej, gör det! Beställ en tid.

Det verkade som om det hade varit jobbigt för honom att säga de orden. Var han rädd? Trodde han kanske att det var något fel på honom? För mig var det solklart vem av oss som var den felande länken, om det överhuvudtaget skulle hittas något fel! Jag kom ihåg min äggledarinflammation och var övertygad om att den hade ställt till med problem. Jag påminde Jörgen om min sjukhusvistelse och konstigt nog såg han lugnare ut efter den informationen.

Dagen därpå ringde jag upp kvinnokliniken på Sahlgrenska för att beställa en tid. Det var då jag fick den första chocken. Det var tre månaders väntetid! Den chocken skulle åtföljas av så många att jag tappade räkningen efter några år. Jag fick en tid i november och dit kändes som en evighet. Jag tyckte redan att jag hade väntat så länge. Den tålmodiga rösten i luren förklarade vänligt att det var många par som hade problem och resurserna för par med barnlöshetsproblem inte var obegränsade, snarare tvärtom.

Jag hade aldrig kommit i kontakt med ordet barnlöshet innan det drabbade oss och vad jag visste fanns inte det här problemet i vår bekantskapskrets, eller så var det något man talade tyst om. Det kanske rent av var ett tabubelagt område?

Det enda som upptog min hjärna var att räkna dagarna till läkarbesöket. Jörgen hade lovat mig att försöka få ledigt från jobbet, men det visade sig inte vara så enkelt. Innan jul var det alltid mycket att göra och dessutom låg hans pappa nerbäddad i influensa. Därmed vilade ansvaret av företaget på Jörgens axlar.

När den stora dagen var inne, insåg jag till min besvikelse att Jörgen inte skulle kunna närvara. Läkartiden var utsatt till kvart över två. Jag satt i väntrummet med en årsgammal tummad veckotidning i handen och min blick följde klockvisarna. Det dröjde inte länge innan jag förstod att det inte skulle bli tal om att få komma in i tid. Klockan på väggen visade fem minuter i tre. En sköterska hastade förbi och jag försökte påkalla hennes uppmärksamhet, men hon kunde inte hjälpa mig utan gick raskt vidare. Det blev äntligen min tur och det var en och en halv timma efter utsatt tid.

Läkaren på andra sidan skrivbordet berörde inte förseningen med ett enda ord. Snart begrep jag anledningen, det tillhörde rutinen. Att sitta i det kala mottagningsrummet kändes nervöst och obehagligt. Den hårda och obekväma stolen gjorde inte besöket trevligare. Läkaren lutade sig bakåt i stolen, stötte sina fingertoppar mot varandra och fäste blicken på mig.

– Jaha, och vad har du för problem då?

Mina ögon spärrades upp av förvåning, visste han inte varför jag satt här? Hade han inte läst i sina papper om orsaken till att jag hade beställt en tid? Jag harklade mig, stammade fram mitt ärende och krympte en liten bit till. I det här ögonblicket önskade jag mig förvandlad till en fågel för att kunna flyga ut genom det öppna fönstret till friheten. Atmosfären i rummet gav mig kväljningar.

Plötsligt lutade sig läkaren framåt och satte ner armbågarna på bordskivan.

– Var har vi maken då?

Frågan ställdes till mig på ett anklagande sätt. Som om jag inte skulle vara berättigad att sitta ensam på den obekväma stolen.

– På grund av sitt arbete kunde han tyvärr inte komma, mumlade jag.

– Nehej, det var olyckligt, sa läkaren och ögonbrynen åkte upp och ner som svalans vingar. Det ligger nämligen till så att maken ska lämna ett litet prov.

Efter den meningen smackade han med tungan, högt och ljudligt. Jag började undra om jag verkligen hade rätt läkare framför mig.

– Vadå för prov, undrade jag.

– Vi behöver en analys av spermierna för att kunna bedöma läget, sa han och drog ut på bokstaven ”ä” i ordet läget.

– Var det tänkt att han skulle lämna det här och nu, frågade jag och kände hur irritationen steg inför den dryge läkaren. Min röst lät gnällig.

– Nej, verkligen inte, svarade han och såg förnärmad ut. Du ska få med dig en liten påse och den ska lämnas in på sjukhusets laboratorium.

– Ska han göra det hemma?

Min röst var liten och klen. Det kändes oerhört förnedrande att sitta här och prata om Jörgens spermier.

– Ja, naturligtvis ska han göra det hemma!

Nu talade han till mig som om jag vore ett litet obegåvat barn. Med ett ryck reste jag mig ur stolen.

– Skulle jag kunna få den där påsen nu?

– Inte så bråttom min unga dam, inte så bråttom, sa läkaren.

Rodnaden brände på mina kinder och jag satte mig omedelbart ner på stolen igen. Han drog ut en av sina skrivbordslådor och lade ett papper framför mig. Jag lutade mig närmare för att se vad det var.

– Det här förstår du, är ett diagram eller man kanske snarare skulle kalla det för en tempkurva. Här ska du fylla i alla förändringar, sa han och pekade med sin bläckpenna på de redan ifyllda linjerna. Ser du, där står det förändringar!

Han lät som min gamla kemilärare gjort en gång i tiden. Rösten var utomordentlig entonig och tråkig att lyssna på.

– Från första mensdagen skriver du upp din temperatur som helst ska mätas vid samma tidpunkt varje morgon. Lite tidsskillnader har visserligen inte någon stor marginell betydelse, mässade han vidare. Varsågod, det här papperet är ditt. Efter tre månader kommer du tillbaka. Då hoppas jag att du har maken med dig.

– Tre månader! Jag skrek ut orden.

Var det verkligen sant? Menade han allvar? Skulle vi tvingas vänta i ytterligare tre månader?

– Jamen lilla vän, det förstår du väl själv, tyckte han. Dels behöver vi din makes spermaprov och dels vill vi veta om du har ägglossning. Det får vi reda på om du är en duktig flicka och går hem och fyller i tempkurvan.

På något sätt tog jag mig ut ur hans rum, men väl ute blev jag förbannad. Den där läkaren satt definitivt på fel stol! Jag begrep att det inte var första gången han hade fått frågor i det här ämnet, men han visade ingen som helst förståelse att det var första gången för mig! Det som han hade förklarat gick säkert att berätta utan en överlägsen attityd och på ett mycket bättre sätt än vad han vad hade lyckats med. Att tvingas uppleva det bedrövliga bemötandet tillsammans med en så känslig fråga ökade definitivt inte självkänslan.

Innan jag åkte hem kände jag ett stort behov av en kopp kaffe i lugn och ro. Sjukhusets kafeteria låg i närheten av kvinnokliniken och jag tog en promenad. Inne i kafeterian plockade jag till mig en bricka och gick till avdelningen för rökare. Jag tog fram papperen som jag hade fått av läkaren. Att sitta med dem i handen och bli påmind om den bedrövliga läkaren räckte för att må dåligt. Jag tittade noga på papperet som Jörgen skulle ha med sig till laboratoriet, men det enda jag såg var en massa kolumner som antagligen skulle fyllas i på labbet. Undrar hur Jörgen kommer att ta det här? Jag funderade en stund på hur jag skulle förklara det. Det var fullkomligt glasklart för mig vad han skulle tvingas göra för att fylla den lilla påsen. Jörgen skulle bli tvungen att onanera. Hur många killar skulle ha velat ställa upp på det här? Jag skulle veta att han onanerade och varför. Tanken på att gå in i ett rum och onanera på beställning kändes inte ett dugg positivt.

Jörgen hade ännu inte kommit hem när jag steg in i vår lägenhet och det gav mig tid att förbereda frågan. Jag vankade fram och tillbaka mellan köket och vardagsrummet. Påsen med tillhörande remiss låg på köksbordet och stirrade anklagande på mig. Jag rökte oavbrutet och kände hur kalla mina händer var. Jag ställde mig vid fönstret och stirrade ut mot parkeringen. Efter en timma, utan att Jörgen hade synts till, gav jag upp. Lite musik kanske skulle lätta upp stämningen, tänkte jag högt för mig själv. Två timmar senare kom Jörgen äntligen hem och såg stressad ut. Håret var rufsigt och blicken stirrig. Jag fick nog lugna mig och lägga spermiefrågan åt sidan, tänkte jag. Han pussade mig flyktigt på kinden.

– Hej lilla gumman, hur har du haft det?

I mitt stilla sinne tänkte jag att det vill du nog inte veta, i vilket fall som helst inte nu!

– Tack, det har varit lugnt, svarade jag och undvek hans blickar.

Han gick ut i köket och jag hörde hur han slamrade i kylskåpet. Antagligen gjorde han sig något att äta.

– Hur går det på jobbet? Hinner ni med allt innan jul, frågade jag och ledde bort samtalet från min dag en stund.

– Jajamensan, vi har haft otrolig tur med leverantörerna. Allt klaffar precis som det ska göra, sa han och lät munter.

Det tyckte jag var ett gott tecken. Från köket kom han bärande på ett stort glas mjölk i den ena handen och en halväten smörgås i den andra. Han slog sig ner i fåtöljen mittemot mig och ställde ner glaset bara några centimeter från remissen och påsen. Jag höll andan, men det verkade inte som att han hade märkt någonting. Plötsligt böjde han sig fram mot mig.

– Du verkar spänd Helena, har det hänt något?

Tydligen hade han helt glömt bort var jag hade varit idag.

– Det beror på mötet med läkaren, sa jag och studerade uppmärksamt hans reaktion.

Han klappade sig på knäna och utbrast:

– Javisst ja, det hade jag alldeles glömt bort.

– Det hade jag också velat göra! Glömma bort, sa jag.

– Jaså, varför det, frågade han och såg förvånad ut.

– Om du hade varit där med mig, hade du förstått varför, sa jag.

Det hade antagligen smugit sig in en anklagande ton i min röst för Jörgen såg sur ut.

– Jag ville faktiskt följa med, men jag fick förhinder! Det vet du, eller hur?

Jag såg på hans kroppshållning att han var beredd på strid. Därför bad jag snabbt om ursäkt för min gnälliga ton.

– Förlåt mig, det var inte meningen att såra dig.

Det var en uppriktig ursäkt. Att läkaren hade visat sig vara en skitstövel var inte Jörgens fel. Ibland var det svårt för mig att hålla tillbaka känslorna, men efter min ursäkt såg jag att Jörgen slappnade av.

– Berätta för mig vad som hände, sa han.

Jag lyckades med konststycket att härma läkarens beteende och lockade Jörgen att skratta. På det viset lättade trycket även för mig. Det är alltid skönt om man orkar se saker och ting från den humoristiska sidan. Det är en egenskap som har hjälpt mig många gånger genom åren. Till slut kom jag fram till berättelsen om remissen med tillhörande påse och det här var det svåraste ögonblicket. Det var inte något som gick att skämta om. Jörgen lyfte upp remissen från bordet och läste den. Jag var tyst under tiden, och frågan som jag egentligen inte alls hade någon lust att besvara, kom till slut.

– Vad ska det här vara bra för, frågade Jörgen.

– Dom vill veta om dina spermier är befruktningsdugliga.

Jörgen tittade på mig med misstro i blicken. Trodde han att jag skojade?

– Titta inte på mig sådär. Det är faktiskt sant. Inte för att jag tror att det är något fel på dig, men om vi inte lämnar in provet fortsätter dom inte behandlingen, eller undersöker mig. Det är bara ett rutinprov!

– Vad menar du med att vi ska lämna ett spermaprov? Sedan när har du fått spermier? Hur skulle du känna dig om någon ville dissekera ditt könsorgan?

Jag satt tyst under tiden som Jörgen stegade fram och tillbaka i lägenheten, ilsket viftande med remissen, och skällde över vår situation. Jag ville förklara, att efter besöket hos läkaren hade jag också funderat över det här, men hur skulle jag förklara? Plötsligt satte han sig bredvid mig i soffan, suckade hörbart och tog ett djupt andetag.

– Okej, jag ska göra det, men bara en gång, sa han och stirrade på remissen. Men bara på ett enda villkor, sa han och hade blicken riktad på papperet som satt mellan hans händer.

– Vad är det för villkor?

– Du får åka till labbet och lämna in det!

– Är du inte riktigt klok! Ska jag åka dit! Var hade du tänkt dig att jag skulle förvara påsen under färden?

Jag blev mycket förvånad över hans beslut, men han gav sig inte. Jag skulle bli tvungen att lämna in det.

*

För att provet skulle bli så bra som möjligt var vi tvungna att avhålla oss från sex i minst tre dagar. Den förfärliga morgonen uppenbarade sig. Inte ens tidpunkten när man skulle masturbera var förhandlingsbart. Det fanns nämligen bestämda tider för inlämningen av ett spermaprov. Under tiden som Jörgen masturberade tog jag min tillflykt till parken. Han hade sagt att det antagligen skulle ta tjugo minuter upp till en halvtimma och det var de längsta minuterna jag varit med om. Jag var livrädd för att komma in för tidigt i lägenheten. Bara tanken på att störta in mitt under, det att han höll på med, gjorde att min hud drog ihop sig. Usch vad det skulle bli pinsamt! Jag kom tillbaka in i lägenheten, sovrummet var försänkt i mörker och han låg i sängen. Sakta lät jag blicken gå runt i rummet.

– Det ligger i en pappmugg på toan, mumlade han ur djupet under täcket.

Jag strök honom över håret, hämtade provet och lämnade honom utan ett ord. Jag stoppade in påsen under jumpern i byxlinningen. Det var viktigt att spermierna inte blev kalla. Nu gällde det att snabbt ta sig till labbet.

Jag hade blivit hänvisad till en lång korridor och blev alldeles stirrig när jag letade efter rätt dörr. Min blick flackade hit och dit i förhoppning om att hitta en skylt som skulle visa mig vägen till labbet. Det fanns inte en levande själ i den långa korridoren. Efter att ha sprungit fram och tillbaka i korridoren i fem minuter lyckades jag lokalisera avdelningen. Fertilitets-laboratorium stod det på en skylt som hängde på dörren. Jag knackade försiktigt några gånger innan jag klev på. Innanför dörren togs jag emot av en mycket vänlig och omtänksam personal. Min plan var att efter att ha lämnat provet passa på att ställa så många frågor som möjligt. Det var lika bra, tänkte jag och stod kvar i samma position under tiden som sköterskan fyllde i en blankett. Hon lyfte blicken och tittade på mig.

– Var det något mer du ville?

Jag skruvade på mig och kände mig generad.

– Ja, jag har några frågor som jag skulle vilja ha besvarade.

– Tyvärr kan vi inte lämna ut några besked, sa sköterskan.

Det verkade som om hon hade förstått vad jag ville ha svar på innan frågan ens var ställd, men jag tyckte att hennes ögon såg ledsna ut när hon svarade.

– Men det enda jag vill veta är hur lång tid det tar innan ni får svar på hur kvalitén är på spermaprovet.

– Det får du reda på när du träffar läkaren nästa gång, sa hon.

– Varför kan inte ni tala om det nu, frågade jag och började bli mer och mer irriterad över den förbannade byråkratin.

– Vi har sådana regler, tyvärr.

Jag visste exakt var jag ville att de reglerna skulle stoppas, men sa ingenting. Jag stod fortfarande kvar en stund, men insåg till slut det omöjliga i situationen och åkte till mitt arbete.

*

Under tiden som vi väntade på provsvaret undvek Jörgen ämnet ”barn”. Jag försökte att hjälpa till genom att göra likadant och nu var det en månad kvar till läkarbesöket. Eftersom jag är otålig till min natur, tyckte jag att det vore en bra idé att ringa till labbet och höra om de hade fått iväg svaret. Jag hörde två signaler gå fram och under tiden funderade jag över vad jag skulle säga.

– Fertilitetslabbet!

Rösten var hård och kom snabbt, vilket gjorde mig stum i flera sekunder.

– Hej, mitt namn är Helena Hilmarsson och det var så att för nästan två månader sedan lämnade vi in ett spermaprov till er. Nu undrar vi om ni har skickat iväg provet ännu?

– Det kan jag inte uttala mig om, svarade sköterskan.

– Men du kan väl berätta om det är skickat eller inte, sa jag och blev sur över hennes griniga röst.

Antagligen blev hon missbelåten med min attityd för nästa gång hon svarade, var det med ännu större överlägsenhet.

– Jag har verkligen inga befogenheter att svara på sådana frågor.

Ilskan tog över mitt förstånd. Det var faktiskt vår framtid det handlade om, inte hennes!

– Du har inga befogenheter, men det kanske det finns någon i din närhet som har?

Nu var jag riktigt förbannad på henne och mitt röstläge låg under fryspunkten.

– Vi har en avdelningsföreståndare som kanske kan hjälpa dig, svarade hon fnysande.

– Det vore väldigt snällt om du ville kalla henne till telefonen, sa jag och min röst var som klirrande isbitar.

– Tyvärr är hon inte inne just nu, sa hon.
– Avdelningsföreståndaren kommer kanske eventuellt tillbaka idag, sa jag och fräste ut meningen.

Jag fick en känsla av att antingen var hon dum i huvudet eller så låtsades hon inte förstå.

– Hon kommer tillbaka vid tvåtiden, svarade hon kort.
– Vad heter er avdelningsföreståndare, frågade jag aningen lenare i rösten.
– Britta Mollner.
– Tack ska du ha för hjälpen, sa jag och lade på luren utan att invänta svar.

Det är inte klokt hur sjukvården fungerar, eller snarare hur den inte fungerar. Det var inte hennes mans prov vi pratade om. Det var min pojkväns spermaprov! Det tycker jag att hon borde begripa. Det var vi som var nervösa över svaret, inte hon.

Jag återkom strax efter klockan två och frågade omedelbart efter Britta Mollner. De lät mig vänta en stund men sedan kom en vänlig röst i luren. Än en gång förklarade jag vår situation och inväntade ett svar.

– Jag förstår precis hur ni känner det, sa Britta Mollner, men tyvärr får vi inte avslöja något om provet.
– Men varför är det så? Vari ligger skillnaden i om vi får reda på det nu eller hos läkaren, undrade jag.
– Det är läkarens order. Dom vill inte att det ska bli missuppfattningar över svaret.
– Det enda jag vill veta är om det är bra eller dåligt, sa jag, suckade högljutt och undrade tyst varför de uppförde sig som vakter, vakande över en guldskatt, när det handlade om ett provsvar som enbart berörde oss. Jag har en sista fråga som jag hoppas att du kan svara på. Har ni skickat iväg svaret på provet

till läkaren? Snälla, svara på det!

– Naturligtvis kan jag svara på den frågan. Provet var klart samma dag som det lämnades in. Någon dag senare skickar vi oftast remissvaret till läkaren. Just nu ligger svaret på läkarsekreterarens bord, sa Britta Mollner.

– Tack så mycket, sa jag och hoppades att hon skulle höra hur tacksam jag var över svaret.

– Ingen orsak, vi hjälper så gärna till med det lilla vi kan, sa hon.

Jag hade ingen större lust att berätta för henne att det definitivt inte gällde alla i personalen. Efter att jag lagt på luren började jag fundera över vad hon hade sagt. Just nu låg provsvaret hos läkarsekreteraren. Hur skulle det vara om jag slog henne en signal? Jag tyckte själv att det lät som en bra idé, ringde upp och bad att få bli kopplad till henne. Hon visade sig inte vara det minsta tjänstvillig. Enträget bad jag att hon skulle titta efter Jörgens provsvar. Till en början var hon inte alls med på noterna. Jag försökte att låta så desperat och ledsen som möjligt och till slut gav hon med sig. Spänt väntade jag kvar i luren. Det skulle bli skönt att ge Jörgen ett besked. Det skulle säkert lugna honom.

– Jaha, nu har jag det framför mig, sa sekreteraren. Vad vill du veta?

– Bara vad som står! Är det bra eller dåligt?

– Här står att...

Hennes tveksamhet gjorde mig orolig.

– Vad står det!

– Det är inte så bra, mumlade hon.

– Vad är inte bra, skrek jag och rösten gick upp i falsett.

Varför svarade inte människan? Varför var hon tyst?

– Provet verkar inte bra, men jag tycker att ni ska vänta tills att ni träffar läkaren. Det är bättre att han förklarar det för er.

– Jag vill inte vänta en hel månad på en förklaring! Ge honom luren så kan han förklara det för mig på en gång, sa jag.

– Tyvärr är han upptagen med en patient just nu, svarade hon med darr på rösten.

– Be att han ringer upp mig omedelbart efter att patienten gått, sa jag med hård och bestämd röst.

– Javisst, det ska jag göra. Hur var telefonnumret?

Sekreteraren var märkbart nervös. Jag hörde hur det prasslade och skränade i bakgrunden. Efter en stund trodde jag nästan att hon glömt av min existens.

– När doktorn är klar ska jag säga till honom, sa hon och skrev ner mitt telefonnummer.

Jag tackade för hjälpen och lade på luren. Jag noterade tiden för samtalet och visste på ett ungefär hur lång tid det skulle ta innan han ringde. Minuterna gick och lades till en timma. Det hade gått en och en halvtimma efter mitt samtal och nu var jag riktigt förbannad. Jag lyfte luren och hamrade in siffrorna. Sekreteraren svarade efter sju signaler. Jag påminde henne om min existens och det var inte i vackra ordalag. Varför ringde han inte upp? Var han förhindrad på något sätt? Sekreteraren svarade att läkaren hade sagt att jag fick ge mig till tåls tills dess att vi skulle mötas på vår avtalade tid.

Ilskan flöt ur mig som lava ur en vulkan.

– Om inte du ser till att läkaren är i luren inom en minut, kommer jag upp på avdelningen och sopar rent på hans skrivbord! Jag menar allvar!

Jag hörde hur hon slängde ifrån sig luren på bordet och sekunderna senare var läkaren anträffbar.

– Jaha, vad är det nu som inte kan vänta, frågade han.

Som vanligt släpade han ä-et efter sig, en sådan högfärdig typ! Jag satte mig tillrätta i stolen och tog ett stadigt tag om luren.

– Vi vill veta vad som menas med ett dåligt svar?
– Lilla vän, det är skrivet på latin och det språket förstår du väl ändå inte?

Jag trodde inte mina öron. Jag hade god lust att dänga telefonluren i örat på honom, men istället ljög jag friskt.
– En god vän till oss är gynekolog och han kan latin, sa jag, spottade ut orden och torkade av luren med handen.
– Har du papper och penna till hands, frågade han snorkigt.
– Naturligtvis har jag det, replikerade jag lika snorkigt.

Därefter kom det en lång harang av latinska ord och jag skrev så fort jag någonsin kunde. Efteråt hade han mage att fråga om jag hade hunnit med allt! Naturligtvis hann jag med, sa jag, tackade honom för hjälpen och lade på luren innan jag av ilska dristade mig att slå den i bitar.

Jag såg honom framför mig, sittande i sin fåtölj, gungande fram och tillbaka, med ett hånleende på läpparna åt min situation och jag hatade honom för det. Jag stirrade på papperet som låg framför mig på bordet. En stund senare satt jag och funderade över var någonstans jag kunde hitta svaren. Sedan kom jag på det, biblioteket, naturligtvis! Jag störtade ut i hallen. Kom i ytterkläderna snabbare än normalt och rusade ner för trapporna.

Under tiden som jag satt i den gnisslande spårvagnen på väg in till stan, hoppades jag att de inte hade hunnit stänga biblioteket. Jag sprang hela vägen från hållplatsen fram till ytterdörrarna och knuffade upp dem. Jag hade tur, det var öppet! Det fanns en mängd olika avdelningar och jag letade efter avdelningen för människokroppen. En vänlig liten herre med glasögonen vippande på näsbenet visade mig upp till andra våningen och var jag skulle söka efter böckerna. Framför mig fanns metervis med hyllor med böcker om människokroppen. Hur skulle jag veta vilken av böckerna jag sökte? Jag gick fram till en bibliotekarie och gav henne uppdraget att hitta dem åt mig. Utan att erhålla alltför många detaljer lyckade hon få fram tre tunga böcker. Jag satte mig ner med böckerna vid ett bord. En av böckerna handlade enbart om mannens kropp, den andra enbart om kvinnans och den tredje om hur barn kom till. Det tog inte alltför lång tid att begripa vad remissvaret betydde. Jag blev kall och rös i hela kroppen. Jag kände hur det sved bakom ögonlocken. Det kunde inte vara sant! Det fick inte lov att vara sant! Jag ville inte att det skulle vara sant! Men svaret förblev detsamma oavsett vad jag ville. Jörgens spermier var så gott som obrukbara! Hur skulle jag berätta det här för honom? Helst skulle jag ha velat stanna kvar på biblioteket resten av mitt liv. Jag förbannade tyst allt och alla! Varför just vi? Vad hade vi gjort för ont? En outtalad pinande smärta plågade mig inombords. Jag ville gråta men kunde inte få fram en enda tår. Hur skulle min mamma ta det här? Hur skulle Jörgens pappa reagera? Frågorna virvlade runt omkring mig som torra löv i en höststorm. Jag lutade mitt huvud i händerna och stönade högt. Det måste finnas en lösning, sa jag till mig själv, men trodde inte ens på mina egna ord.

Jag tog mig hem utan att riktigt veta hur det hade gått till. Väl hemma gick jag fram och tillbaka mellan köket, vardagsrummet och sovrummet. Jag kunde inte sitta ner. Tankarna malde i huvudet. Skulle en adoption vara lösningen? Men då var vi tvungna att gifta oss. Jag lade inte märke till att Jörgen hade kommit hem förrän han stod framför mig. Jag blev skrämd och skrek högt.

– Men snälla Helena, vad har det flugit i dig?

Han tog tag i mig med båda sina händer, skakade mig lätt och tittade mig in i ögonen.

– Snälla, säg vad det är som har hänt? Har någon dött?

– Ja, det skulle man kanske kunna säga, svarade jag, stod och tittade ner i golvet utan att förmå mig att se på honom.

– Nu måste du tala om vad det är, sa Jörgen och såg rädd ut.

– Du kommer inte att tycka om det, svarade jag lågmält.

– Låt mig få avgöra det! Jag vill veta, sa han.

– Dina spermier är inte särskilt bra, sa jag och önskade mig bort.

Fortfarande vågade jag inte titta på honom.

– Vad är det du säger? Vad menar du? Hur vet du det?

Frågorna haglade över mig och jag var tvungen att mobilisera alla mina krafter för att kunna möta hans blick. Jag berättade om telefonsamtalet och om mitt besök på biblioteket. Under tiden som jag pratade stod Jörgen vänd med ryggen vänd mot mig och stirrade ut genom fönstret. Han sa inte ett ord. Jag hörde honom inte ens andas. När jag hade berättat klart kändes det som om en avgrund öppnade sig mellan oss. Jag ville sträcka ut handen och ta på honom, men jag nådde inte fram. Hans tystnad var kall och han hade inte rört sig efter att jag hade tystnat.

– Jörgen säg något! Vad som helst, sa jag.

Utan att vända sig om sa han:

– Tycker du inte att vi borde vänta tills att vi träffar läkaren?

– Jo, det tycker jag, svarade jag och vred mina iskalla händer. Självklart ska vi vänta tills dess! Han kanske vet hur man kan avhjälpa det hela.

Av hela mitt hjärta önskade jag att det fanns en möjlighet för oss att få hjälp.

Samtalen mellan oss gick trögt hela den kvällen. Vi tittade på TV, åt en smörgås och satt i var sin soffa. Helst av allt skulle jag vilja ringa till Gunvor, men det var inte lämpligt med tanke på vår situation. Jag slängde längtansfulla blickar på telefonen. Som om jag ville mana den till att ringa av sig själv. När vi låg i mörkret i våra sängar skulle jag ha velat sträcka ut min hand och ta tag i hans, men jag vågade inte. Hans kroppsspråk utstrålade ”rör mig inte”! Han låg som en pinne bredvid mig. Innan jag somnade dök tanken upp att det kanske inte var Jörgens prov som läkaren hade berättat om. De kanske hade tagit fel på namnen. Man kunde alltid hoppas!

*

Nästa morgon när jag vaknade var Jörgens säng tom. Tydligen hade han vaknat före mig. Jag lyssnade efter ljud från köket, men hörde inga. Det var ovanligt tyst i hela lägenheten. Jag hoppade ur sängen och tassade runt, men ingen Jörgen. Ingen lapp på köksbordet om vart han skulle ha tagit vägen. Jag tittade ut mot parkeringsplatsen. Vår bil var borta, lika borta som jag kände mig. Jag gick ut i köket och satte på kaffe. Med skakande händer hällde jag upp kaffet i koppen. Det här var så orättvist! Varför skulle just vi drabbas av det här? Vi som hade pratat om alla barnen vi skulle få och allt vi skulle göra tillsammans. Jag satte mig ner vid köksbordet och händerna skakade fortfarande. Om en knapp månad skulle vi på besök till den stroppige läkaren och det var inget jag såg fram emot. Jag retade mig på honom till vansinne. Undrar hur han kommer att bete sig när Jörgen är med? Plötsligt hörde jag hur ytterdörren öppnades och Jörgen ropade hej från tamburen. Med ett hopp var jag ur stolen och rusade ut i hallen rakt i hans famn. Han blev så häpen att han nästan ramlade omkull.

– Men lilla gumman, vad är det?

– Jag blev så orolig när jag vaknade och upptäckte att din säng var tom, sa jag och borrade in huvudet i hans bröst.

– Jag kunde inte sova utan tog bilen och körde runt. Du vet nog varför. Det var inte precis några glada nyheter som du kom med igår.

– Jörgen, vi ska nog vänta med att ställa diagnoser tills att vi har besökt läkaren. Jag kanske har målat fan på väggen?

– Jag förstår att du vill trösta mig, sa han och kramade mig hårt. Han kramade mig så hårt att jag nästan tappade andan. Jag lösgjorde mig ur hans famn och tittade in i hans vackra ögon. Ögon som ingen av våra barn någonsin skulle få ärva anlagen till. Det gjorde fruktansvärt ont att tänka på det och jag var tvungen att svälja hårt för att inte börja gråta. Hur skulle vi göra nu? Fanns det någon som kunde hjälpa oss?

På kvällen gick vi på bio. Vi behövde skingra våra tankar. Efter filmen gick vi och tog en hamburgare. Under tiden som jag tuggade på den, försökte jag minnas handlingen i filmen vi nyss hade sett. Det var lönlöst! Jag iakttog Jörgen och undrade om han hade samma problem som jag, men jag vågade inte fråga.

*

Nästa dag på jobbet kom Anna-Lena fram till mig. Ansiktet lyste av glädje och det stod som ett skimmer kring hela hennes lekamen.

– Hur har du det Helena? Är allt bra? Ska ni inte skaffa barn snart? Du ser hängig ut, kan det vara så att det redan har tagit sig? Frågorna blev nästan för mycket för mig. Hon tornade upp sig med sin stora gravida mage och jag tänkte febrilt på om jag skulle berätta sanningen eller säga något över huvud taget. Jag bestämde mig för att säga som det var! Det var ingen idé att undanhålla något. Förr eller senare skulle frågan, om jag var med barn eller inte, komma upp och då kunde jag inte helt plötsligt säga att vi hade ändrat oss. Alla mina arbetskamrater visste att vi ville ha barn.

– Jag tycker att vi tar en kafferast och sätter oss en stund, sa jag.

Gigis blick flackade när hon tittade på mig. Hon hade aldrig snokat tidigare och nu skulle jag berätta om mitt privatliv. Det var som om det gjorde henne illa till mods. Anna-Lena spärrade upp ögonen och såg nyfiken ut inför vad jag hade att säga. Gunvor var mammaledig så henne fick jag informera vid ett annat tillfälle. När vi satt med varsin kopp kaffe, och jag hade tagit ett djupt andetag, började min berättelse. Ingen av dem avbröt med frågor under tiden och när jag tystnade var det ingen som rörde sig. Tystnaden var total. Jag kände mig tvingad att bryta den.

– Snälla ni, jag vill inte att ni ska hänga läpp över det här! Det här är ingenting som ni kan ställas till svars för, sa jag och vände mig till Anna-Lena. Du behöver inte, eller snarare du får absolut inte, känna dig illa till mods bara för att du är med barn och inte jag, lova mig det!

Anna-Lena slog ner blicken och stirrade ner på golvet.

– Nej, jag ska inte må dåligt, men det känns så konstigt att just du skulle drabbas. Du som alltid har pratat om hur mycket du tycker om barn och hur gärna du ville ha många barn, sa hon.

Jag klappade henne tröstande på handen.

– Vi är inte klara med läkarundersökningarna, ännu. Vem vet, dom kanske kan hjälpa oss trots allt, sa jag och hade ingen tanke på att kasta in handduken ännu.

*

Efter jobbet gick jag ut på stan för att handla. Tanken var att köpa en ny blus till den svarta kjolen, som jag hade på jobbet, och för att trösta mig en stund. Jag gick på Avenyn och försökte muntra upp mig själv genom att tänka positivt. Får vi inga barn kan vi alltid resa, gå på restaurang och på bio när vi vill och dessutom ha råd med det, men längst in i själen var det tomt och inga kläder eller andra kapitalvaror skulle kunna fylla upp hålet. Jag gick runt i affärerna utan att hitta det jag sökte. Däremot lyste barnkläderna som strålkastare mot mig så fort jag kom in i affären. Dessutom verkade det som alla gravida kvinnor hade bestämt sig för att gå ut och handla just idag. Trots att solen strålade på allt utomhus var det mörkt inom mig. Plötsligt stod jag utanför restaurang Lilla London på Avenyn och tittade tvärs över gatan. På den sidan stod det taxibilar och väntade på kunder. Mina känslor var i uppror och jag skyndade mig över gatan, hoppade in i den första taxin, slängde ur mig adressen och stirrade ut genom vindrutan. Tårarna brände bakom ögonlocken och ville ut, men jag kämpade emot. Inte än, inte i taxin! Utan ett ord betalade jag chauffören, sprang uppför alla fem trapporna, kastade upp dörren och slängde igen den med en smäll, som antagligen hördes ända ner till första våningen. Sedan rusade jag in i sovrummet och kastade mig på sängen. Nu fick tårarna rinna fritt och de sprutade ut ur ögonen. Jag vrålade ut min smärta. Åh, gud om detta bara ville ta slut! Jag orkade snart inte med smärtan som klöste i mig. Det var tur att Jörgen inte var hemma, han hade säkert blivit chockad över mitt beteende. Jag har ingen aning om hur länge jag låg och grät, för till slut somnade jag av pur utmattning och vaknade av att Jörgen stod vid sängen och ruskade i mig.

– Du är alldeles randig i ansiktet och dina ögon är svullna. Har du gråtit?

Försiktigt torkade jag av mig i ansiktet med min ena hand. Ögonen var svullna och de värkte.

– Ja, jag har gråtit, men å andra sidan känns det bättre nu, sa jag, försökte att le mot honom, och kände hur det stramade i ansiktet av torkade salta tårar. Antagligen såg jag hemsk ut! Det är nog bäst att jag försöker snygga till mig lite, eller vad tycker du?

Jag försökte få Jörgen att skratta åt min kommentar. Jag ville inte att han skulle ställa frågor om varför jag hade gråtit. Det var bättre om han tänkte på annat. Hans mungipor gled upp en smula.

– Du bör nog tvätta av dig i ansiktet, sa han med en glimt i ögat.

Lättad andades jag ut.

Vi åt vår middag i skenet av levande ljus och ur högtalarna strömmade klassisk musik. Efter att vi druckit upp vinet ur våra glas, gick vi hand i hand in i sovrummet. Vi smekte av varandras kläder. Hans läppar vandrade sakta utmed min kropp och jag skälvde av åtrå. Våra händer rörde sig vant och ömt. Han låg över mig och jag kände hur hans hjärtslag ökade i styrka. Efteråt när jag hörde Jörgens lugna andetag vid min sida, som talade för att han sov, funderade jag över hur han tänkte. Än så länge hade vi inte tagit upp någonting av det som hade hänt till en diskussion. Inte heller frågan om hur han ställde sig till en eventuell adoption. Men vis av erfarenhet visste jag att det inte var någon idé att skynda på honom. Frågorna skulle komma inom sinom tid. Först i kön stod läkarbesöket. Allt annat fick vi ta efter det.

Dagen för läkarbesöket var inne. Vi hade fått tid till kvart i tre. Jörgen hade lovat att han skulle gå tidigare från jobbet och möta mig vid entrén. Jag hade tagit ledigt hela dagen för att förbereda mig, suttit vid köksbordet och skrivit ner alla våra frågor. Om det värsta uppenbarade sig ville jag veta hur vi skulle fortsätta och vem som kunde hjälpa oss. När klockan var tio minuter över tre stod jag fortfarande utanför entrén och väntade på Jörgen. Till slut kände jag mig tvingad att gå upp till avdelningen, annars skulle de kanske tro att vi inte hade tänkt infinna oss överhuvudtaget. Jag rusade uppför trapporna, in till sköterskan, och talade om mitt namn och ärende.

– Ni är aningen sena, sa hon, tittade inte ens upp på mig utan vände blad i sin tidning.

– Tyvärr har inte min pojkvän hunnit komma, men han är säkert på väg, sa jag och hoppades att hon inte skulle märka hur nervös jag var. Jag hade inte behövt vara orolig, hon tycktes studera varje rad i tidningen.

Senast jag hade träffat läkaren hade han uttryckligen talat om för mig hur viktigt det var att Jörgen var med och nu var jag nervös inför att kanske inte bli insläppt ensam. Var höll Jörgen hus? Min irritation växte i takt med att minuterna tickade iväg. Hade han glömt mötet? Nej, det kunde jag aldrig tänka mig! Mina funderingar hoppade fram och tillbaka. Vi hade pratat om läkarbesöket i morse innan han gick till jobbet. Att han skulle glömma var uteslutet. Tänk om det hade hänt honom något? Herregud, en bilolycka! Jag blev alldeles stel av oro. Min blick var envist fäst vid entrédörren, som om jag ville framkalla Jörgen ut ur tomma intet, men ingen Jörgen uppenbarade sig. Jag hörde våra namn ropas upp och smög mig in.

Där satt han, läkaren som hade retat gallfeber på mig, och

naturligtvis var inte Jörgen här. Undra vad den gode doktorn skulle säga om det? Han satt och skrev och hade inte lagt märke till mig ännu. Plötsligt lyfte han upp blicken och tittade på mig, lät blicken vandra runt i resten av rummet, för att slutligen åter hamna på mig. Han lutade sig bakåt i stolen så att den knakade, lyfte upp händerna och knäppte dem bakom huvudet.

– Jaha, var har vi maken då? Skulle inte han vara med? Jag tyckte att jag sa det när vi möttes senast.

Åh, vad jag önskade att han skulle ramla ur stolen, just nu! Mina kinder glödde av förargelsens rodnad. Jag mumlade fram en ursäkt å Jörgens vägnar och satte mig ner. Jag hade ingen som helst lust att berätta att jag hade stått utanför entrén och väntat på Jörgen över en halvtimma och att något måste ha hänt. Det skulle han med all säkerhet ändå inte tro på, misstänkte jag. Den dryge slutade att gunga på stolen och tog fram ett papper ur en av högarna på bordet.

– Här har vi provsvaret som ni var så angelägna om att få reda på.

Han glodde anklagande på mig, men jag ville inte ge honom chansen utan satt tyst. Han hummade och brummade en stund och jag väntade utan att så mycket som att röra en fena.

– Det ser inte bra ut, men vi gör om det, sa den dryge.

Göra om det! Var han fullkomligt galen? Det skulle Jörgen aldrig gå med på.

– Varför ska det göras om, pep jag fram.

– Det kan vara så att din man kan ha haft någon slags infektion när han lämnade provet och efter tre månader kan det visa sig bli ett perfekt prov. Men i och för sig tror jag inte att det är så i ert fall.

– Men det här betyder ju att vi aldrig kan få barn om det inte finns någon möjlighet att förbättra spermierna, sa jag och kände hur en kall hand kramade mitt hjärta.

– Men lilla vän, nu ska vi inte rusa iväg. Det behövs bara en spermie för att befrukta ett ägg och trots allt har din man tre procent levande spermier.

Bara detta ”lilla vän” gjorde mig rasande. Jag reste mig snabbt upp ur stolen och ställde mig framför honom.

– Om det bara hade behövts en spermie för att bli med barn förstår jag inte varför mannen har blivit utrustad med flera miljoner!

Jag betonade ordet miljoner för att han skulle begripa hur sårad jag var över hans beteende. Men den dumme klumpige läkaren bara ler och säger:

– Ja, men det är väl tur att naturen slösar då, eller hur?

Jag trodde att jag skulle kvävas av ilska. Jag fräste ut orden ”tack så hemskt mycket för hjälpen”, vände mig om och gick snabbt fram till dörren. Jag drämde igen dörren allt vad jag orkade. Tyvärr uteblev effekten, eftersom sjukhusdörrar har en gummistopp. I morgon tänker jag ringa och säga att jag vill ha en annan läkare och har de ingen annan söker jag upp en privatläkare. Jag tänkte inte finna mig i att bli behandlad på det här sättet! Väl hemma tog jag fram telefonkatalogen, letade ivrigt under kategorin privatläkare i gynekologi, och fann det jag sökte. Han var professor i gynekologi och hade hjälpt många barnlösa par. Det tyckte jag lät lovande och ringde upp honom omedelbart. Vi fick en tid samma vecka och bara det var ett framsteg.

Jörgen hade mycket riktigt råkat ut för en olycka, men inte som jag trodde. Bilen hade fått punktering och reservdäcket hade visat sig vara obrukbart. Typiskt! Jag berättade om besöket hos den bedrövliga läkaren. Den här gången undanhöll jag ingenting. Precis när jag kom fram till meningen om att Jörgen skulle lämna ytterligare ett spermaprov, tystnade jag i några sekunder. Jag ville observera hans reaktion och var övertygad om att han skulle bli sur och grinig, sätta sig på tvären, men istället spred sig ett leende över hans ansikte.

– Klart jag ställer upp. Jag vill också ha barn.

Kanske hade han funderat över vår situation i ensamhet och kommit fram till att vi var två om det här och det värmde min frusna själ. Jag berättade att jag hade beställt en tid hos en privatläkare och Jörgen tyckte att det var positiva nyheter.

*

Det var tre veckor kvar till jul och jag var ute på stan för att julhandla. Som vanligt var det alldeles för mycket folk. Varje år var det samma visa, trängsel, svettigt och stressigt. Undra just varför man utsätter sig för det här varje år? På Gustav Adolfs Torg stod enligt tradition en jättehög julgran och svajade i vinden. Det såg nästan ut som om stjärnan i toppen var på väg åt ett håll och granen åt ett annat. Överallt var det fullt av julpynt. Det glittrade och glänste i varje skylfönster, stort som litet. Jag fastnade för NK:s traditionella julpyntade skyltfönster. Tomtefar satt i en stol, gungade sakta och var omgiven av tomtebarn. I ena handen höll han en flera meter lång önskelista, den andra handens pekfinger åkte upp och ner i en förmanande rörelse. Tomtebarnen satt med tindrande ögon och släppte inte tomtefar med blicken. Kring tomtebarnen låg en hög av julklappar, inslagna i papper av alla kulörer. Det var rosa paket med glänsande svarta band, smala paket med grått blankt papper, röda rosetter och allt utstrålade julefrid. Jag gick in i varuhuset och ur högtalarna strömmade White Christmas och andra smäktande jullåtar. Jag nynnade glatt med i musiken och funderade över vad jag skulle köpa till Jörgen i julklapp. En ny tennisracket kanske? Jag skakade på huvudet, det kändes inte som en särskilt spännande julklapp att överraska med. Jag tittade in på herravdelningen. Min blick föll på en grå mönstrad ylletröja. De rosa och svarta linjerna i tröjan fick det att se ut som en tennisracket. Den var av ypperlig kvalitet. En fröjd för ögat men inte för plånboken. Äsch, tänkte jag, det är ju jul! Jag tog med mig tröjan, gick till närmaste kassa för att betala och få den inslagen.

Framför mig i kön stod två äldre damer och samtalade med varandra. Det gick inte att undvika att höra deras dialog. Ämnet var barnbarn. Snart skulle den ena damen få ytterligare ett barnbarn. Faktiskt var det meningen att den lille skulle födas under julhelgen, pladdrade damen klädd i en grå kappa. Vilken fantastisk julklapp du får, svarade den andra nickande med ett stort leende på läpparna. Konversationen hade en nedslående inverkan på mig. Jag kände hur mitt humör sjönk för varje mening som lämnades deras läppar. Jag försökte intala mig själv att jag var dum som tänkte på det viset. Allt positivt som överhuvudtaget fanns i mitt minne, utom barn, manade jag fram. Det fungerade inte alls. Inte förrän det var min tur att betala och de två damerna hade lämnat kön kunde jag slappna av. Jag tog rulltrappan till våningen med julpynt och köpte mängder. Att pynta var en av mina favoritsysselsättningar under julen. Jag fullkomligt älskade att dekorera hemmet med glitter och röda kulor. Helst skulle det hänga girlanger i vartenda hörn och absolut över varje dörrkarm. Jörgen var underbar och gnällde aldrig på allt julpynt som spreds överallt. Jag var säkert först av alla i Sverige, med att varje år redan i början av november ställa ut mina ljusstakar i fönstren och hänga upp girlanger i lägenheten.

Jag var överlastad med påsar och paket, släpade kassarna uppför trapporna i fem våningar och släppte allt i en hög på hallgolvet. Jörgen såg mig och brast ut i ett gapskratt.

– Du är den enda jag känner som tror att du är en bläckfisk. Du handlar alltid mer än vad du kan bära.

Vi hjälptes åt att packa upp. Jag rusade runt i lägenheten och placerade ut mitt nya julpynt.

– Vad tror du? Kan den passa här?

Jag vände mig om och tittade på Jörgen. Han stod lutad mot väggen med armarna i kors och hade ett stort leende på läpparna. Jag stod på en köksstol bredvid ett av vardagsrumsfönstren och i handen höll jag en julstjärna gjord av halm.

– Tja, det är bara det här fönstret som inte har en stjärna, så varför inte, sa Jörgen, kom fram och kramade mina ben. Helena, du ska veta att det inte spelar någon roll vad eller var du hänger upp grejerna. Jag tycker att det är roligt att se på när du pyntar, sa han.

– Akta! Du kramar mig så hårt att jag nästan ramlar av stolen, ropade jag.

Jag kände hur stolen gungade och var nära att tappa balansen. Innan meningen var avslutad lyfte Jörgen av mig från stolen och bar in mig i sovrummet. Jag fnittrade och klängde mig fast runt hans hals.

– Du såg så sexig ut där du stod att jag blev alldeles till mig, sa han, slickade mig på halsen och tungan kittlade mig i örat.

Han lade ner mig på sängen och började klä av sig. Snart stod han där i hela sin härlighet. Han lade sig bredvid mig och smekte mig ovanpå kläderna. Det var väldigt uppeggande. Vi älskade med varandra, han helt naken och jag fortfarande påklädd, men med kläderna i viss oordning. Det var en ny och skön upplevelse.

*

Så kom dagen när vi skulle till professorn. För första gången var vi på plats båda två. Vi satt i väntrummet och bläddrade förstrött i veckotidningar som låg utspridda på ett ekbord. Skillnaden mellan det här och det kommunala sjukhusets väntrum var avsevärd. Här fanns golvkrukor med gröna plantor i varje hörn. Varje vägg pryddes med tavlor, målade i starka oljefärger som rött och blått, och i fönstren hängde solrosmönstrade gardiner. Fyra soffgrupper i röd manchester stod utplacerade med tillhörande bord. Alla soffor med mjuk stoppning. Inga klapprande trätofflor ekade i korridoren. Det var dämpat och samtidigt färgglatt. Vår tid var utsatt till klockan två och vi var innanför dörrarna fem över två. Det var skillnad det! Undra hur de lyckas med det på privatkliniker? På allmänna sjukhus kunde patienter bara drömma om att komma in i tid. Professorn reste sig ur sin stol, räckte fram sin hand, hälsade och bad oss sitta ner. Han hade ett avlångt ansikte och det grå håret var format som en krans på huvudet. De ljusbruna ögonen låg tätt intill varandra, näsan var lång och smal och förstärkte längden på ansiktet. Det bästa av allt var hans röst och ögon. Rösten var mjuk och behaglig att lyssna på. Den påminde om en vibrafon. Ögonen följde varje rörelse och var lätt fuktiga utan att bli tårögda. Jag tittade på Jörgen och tyckte mig se samma avkopplande känsla som min egen.

– Välkomna hit, min sköterska har informerat mig om att ni söker för infertilitet, stämmer det?

Vi nickade.

– Hur vet ni att ni inte kan få barn?

– Vi har varit på Sahlgrenskas fertilitetsklinik och fått svar på ett spermaprov. Det visade att det bara fanns tre procent levande spermier, förutom dom som var abnorma. Jag tittade på Jörgen i smyg för att se om han reagerade över den beskrivningen, men han såg helt nollställd ut.

– Var det första provet eller har ni gjort fler?

Nu först förstod jag att han tilltalade Jörgen med ”ni ” och inte ”du” som de flesta gjorde. Uppenbarligen hade Jörgen märkt av titulationen för han sa inte ”du” utan tilltalade honom med ”professorn”.

– Jag har bara gjort ett prov, svarade Jörgen.

– Då tror jag nog att vi ska göra ett till. Ni kan ju ha haft en infektion eller något annat som för tillfället försämrat spermiernas kvalitet.

– Är det så att professorn är av den uppfattningen, lämnar jag ett prov till, sa Jörgen.

Professorn vände sig mot mig och blicken ur de vänliga ögonen rörde vid min plågade själ.

– Och hur har ni det med ägglossningarna? Har ni fört diagram?

Jag hade haft på känn att han skulle ställa frågan och därför hade jag varit förutseende och tagit med mig diagrammen. Jag räckte över dem till honom. Under tiden som han studerade dem yttrade han inte ett enda ord. Jag väntade spänt på att han skulle säga något, flyttade mig fram och tillbaka på stolen och kände träsmaken komma smygande. Även Jörgens beteende avslöjade en viss obekvämlikhet. Äntligen lade professorn ifrån sig papperet. Först betraktade han Jörgen och därefter gick blicken över på mig.

– Det jag kan utläsa av diagrammet så fungerar era ägglossningar perfekt, men därmed är det inte bevisat att ni kan bli med barn. Det ska mer till än friska spermier och fungerande ägglossningar. Det finns en massa faktorer som ska komma överens i rätt ögonblick. Men jag tycker att vi börjar med ett nytt spermaprov, därefter får vi se vad vi gör härnäst. Det är ingen idé att vi går alltför djupt in på vad behandlingen går ut på. Jag berättar lite i taget, annars kan det bli för mycket information att smälta.

Han anade inte hur rätt han hade. Redan nu begrep jag bara hälften av allt jag hade hört.

– Skulle nu ert spermaprov visa sig vara dåligt får vi göra en grundlig undersökning. Den kommer att göras av en urolog, det är mannens motsvarighet till kvinnans gynekolog. Har ni någon gång fått ett slag mot pungen, eller har ni haft påssjuka som vuxen?

Jörgen tittade oroligt på läkaren.

– Menar professorn att det kan ha någon betydelse? Påssjuka hade jag som barn, när jag var tio år. En spark eller ett slag mot pungen kan jag inte minnas att jag har fått.

Jörgens axlar sjönk ihop, han hasade sig fram i stolen och såg ut att fundera. Plötsligt verkade det som om han erinrade sig något. Han sträckte på ryggen och lutade sig mot bordet.

– När jag var sju år och spelade fotboll, var det en kille som sparkade iväg en boll och den råkade träffa mig på pungen. Pappa åkte upp med mig till sjukhuset och där konstaterade dom att pungen var blodfylld. Den tömdes på blod och enligt läkaren som behandlade mig var det aldrig någon fara på taket, minns jag att pappa sa till mig, sa Jörgen.

Professorn strök sig upprepande med handen över hakan, då och då kliade han sig i den grå skäggstubben. Det verkade som att han var intresserad.

– Jag kanske skulle remittera er direkt till en urolog? Det kan trots allt vara så att skadan har påverkat provets kvalitet.

– Kan kvalitén på spermierna bli bättre om det går att göra något åt skadan, frågade Jörgen och lutade sig ytterligare en bit framåt.

– Det beror på. Har det bildats bråck i pungen går det självfallet att operera och det kan påverka spermiernas kvalitet, men det kan också förbli ett dåligt resultat, även efter en eventuell operation.

– Jag är villig att operera mig i vilket fall som helst, sämre spermier än dom jag har kan jag knappast få. Just nu är jag ändå så gott som steril.

Jag hörde på Jörgens röst att han var modfälld, men det verkade som om att han hade fullt förtroende för läkaren och det kändes skönt för mig.

Professorn vände sig om, lutade sig snett bakåt, och ur bokhyllan, bakom stolsryggen, plockade han fram ett rosa papper. Han skrev en stund och överräckte sedan papperet till Jörgen. Under tiden som Jörgen läste vad där stod, förklarade professorn att det var en remiss som skulle skickas till urologen på Sahlgrenska. Jörgen lämnade tillbaka det rosa papperet till honom.

– Vi avvaktar med er behandling tills att vi får höra något från urologen och det kanske tar en vecka eller två.

Med de orden reste han sig ur stolen och sträckte fram handen för att säga adjö. Jörgen och jag kom på fötter samtidigt. Handslaget var torrt och kraftigt, han tittade in i mina ögon och det kändes tryggt. För mig var den här läkaren som en soluppgång, ljus, varm och intensiv. Den förre läkaren hade varit som en katakomb med kalla, mörka klippväggar och hotfulla vrår. Jag skattade oss lyckliga som redan hade haft tur med läkare nummer två. I vissa fall kan det ta många år att hitta rätt läkare.

*

Julen stod för dörren och vi hade kommit överens om att först besöka min mamma och styvfar innan Jörgens pappa kom hem till oss och firade jul. Vi anlände vid tolvtiden och massor av mat stod uppdukat, vem hade trott något annat? Allt som bjöds hade min mamma själv tillagat. I det här hemmet fanns inga halvfabrikat, och gud bevare oss för helfabrikat, det var helt och hållet uteslutet. Allt stod uppdukat i köket. Där fanns öl, alla sorters julmat, såsom sill, köttbullar, revbensspjäll, Jansons frestelse och rödbetssallad. Överallt där det fanns utrymme för att ställa ner en ljusstake, med ett levande ljus, stod en! På köksbordet låg en julduk föreställande tomtar, hållande varandra i händerna, i en lång ringdans. Röda julrosor i guldprydda krukor stod på varje fönsterbräde. Min styvfar hade på sig ett rött förkläde, gick småleende runt och fyllde på snapsglasen. Sillen låg upplagd på våra tallrikar, vi samlades runt bordet i matsalen och nu skulle vi sjunga snapsvisor. Vi sjöng, åt och hade jätteroligt. Efter fyrtiofem minuter försökte jag fånga Jörgens uppmärksamhet genom att tåa hans ben. Han tittade förvånat upp från tallriken. Med händer och grimaser försökte jag visa honom att han inte skulle glufsa i sig så mycket mat. Inom några timmar skulle Jörgens pappa komma hem till oss och då skulle vi proppa i oss ännu mer julmat. Men han tycktes inte begripa mitt gestikulerande, utan flinade mot mig med munnen full med mat. När Jörgen för tredje gången reste sig upp och var på väg ut i köket, lyckades jag krångla mig ut från min plats och rusade efter. Jag lutade mig över honom och viskade i hans öra.

– Har du glömt bort att vi ska äta julmiddag med din pappa?

Han stannade upp i sina rörelser, som var i full färd med att sleva upp en andra portion av Jansons frestelse.

– Ja, herregud, det hade jag helt glömt bort, sa han och såg skyldig ut.

– Kan du vara snäll och låta bli att äta i minst en timma innan vi går hem. Mamma kommer snart att servera tårta till kaffet, och ska du överhuvudtaget orka äta mer, är det bäst att du skrapar tillbaka din portion av Jansons.

Han tittade sig omkring och för tillfället var vi ensamma i köket. Han skrapade raskt tillbaka maten i ugnsformen. Jag höll utkik under tiden. Jörgen tittade på mig och log med hela ansiktet.

– Helena, du måste förstå att frestelsen blev för stor.

–Kom nu så går vi ut och äter en väldigt liten bit av tårtan, sa jag och besvarade hans leende.

Vi hjälptes åt att duka av bordet och mamma tog fram konjakskupor och likörglas. Nu var det dags för julklappsutdelningen. Jag fick ett genomskinligt rött nattlinne av Jörgen och när våra blickar möttes, nickade han i riktning mot mina föräldrars sovrum. Du skulle må då, tänkte jag, men samtidigt spred sig en skön värme i min kropp. Tröjan som jag hade köpt till Jörgen passade perfekt och han blev jätteglad. Han tog på sig den på en gång. Överallt låg det julklappspapper, på bordet, golvet och i våra knän. Mamma blev glad över julklappen från min styvfar. Hon gav upp ett tjut och när jag såg diamantringen förstod jag varför hon tjöt.

Hemma hos oss hade vi fortfarande en del oöppnade julklappspaket liggande under granen. Vi ville att Jörgens pappa också skulle få ta del av julstämningen. Mamma hade gnällt lite över att vi inte ville fira hela julen hos dem och att vi skulle ha tagit med oss Jörgens pappa. De hade träffat honom vid flera tillfällen, men vi ville gärna fira en del av julen hemma hos oss själva också. Därför hade det passat bra att, under tiden som vi hade varit hemma hos min mamma och styvfar, hade Jörgens pappa besökt sin mamma, Jörgens farmor. Hon låg på Vasa sjukhus, hade blivit senildement och kände tyvärr ofta inte igen släkt och vänner längre, men hon tyckte om att få besök.

Vi hade förbeställt en taxi till kvart i tre, för vi ville ogärna missa TV programmet, Kalle Anka, som enligt tradition alltid började klockan tre. Även Jörgens pappa ville titta på programmet och hade lovat att vara hos oss i tid. Jag stod i hallen, skulle trä på mig stövlarna när jag tappade balansen och drösade omkull. Jörgen skrattade så att han kiknade. Mamma hade packat ner våra julklappar i en stor papperskasse och när jag föll, hade jag närapå hamnat rakt i kassen. Den snapsen visste var den tog, tänkte jag och drog mig upp med hjälp av Jörgens hand. Jag kände mig urfånig där jag stod i hallen och alla glodde på mig. Mamma tittade strängt på mig och skakade på huvudet som i en markering: *Det är inte så här jag har uppfostrat dig!* Men jag blängde tillbaka och mina ögon svarade: *Det var faktiskt din man som bjöd på spriten!* Jag kände hur underläppen putade ut. I taxin när Jörgen berättade hur jag hade sett ut, sittande på ändan i en hög av skor med kappor och jackor dinglande framför ansiktet, drogs mina smilband uppåt.

*

Vi hade fått en inbjudan av Lars och Gunvor till annandag jul och vi åkte ner till stan för att köpa en blomma. Helst skulle det vara en julgrupp med doftande hyacinter och dekorerad med pynt, som till exempel rosetter och guldänglar. Vi gick in i blomsteraffären och letade. Efter en halvtimma hittade vi exakt de blommorna vi ville ha. Det vackraste i julgruppen var den knutna rosetten i mörklila siden. Jag hoppades att Gunvor skulle tycka om den lika mycket som jag. Det första jag lade märke till när vi en halvtimme senare klev ur blomsteraffären, var att hela stan var övertäckt med snö. Den snö som inte hade fallit på julafton, vilket den nästan aldrig gjorde, föll istället nu. Snöflingor stora som femkronor vräkte ner över oss. Varje steg vi tog på vägen hem till Lars och Gunvor, knarrade snön under våra skor. I skenet från gatubelysningen låg snön och glittrade, som ett hav av briljanter, och kylan förvandlade våra varma andedräkter till puffande rökmoln. Våra blickar möttes, vi stannade till vid en gatlykta och började kyssas. Det var alldeles tyst omkring oss och jag fick känslan av att det bara var vi som fanns till. Vi kom fram till deras entré, försökte stampa av oss snön i farstun och snöflingorna virvlade överallt. Gunvor tycktes ha hört våra steg, öppnade dörren och släppte in oss.

– Vi önskar er en god fortsättning på julen, sa Jörgen och räckte över julgruppen.

Gunvor kramade oss och backade två steg så att vi fick plats i hallen. Doften av glögg strömmade ut från köket. En enda gång på året gillade jag glögg och det var i samband med julhelgen. Bäst gillade jag varm glögg, kaneldoftande och lagom söt, blandad med russin. Vi hängde av oss våra kläder och för en gångs skull var Jörgen artig och tog min kappa först. I vardagsrummet mötte vi Lars som stod vid stereoanläggningen för att sätta på en skiva. Han reste sig upp från sin hukande ställning och hejade på oss.

– Kul att se er! Det var ett tag sen sist, sa han, kramade mig och klappade Jörgen på axeln.

– Sätt er och känn er som hemma. Vad vill ni ha att dricka?

Lars gick fram till bokhyllan och öppnade en lucka. Den fälldes ner och bakom luckan stod olika sorters spritflaskor. Med hjälp av lampor bakom flaskorna, fick en spegel det att se ut som om det stod dubbla rader av flaskor.

– Vad kan jag bjuda på, frågade Lars och visade med handen mot baren.

– Jag tar gärna en vodka med juice, sa jag.

– För min del blir det bra med en whiskey utan is, tack, sa Jörgen.

Lars räckte över de fyllda glasen och jag tog en klunk med en gång. Det smakade gott.

– Är det äkta juice? Den smakar av frukt, sa jag.

– Ja, vi fick en apelsinpress i julklapp och Gunvor tyckte att det var roligt att få inviga den.

Plötsligt fick jag en känsla av att det var något som fattades. Snart kom jag på vad det var som saknades i lägenheten.

– Var är barnen? Det är så tyst, sa jag och satte ner mitt glas på bordet.

– Dom är hemma hos mina föräldrar idag. Dom ville så gärna vara barnvakter och vi protesterade inte nämnvärt mot det, sa Lars, lutade sig bakåt i soffan och korsade benen. Ärligt talat är det riktigt skönt att slippa dom ibland!

– Jag hörde dig allt, sa Gunvor och kom in i vardagsrummet. Du är en riktig klagogubbe, sa hon, rufsade honom lekfullt i håret och satte sig bredvid honom i soffan. Men jag måste erkänna att jag också tycker att det är skönt att vara barnledig, sa hon, reste sig upp ur soffan, gick fram till baren och hällde upp en skvätt whiskey i ett glas.

– Men ammar inte du fortfarande, frågade jag och blev förskräckt när jag såg henne hälla upp spriten.

– Visst gör jag det, sa hon och började smutta på drycken.

– Men hur går det ihop? Får inte Erik i sig spriten då?

– Jag pumpade ut mjölk i förmiddags, för kvällsmålet och morgonmålet. Den står i en flaska i kylen.

– Jaså, går det att göra på det viset. Det var ingen dum lösning. Verkligen praktiskt måste jag säga, sa jag och flyttade mig närmare Jörgen.

– Det kan vara bra att få små tips när ni själva kommer att få barn så småningom, sa Gunvor.

Mitt humör sjönk som en sten kastad i havet. Jag hade ännu inte berättat om Jörgens provsvar, därför hade Gunvor ingen aning om att hon just hade klampat rakt i klaveret. Jag tittade på Jörgen för att se hur han tog det och om han ville berätta för dem hur det låg till. Han såg ledsen ut och jag kände mig förtvivlad över situationen. Hur skulle vi göra? Om vi berättade skulle kanske stämningen bli förstörd. Ingen läkare hade förberett oss på det här! Vad ska man säga? Tyvärr, min pojkväns spermier är så dåliga att vi inte kan få barn! Eller, kanske är det mig det är fel på och det är inte heller något jag vill trumpeta ut. Jörgen valde att börja prata.

– Vi har varit hos en läkare för att få hjälp med att bli med barn. Det verkar inte som om vi kan ordna det själva, tyvärr, sa Jörgen och leendet stramade i ansiktet.

Innan han fortsatte prata tittade han ner i golvet. Ungefär som om han ville att de skulle ta till sig informationen och sortera upp den först. Tystnaden svävade över rummet. Till slut reste sig Jörgen ur soffan och gick fram till baren. Där vände han sig till Lars och Gunvor.

– Nu ska vi inte gräva ner oss i det här, än är vi bara i början av en utredning, sa han och log.

Jag kunde se på honom att det kostade på att le i den här stunden, men tyckte att han hade gjort det enda vettiga man kunde göra i vår situation. Berätta en del av sanningen och låta resten dyka upp vid ett mer passande tillfälle. Vilket detta definitivt inte var!

– Är det okej om jag serverar mig själv påfyllning på whiskeyn, frågade Jörgen och tittade på Lars.

Som om någon tappat ett glas i golvet ryckte han till och väcktes ur sin slummer.

– Javisst, självklart! Ta en rejäl, svarade han forcerat, studsade upp ur soffan, gick fram till Jörgen och dunkade honom i ryggen. Ni kommer säkert att bli med barn och när ungarna väl anländer, kan jag lova dig, att det kommer tillfällen där du skulle vilja ge bort dom till första bästa förbipasserande!

Jag begrep att orden var menade att trösta, men i mina öron lät det ihåligt. Det här kanske var det bästa Lars kunde åstadkomma i form av uppmuntran? Gunvor reste sig upp och började gå i riktning mot köket. Jag följde efter och kände att jag var i behov av att prata med henne om vår situation.

– Du, Gunvor, började jag trevande när vi steg in i köket. Jag hoppas inte att du får dåligt samvete när du hörde Jörgen berätta om vår barnlöshet? Jag menar det gick ju så lätt för er att få två barn...

Gunvor gick fram och kramade mig.

– Helena, du anar inte hur ledsen jag blev när jag fick höra det här.

Jag kände hur tårarna hotade att tränga ut. Jag svalde hårt och försökte tänka på att min mascara inte var vattenfast och hur jag skulle se ut om den började rinna. Till slut lyckades jag att hålla tillbaka tårarna. Gunvor tog mina händer i sina, tryckte ner mig på en köksstol och satte sig mittemot. Jag såg på hennes ansiktsuttryck att hon var uppriktigt ledsen för min skull.

– Du har möjligtvis inte en cigarett tillgänglig? Mina ligger i väskan ute i vardagsrummet, sa jag.

Gunvor reste sig upp och började rota i en av kökslådorna. Hon hittade ett skrynkligt paket cigaretter. Det fanns några kvar, jag tog en och tände den. Jag drog ett djupt halsbloss innan jag fortsatte prata. Det resulterade i en kraftig hostattack.

– Jag borde sluta röka men det är så förbannat svårt! Det kanske påverkar min fruktsamhet, sa jag och fortsatte bolma på min cigarett.

– Inte påverkade den min i alla fall! Dessutom röker Lars också, sa Gunvor och tog en cigarett ur paketet. Du kommer väl ihåg att jag har flaskor med mjölk i kylen?

– Visst ingen risk, jag kommer ihåg, sa jag och log mot henne.

Jag lade armarna i kors och begravde mitt huvud i dem. Kraftlösheten lade sig som ett tjock täcke över mig.

– Det är så förbaskat orättvist, fräste Gunvor. Du som tycker så mycket om barn! Vad är det som fel?

– Det kanske inte är riktigt som du tror. Jörgens spermaprov var dåligt!

Jag lät informationen sjunka in i hennes medvetande innan jag fortsatte. Det märktes tydligt att hon funderade.

– Menar du att Jörgen inte kan bli pappa, sa hon och tittade med uppspärrade ögon på mig.

– Enligt läkarna behöver en man minst femtio procent friska

och livliga spermier, för närvarande har Jörgen tre procent.

Hennes blick var skärrad och med den ena handen tog hon sig om halsen.

– Är, jag menar vet...

Jag förstod att hon hade svårt att formulera frågan så jag hjälpte till.

– Vad vet vi egentligen? Att Jörgen var sju år när han fick en skada på pungen och att det kan vara orsaken, men säkra kan vi inte vara. Den senaste läkaren sa att felet kunde avhjälpas med en operation, men att problemet ändå kunde kvarstå efter operationen, sa jag och ryckte på axlarna i ett försök att förmedla hur virrigt jag tyckte att det var.

– När ska operationen bli av, frågade Gunvor och tittade intensivt på mig.

– Läkaren, professorn, har skickat iväg en remiss till urologen så det enda vi kan göra är att vänta på besked.

Det var en lättnad att sitta i det varma och ombonade köket och fritt prata ur hjärtat om det som hade hängt över mig som ett stort svart moln sedan det första läkarbesöket.

– Då kanske det finns hopp? Jörgen kanske kan bli frisk efter operationen, sa Gunvor.

– Vi hoppas naturligtvis på det, men all den här väntan gör mig tokig! Väntan på provsvar, vänta på att få beställa en tid, väntan hos läkaren och väntan i telefon. All denna väntan, sa jag och skakade på huvudet. Var glad att ni slapp allt det här när ni fick era knattingar.

På den tiden tyckte jag att vi hade väntat jättelänge och då hade vi väntat i ett år. Det visade sig bara var en tiondel av all väntan.

Gunvor reste sig upp, gick fram och lade sina händer på mina axlar.

– Lova mig en sak Helena, om du är ledsen och vill prata med någon, ta kontakt med mig!

Hon ruskade mig lite lätt som för att markera sina ord. Jag lade min hand på hennes och tryckte till.

– Naturligtvis kommer jag att behöva dig. Du kanske till och med kommer att ångra dina ord, sa jag och tittade upp i hennes ansikte.

Hon låtsades att se förnärmad ut, men jag såg att ögonen log.

– Ja, antagligen kommer jag att ångra mig, men jag får väl bita ihop och låtsas, sa Gunvor. Ska vi ta och bära ut glöggen till killarna? Dom kanske tror att vi är på rymmen.

Gunvor gick fram till spisen där glöggen hade stått på svag värme en bra stund. Jag reste mig upp och gjorde henne sällskap. Vi plockade fram tillbehören. Det var glöggkoppar, vörtbröd, julost, smör, hasselnötter och en skål russin blandad med skållade mandlar. Vi tågade ut med brickorna till vardagsrummet och fick se Jörgen och Lars djupt försjunkna i en diskussion om vilket fotbollslag som skulle vinna nästa allsvenska säsong. De hörde oss inte. Inte förrän vi ställde ner brickorna på bordet tittade de upp. Lars slickade sig om munnen när han såg läckerheterna.

– Äntligen kommer glöggen som jag har varit sugen på hela dagen.

Jörgen kastade undan tidningen, tittade på mig och klappade manande med handen på soffan. Jag sjönk ner i soffan och tryckte mig tätt intill honom. Han kramade mig, pussade mig i nacken och viskade runda ord i mitt öra. Jag fnissade högt och blev varm i hela kroppen. Synd att vi inte var hemma, tänkte jag. På skoj kivades vi vem av oss som skulle ha smörkniven först. Alla som såg oss skulle ha kunnat tro att vår lycka var total, men bakom den lyckliga fasaden började de små sprickorna att vidgas. Lars höjde sin glöggmugg och tyckte att vi skulle skåla för vår vänskap. Alla höjde muggarna. Kvällen gick och vi småpratade om allt från politik till den senaste Bond filmen.

Vi kom hem, konstaterade att det hade varit en trevlig kväll och att vi var runda om fötterna. Jag stökade undan i köket under tiden som Jörgen var i badrummet och gjorde sig i ordning för natten. Innan han gick in till sovrummet kom han ut i köket, lade armarna om min hals och började pussa mig i nacken. Han viskade i mitt öra att jag skulle skynda mig och under tiden skulle han värma upp sängen. Jag gick in i badrummet och började med att tvätta av mig sminket. När jag var klar och kom in i sovrummet låg Jörgen och snarkade. Trots det log jag när jag hörde honom. Typiskt, jag hade tagit för lång tid på mig och han hade hunnit somna! Jag kröp ner tätt intill honom. Han gruffade lite, men fortsatte att snarka. Jag tyckte inte det var någon idé att väcka honom, utan pussade honom på munnen och vände mig om för att sova.

*

Vid frukosten påföljande morgon frågade Jörgen om jag hade några invändningar till att ha en fest hemma hos oss på nyårsafton. Jag fortsatte att bre smör på smörgåsen och under tiden som jag funderade slickade jag på mina kladdiga fingrar.

– Vilka hade du tänkt bjuda in, frågade jag och sträckte mig efter osten.

– Lars och Gunvor är självklara, sedan hade jag tänkt fråga Torsten och Gittan. Ett tag funderade jag på att fråga Mikael och hans tjej, men jag vet inte om dom kan komma, sa han.

– Har du redan frågat Torsten, undrade jag och knackade hål på mitt löskokta ägg.

Torsten och Mikael var några av alla kompisar som Jörgen spelade tennis med. Gittan hade jag träffat vid några enstaka tillfällen när jag hade varit med för att titta på när de spelade. Mikaels tjej hade jag bara hört talas om.

– Torsten och Gittan vill gärna komma, sa Jörgen och med teskeden slog han av toppen på sitt ägg i en elegant manöver.

– Okej, då bestämmer vi det! Du kan väl fråga Mikael så fort som möjligt! Det är bra om vi i god tid vet hur många vi blir. Diskussionen fortsatte om nyårsafton. Vad skulle vi bjuda på för mat? Vi bestämde oss för oxfilé och vitlöksgratinerad potatisgratäng med grönsallad. Till efterrätt passade det nog bra med apelsinfromage. Samtalet om maten gjorde oss märkligt nog hungriga, trots att vi redan satt och åt. Jag skar upp fler skivor av brödet och hämtade marmeladen ur skafferiet. I två timmar satt vi och åt frukost, vilket inte hörde till vanligheterna.

Efter frukosten skulle Jörgen åka iväg för att tvätta och städa bilen. Jag tog på mig min kappa, åkte ner till stan och gick ut för att leta efter humoristiska inbjudningskort inför nyårsfesten. Kaféet på Vasa Viktoriagatan såg lockande ut och jag klev in. Satte mig vid ett fönsterbord, plockade upp korten och började skriva. Under tiden som jag satt och skrev kallnade kaffet i koppen, men gick trots det att dricka. På vägen hem postade jag inbjudningarna och funderade på om jag skulle investera en slant i en ny klänning. Det var roligt att planera inför en nyårsfest och det piggade upp att ha på sig något nytt i klädväg.

Brevbäraren hade redan varit och lämnat posten när jag kom hem. Jag böjde mig ner och plockade upp den. Lade breven på hallbordet, hängde av mig ytterkläderna och tog med mig brevhögen in i köket. Tog fram filter, kaffe och laddade kaffekokaren. Under tiden som jag väntade på att kaffet skulle bli klart satte jag mig vid köksbordet och började med att gå igenom posten. Plötsligt upptäckte jag ett stort brunt kuvert med sjukhusets stämpel. Jag började skaka i hela kroppen. Tyvärr var det adresserat till Jörgen. Helst av allt skulle jag ha velat slita upp kuvertet, men istället tvingades jag att vänta på att han skulle komma hem. Jag tittade på klockan för att försöka räkna ut hur länge han hade varit borta? Klockan var kvart över ett. Jag konstaterade att han hade hållit på med bilen i minst två timmar. Hade jag tur kunde han dyka upp när som helst! Men jag hade inte tur. Det dröjde ytterligare en timma innan han dök upp. Med grinig röst berättade han att han minsann inte hade varit ensam om att få för sig att tvätta bilen i mellandagarna. Jag avvaktade med att visa honom brevet tills att han hade hängt av sig kläderna och satt med en kopp kaffe framför sig. Han höll brevet i sina båda händer, långsamt vände och vred han på det. Otåligt bad jag honom öppna brevet, ställde mig bakom stolen och läste över hans axel. När jag hade läst färdigt satte jag mittemot honom. Jörgen lade ner brevet bredvid sin kaffekopp och tittade på mig.

– Jaha, nu var det dags för operation! Den fjärde februari nästa år, sa Jörgen och tittade på mig med en bedjande blick som om han väntade på ett svar.

Jag visste inte riktigt vad jag skulle säga. Självklart var jag upprymd men samtidigt blev jag rädd. En operation betydde trots allt att man sövdes. Allt kunde inträffa! I mitt minne dök plötsligt tidningsartiklar upp där jag hade läst om misslyckade operationer! Jag kämpade förtvivlat med mina negativa tankar. Det var inte sådana tankar som skulle hjälpa Jörgen!

– Hur känns det för dig, frågade jag, ville resa mig upp och lägga armarna om honom, men något i hans blick fick mig att låta bli.

– Hur det känns, svarade han och blicken var frånvarande. Jag känner faktiskt ingenting. Jag vet inte vad jag ska känna. Ska det vara glädje, förväntan eller rädsla?

Han suckade och gick och hämtade mer kaffe. Jag rörde makligt om innehållet i min kopp. Försiktigt och lågmält pratade jag vidare.

– Vi kanske ska låta bli att grubbla på operationen. Istället tänka på det nya provet som du ska lämna in efter operationen, sa jag, tittade ner i koppen och rörde envist vidare.

– Det är nog lika bra det, sa Jörgen och därmed var det färdigpratat.

*

Två dagar innan nyårsafton var vi i full färd med våra inköp till festen. Vi inhandlade färgglada, fåniga hattar och serpentiner. Det enda som var kvar att köpa var min klänning. Eftersom jag inte ville att Jörgen skulle se klänningen innan festen hittade jag på en förevändning om att jag behövde ett par strumpor och trosor. Det räckte för att avskräcka honom från att följa med. Det finns inte många killar som uppskattar att följa med i klädaffärer, Jörgen var inget undantag. Jag hittade en boutique på Kristinelundsgatan, klev in och kände i atmosfären att här var det riktigt dyrt. På en lång rad av galgar hängde ett tjugotal klänningar. Min blick föll på en svart klänning med inslag av silver. Jag drog fram klänningen och såg att den var skuren på ett sätt som kunde få mig att se smal ut, men det skulle avslöjas i provrummet i så fall, tänkte jag. En vänlig expedit hjälpte mig till ett ledigt provrum. Nu började den tråkiga proceduren med att ta av sig alla kläder.

Det var ofattbart hur mycket kläder man hade på sig på vintern. Jag var genomsvett innan jag ens hade fått på mig klänningen och i ytterligare fem minuter kämpade jag med dragkedjan bak i klänningen. Med en ljudlig suck lyckades jag dra den ända upp. Svetten rann ner i pannan och jag torkade av mig med handen. Äntligen kunde jag vrida mig runt och se hur jag såg ut i de olika vinklarna i speglarna. Den var nog en aning för trång över ändan, men å andra sidan gjorde det att jag såg smalare ut. Under tiden som jag vände och vred på mig hade jag inte haft en tanke på att titta efter vad som stod på prislappen som hängde under armen. Jag lyfte fram prislappen och drog efter andan när jag såg priset. Ett tusen femhundra kronor! Jag nästan skrek ut siffrorna. Hur många gånger skulle jag använda den här klänningen under ett år? Efter att ärligt ha kommit på, att det kanske inte skulle bli mer än vid högst två tillfällen, hängde jag motvilligt tillbaka klänningen, tackade för hjälpen och vandrade ut ur affären. Det fick bli att uppsöka Hennes & Mauritz istället. Deras kläder var kanske inte direkt kända för att vara av hög kvalitet, men det var definitivt ett ställe som behagade min plånbok. Jag hittade en klänning som tillgodosåg både kroppen och plånboken. Visst, klänningen från H&M var inte lika snygg som den som hängde i boutiquen, men jag fick pengar över till annat.

*

På inbjudningskorten stod det att alla var välkomna hem till oss klockan sju, och för en gångs skull kom alla punktligt. Mikael presenterade sin tjej som hette Lillemor. Hon var yngst av oss och väldigt blyg. Hennes kortklippta mörka hår ramade in ett hjärtformat ansikte med tättsittande mörkblå ögon och en liten knubbig näsa. Vi hade ställt ut vårt köksbord i vardagsrummet och slog oss ner. Torsten drog ut stolen för Gittan och därefter satte han sig mittemot henne. Kvällen till ära hade hon satt upp det långa blonda håret med hjälp av pärlband och strassrosetter. Det såg väldigt elegant ut. Jag var tvungen att fråga om hon hade lyckats göra detta konstverk helt själv. Med glittrande grågröna ögon log hon och berättade att hennes syster var damfrisörska och att det var hon som hade lagt upp håret. Gittan var den enda av oss som var iklädd en lång klänning. Den var vinröd och tyget påminde om chiffong och varje gång hon rörde sig fladdrade klänningen som i en lätt bris. Killarna hade klätt sig i kostym med passande slips och nu när vi satt med kaffet och avecen, rann svettpärlorna ner innanför skjortkragarna. Torsten drog ideligen i slipsknuten och såg ut som om han var på väg att strypas. Svetten glittrade i hans gråa hårstrån, vilka han hade fått en hel del av, trots sin ungdom. Det var både klädsamt och sexigt med de grå tinningarnas charm vid tjugotre års ålder. Det skulle bli spännande att se hur Jörgen förändrades när han fick grått hår. Jag tittade på killarna och bad dem att släppa på etiketten och ta av sig sina slipsar. Det var en mening jag inte behövde upprepa. Klockan började närma sig tolvslaget och Jörgen gick ut i köket för att hämta den kylda champagnen. Gunvor delade ut hattarna och Gittan hjälpte till att dela ut champagneglasen. Vi gick ut och ställde oss på balkongen. I alla fönster lyste adventsljusstakarna och en och annan tidig raket lyste upp den annars mörka himlen. Kontigt nog var det alltid någon idiot som inte kunde klockan. Jag lutade mig bakåt mot Jörgens bröst och han lade sin arm runt min hals. Jag funderade över vad som skulle hända oss nästa år. Skulle jag kanske stå här med magen i vädret och med ett glas alkoholfri champagne? Oskar Fredriks kyrkklocka började klämta på sina tolv magiska slag, jag knep ihop ögonen hårt och önskade intensivt. Jag väcktes ur mina tankar när Jörgen vrålade ”Gott Nytt År ”och nästan sprängde mina öron på kuppen. Sedan brakade, sprakade och smällde det. Som i ett kalejdoskop spred sig färgerna av raketer över himlen. Folk ropade Gott Nytt År till varandra och på gatorna tutade bilar, mest taxibilar. Folk som stod på gatorna med champagneglas i sina händer skrek nyårshälsningar upp till oss och till andra som stod på balkongerna. Tjugo minuter senare började vi frysa och eftersom det inte längre avfyrades några färgsprakande raketer, utan bara enstaka smällare, drog vi oss tillbaka in i värmen.

Våra sista gäster droppade av vid tvåtiden på natten och då var vi rejält trötta. Det hade varit underbart roligt att träffa alla. Det som återstod för oss var högar av disk och rester av serpentiner som fastnat i blomkrukor, gardiner och låg i bitar på golvet. Men ingen av oss kände sig manad att börja städa och vi bestämde att det fick ligga kvar till nästa dags morgon.

*

Januari månad gick långsamt, var kall och fick mängder med snö. Vi tog skidturer i Slottsskogen och hade snöbollskrig med Lars, Gunvor och deras äldste son Johan, som nu var två år. Lille Erik fick sitta kvar i barnvagnen och titta på. Det här var den månaden jag tyckte sämst om på hela året. Den var trettioen dagar lång och det var den inte ensam om, men dagarna var mörkare än andra månader. Fortfarande hade vi inte nämnt Jörgens operation, men tiden var inte inne än. En kall och solig dag passade vi alla på att åka skridskor på Delsjön. Isen var tillräckligt tjock. Vi hade tagit med oss en termos med varm choklad och korvar som vi skulle grilla över öppen eld. Vi slog oss ner och runt omkring satt det fullt med familjer. Pappor som drog halsduken tätare om sina telningars halsar. Mammor som masserade små frusna tår. Jag tittade på deras aktiviteter med sina barn och kunde inte låta bli att tänka på hur det skulle vara att ha barn. En timma senare hade vi packat ihop alla våra grejor och var på väg tillbaka till parkeringen. Vi skildes från Gunvor och Lars med löfte om att vi snart skulle ses igen. Vi satte oss i en svinkall bil och Jörgen drog på full gas för att få upp värmen. Jag skakade av köld i fem minuter innan värmen sakta spred ut sig i bilen. Jag tänkte på att det bara var två dagar kvar innan han skulle opereras och fortfarande hade vi inte pratat. Otåligheten spred sig som klåda över hela min kropp. Jag ville prata om operationen nu! Jag vände mig för att kunna sa hans profil. Den såg sammanbiten ut, som om all koncentration var tillägnad körningen.

–Du, Jörgen, började jag. Det är bara två dagar kvar till att du ska opereras. Hur känns det?

Jag hoppades att han skulle höra omtanken i mina ord och inte tro att det enbart var för min skull som vi gjorde det.

– Det känns pirrigt, sa han och fortsatte stirra ut genom vindrutan på vägen. Men nog börjar det göra sig påmint. Det jag mest funderar över är om spermierna kommer att bli bättre.

Jag visste inte vad jag skulle säga om det, eftersom jag inte hade en aning om hur jag skulle ta det, om resultatet blev oförändrat. Därför satt jag tyst och lyssnade. Jörgen fortsatte att prata om operationen. Inom mig bad jag om att vi skulle ha tur och att allt skulle gå bra.

Kvällen före operationen var vi båda nervösa och hade svårt för att somna. Jag hörde hur Jörgen, under fem minuter, flera gånger ändrade ställning i sängen. Själv låg jag stilla med slutna ögon och bara funderade. Hur skulle det bli om spermierna blev tillräckligt bra? Hur lång tid skulle det dröja innan jag blev gravid? Tänk om det skulle hända något med Jörgen under tiden som han var sövd? Till slut somnade jag och vaknade av att klockradion stod på med full volym. Med ett ryck vände jag mig om och upptäckte att Jörgens säng var tom. Jag fumlade med täcket, stoppade in fötterna i tofflorna, rusade ut i köket och där satt han, fullt påklädd, drack kaffe och läste tidningen.

– Brinner det eller har taket störtat in, frågade han och tittade på mig.

Han höll upp en hand för att dölja sitt skratt, men jag såg vad han försökte kamouflera.

– Vad skrattar du åt, frågade jag och ställde mig bredbent framför honom med händerna i sidan. Nå svara mig!

Han tog bort handen och skrattade högt. Skakande av skratt pekande han med ett finger på mig, men lyckades inte få fram ett enda ord.

Jag gick ut i hallen tittade på mig själv i spegeln och då förstod jag. Det såg ut som om en orkan hade farit fram över mitt huvud. Håret stod åt alla håll, morgonrocken var vänd ut och in och tofflorna satt på fel fot. Jag började skratta åt min spegelbild. Jag tog av mig morgonrocken vände den, satte tofflorna på rätt fot, drog en kam genom håret och slog mig ner framför Jörgen och hällde upp en kopp kaffe. Jag bad Jörgen sätta in en brödskiva i brödrosten under tiden som jag skar skivor av osten.

– Vilken tid skulle du vara på avdelningen, frågade jag och tog en stor tugga på min smörgås.

Han reagerade inte på min fråga och jag ställde den en gång till. Den här gången med högre volym.

– Va, sa du nåt, sa han och tittade förvirrat på mig.

För tredje gången den här morgonen ställde jag samma fråga.

– Jag ska skrivas in klockan två. Därefter ska dom ta prover. Hurså?

– Jag tänkte om du kanske ville att jag skulle följa med.

– Nej, det vill jag inte, sa han och lade ner tidningen på bordet.

– Varför inte det? Jag ska inte vara till besvär.

– Det är inte det att du blir till besvär, sa han och suckade. Men jag vill helst gå dit själv. Du får gärna komma och besöka mig i morgon eftermiddag när jag har vaknat upp ur narkosen.

Han tittade bedjande på mig och blicken sa; ”Snälla Helena, bli inte ledsen, men jag vill vara för mig själv”.

Det sista jag ville var, att göra honom upprörd eller ledsen, så jag sa, att självklart skulle han gå själv. Jag såg att han andades ut av lättnad.

På kvällen vankade jag runt i lägenheten och fick ingenting gjort. Alla mina tankar kretsade kring Jörgen. Under de dryga två år vi varit tillsammans var detta första gången vi inte sov tillsammans och det kändes konstigt. Jag gick in i sovrummet och stirrade på den tomma sängen. Satte mig på hans säng, strök med handen över kudden, lyfte upp den och borrade ner ansiktet. Lukten av honom satt kvar och det tröstade mig lite. Undra hur han har det just nu? Vad tänker han på? Jag ansträngde mig att intensivt tänka på honom och hade en hemlig önskan att tankarna skulle nå honom i just detta ögonblick.

*

På morgonen när jag vaknade var min första tanke hos Jörgen. Just nu kanske han låg på operationsbordet. På jobbet blev det inte mycket gjort, för min del, den här dagen. Det lilla jag lyckades prestera blev helt galet. Till slut sa min chef att det bästa för företagets ekonomi var att jag gick hem. Han visste vad som kretsade i mitt huvud och förstod att min koncentrationsförmåga var låg. Innan jag lämnade min arbetsplats ringde jag till sjukhuset för att få besked. Klockan var halv tre på eftermiddagen och en professionell röst svarade att han låg på uppvaket, men att de väntade upp honom på avdelningen när som helst. Låg han fortfarande på uppvaket, så här dags på dagen? Hade det hänt något? Jag kramade luren och andades stötvis. Inte alls, kom det lugnande beskedet. Han hade inte blivit opererad förrän strax efter lunch. Jag andades ut. Besökstiden var vid sju och det gick bra att komma då, sa sköterskan. Jag tackade för upplysningen och lade på.

Klockan kvart i sju promenerade jag i den långa korridoren och letade efter dörren till Jörgens sal. I blomsteraffären som låg strax intill sjukhuset hade jag köpt en blombukett, som just nu kramades hårt i min hand. Jag lade märke till att det var fler än jag under besökstiden. Det förstod jag när jag såg alla ytterkläder som hängde i början av korridoren, där de hade placerat garderoben. Personalen hade också ställt ut en kartong med blå plasttossor. Ljudet av alla plastöverdragna skor som hasade sig fram och tillbaka i korridoren lät som ett ånglok med ljuddämpare. Dörren till Jörgens sal stod öppen och jag kunde betrakta honom innan han såg mig. Hans säng stod vid fönstret och jag såg hur han blickade ut genom det. En droppställning var kopplad till hans vänsterarm. Helst av allt skulle jag ha velat kasta mig över honom och pussa honom överallt, men ett sådant beteende passade sig inte på sjukhus. Jag harklade mig högt och steg in på salen. Jörgen vände sig mot dörren och fick syn på mig. Han log och jag besvarade hans leende. Jag gick fram till sängen och kramade hans hand, samtidigt som jag räckte över blommorna. Stolen som stod vid gaveln drog jag fram, ställde bredvid Jörgens säng och slog mig ner.

– Hur mår du? Har du ont, frågade jag och tog åter tag i hans hand.

– Nejdå, det är inte så farligt. Det är klart att det känns, men jag trodde att det skulle vara värre, sa han.

Jag släppte handen och ville kika under täcket, men Jörgen pressade kvickt bort min hand, som tur var, för det var oerhört klumpigt gjort av mig. Vi var ju trots allt inte de enda i salen. Det låg ytterligare tre personer i salen och alla hade besök!

– Herregud, du är omöjlig Helena! Kan du inte lugna ner dig lite, sa han och ögonen mörknade av ilska.

– Ursäkta mig, mumlade jag och böjde skamsen ner huvudet. Det var inte meningen!

– Tänk dig för nästa gång, sa Jörgen och klappade mig tröstande på handen.

– Har du pratat med läkaren än, frågade jag och ville föra bort samtalet från min fadäs.

– Sköterskan sa att han eventuellt skulle titta in vid nio i kväll, sa han.

– Inte trodde jag att dom arbetade så sent, sa jag.

– Det trodde inte jag heller, men har hon sagt det så...

Meningen hängde kvar i luften och jag kände spänningen växa. Vi visste båda vilket svar vi ville ha, men vi vågade inte fråga om det.

Precis när jag reste mig för att gå kom läkaren in på salen. Jag vände mig till Jörgen för att se om han gav mig tecken att gå, men han reagerade inte. Jag stannade kvar. Läkaren gick fram till Jörgen, sträckte fram handen och hälsade. Eftersom jag stod vid huvudändan hälsade han på mig också. Läkaren satte sig på sängkanten.

– Det var bra att ni är här båda två, sa han.

Det lät positivt i mina öron. Jag stirrade på den bruna mappen läkaren höll i handen. Det såg ut att vara Jörgens journal. Han öppnade och började bläddra i den. Andlöst väntade jag på att läkaren skulle börja prata.

– För att ni ska förstå vad som har hänt ska jag förenkla det så mycket som möjligt. Jörgen hade ett åderbråck i pungen, troligen orsakad av slaget på pungen han fick som liten, men det kan vi inte heller vara riktigt säkra på. Under operationen har vi avlägsnat bråcket och rensat så att det nu är fri passage för spermierna i pungen. Därmed är det inte säkert att spermiekvalitén har förbättrats. Det är bara något som vi kan hoppas på. Genom kontakt med er läkare har jag fått reda på att du, Jörgen, ska äta hormoner. Dom kommer jag att skriva ut till dig. Efter att du har ätit tabletterna i tre månader ska du lämna ett nytt prov på dina spermier, först då vet vi om operationen var till någon nytta för spermiernas kvalitet.

Efter den informationen reste sig läkaren upp från sängkanten och sträckte ut handen för att ta adjö av oss. Samtidigt som vi tog adjö sa läkaren till Jörgen att han skulle bli utskriven om fyra dagar om inga infektioner tillstötte, men vad han kunde se var det ingen fara för det. Sedan svischade han ut genom dörren och var försvunnen. Kvar var vi med våra huvuden fulla av funderingar och frågor. Vi tittade på varandra, Jörgen såg förbryllad ut. Jag böjde mig ner och viskade till honom att vi säkert kunde älska med varandra som förut, utan att snoppen kom i kläm. Han flinade och jag log lättad. Innan jag gick sa jag till honom att det inte var någon idé att oroa sig i förväg. Vi får väl se hur det fortlöper när vi kommer hem. Där var vi helt överens!

*

Hemma hade Jörgen svårt att gå normalt och haltade som om han hade stukat foten. Annars var allt sig likt med honom, tack och lov. Hormontabletterna som han skulle äta hette Clomivid och gavs vanligtvis till kvinnor som efter långvarigt ätande av P-piller hade svårt att få igång sina ägglossningar. Vid de tillfällena var doceringen mycket högre än vad de var för Jörgen. I tre veckor, en gång om dagen, skulle han ta en halv tablett, därefter var det uppehåll i en vecka. Tre veckor med nya piller och det skulle fortgå i tre månader. Jag skojade med Jörgen och sa att nu kanske han skulle få större bröst och en pipig röst. Det tyckte han inte var ett dugg roligt. Egentligen pratade vi fortfarande inte om hur det kändes för honom eller vad han funderade på. Jag vet faktiskt inte varför det aldrig kom på tal.

Dagen efter att Jörgen hade lämnat sitt spermaprov gick jag och hälsade på Gunvor. Det kändes som om jag skulle kvävas om jag inte fick prata om vårt problem. Gunvor kramade om mig efter att jag hade hängt av mig ytterkläderna.

– Kom in och sätt dig! Jag ska sätta på en kanna kaffe.

Jag slog mig ner vid köksbordet, tände en cigarett och som om Gunvor hade kunnat läsa mina tankar sa hon;

– Om du undrar varför det är tyst, beror det på att busfröna sover. Nu har vi en stund på oss innan vi blir avbrutna, sa Gunvor, hällde upp kaffe och slog sig ner mittemot mig.

– Hur är det med er egentligen? Vi har inte hört av er på länge. Jag skulle ha ringt, men du vet hur det är, alltid kommer det något annat emellan.

Hon gjorde en gest med armen och pekade med högarna av disk, smutstvätt, fullproppad avfallskorg och fyllda tvättlinor som hängde tvärs över köket. Jag förstod precis vad hon ville ha sagt. Jag berättade om operationen och om det nu avlämnade provet. Gunvor lyssnade uppmärksamt och när jag var klar tände hon en cigarett och betraktade mig.

– Vad tror du själv? Tror du att operationen gjorde någon skillnad? Vad fick du för uppfattning om det som läkaren sa, frågade hon.

Jag ryckte på axlarna och slog ut med armarna.

– Jag vet inte! Jag har ingen aning om vad jag ska tro! Det enda jag vet, är att jag till hundra procent vill tro på en förbättring. Men det är en väldans skillnad på att tro och hur det blir i verkligheten. Ett annat problem är att vi inte snackar om det. Inte tillräckligt i alla fall, sa jag och suckade.

– Vad menar du? Snackar ni inte om barn eller snackar ni inte om vad ni ska göra om det inte fungerar?

– Inget av det du nämnde! Vi undviker skickligt allt som har med barn att göra. Det känns som att gå på glödande kol varje gång vi berör ämnet. Jag är så rädd för att såra honom!

– Men snälla Helena, ni måste prata om det!

Gunvors blick satt som klistrad på mig och jag förstod att hon ville ha ett svar.

– Du anar inte hur svårt det är, försvarade jag mig. Det är inte som att prata om väder och vind. Provet som han lämnade, kanske är avgörande för om han kan bli pappa eller inte, fattar du? Han kanske får för sig att han inte är en riktig man om han inte kan göra mig med barn!

Mina händer vred sig i desperation över oron som kröp runt i min kropp.

– Varken du eller Lars kan sätta er in i hur vi känner eller vad vi går igenom just nu, och det här är bara början! När hans prov är analyserat är det min tur att undersökas och plockas isär. Det är inte rättvist! Det är inte rättvist!

Jag upprepade frasen otaliga gånger samtidigt som jag vaggade kroppen fram och tillbaka på stolen. Känslan av att stå framför ett stup och inte våga titta, av rädsla för att ramla ner, kom över mig. Gunvor reste sig upp och lade armarna om mig. Jag kände hur hennes värme fortplantade sig över till min frusna och misshandlade själ. Efter en stund frigjorde jag mig ur hennes famn och tittade upp i hennes ansikte.

– Tack, det känns bättre nu, sa jag, samtidigt som jag sträckte mig efter mina cigaretter och tände en ny. Den gamla hade gått upp i rök och låg som en lång grå pelare i askfatet.

– Dröjer det tre månader till innan ni får svar på provet?

– Ja, tyvärr. Jag vet inte varför det ska ta så lång tid, men det kanske har att göra med min temptagning under tiden. Professorn ville ha en ny kurva på mina ägglossningar, trots att jag visade fram den som jag hade från den förra läkaren. Men det är väl lika bra att göra som dom vill, sa jag.

– Vill du att jag sätta på en kanna kaffe till, frågade Gunvor.

– Varför inte? Några koppar till går säkert ner, sa jag och för att tänka på något annat skildrade jag några roliga episoder på jobbet och Gunvor berättade om kvällen när de skulle på femtioårskalas och barnvakten var försenad. Under tiden som vi hade suttit och pladdrat vaknade barnen och jag hjälpte till med blöjbyten. Det kändes riktigt bra. Tack vare Gunvor mådde jag mycket bättre på eftermiddagen, än vad jag hade gjort på morgonen när jag steg upp.

Jag kom hem, klev ut på balkongen och drog in vårluften genom näsborrarna. Det var fortfarande ingen sommarvärme, men vi befann oss i mitten av maj och syrenerna hade stora knoppar. Doften av syrener påminde mig alltid om mina skolavslutningar. Jag hade nästan alltid överlämnat en bukett syrener till min klassföreståndare på avslutningen. Plötsligt kändes det hopplöst att tänka på att det skulle gå ytterligare en sommar utan att jag var gravid. Ännu en sommar på badstranden där jag skulle stirra på andra kvinnors gravida magar och tvingas lyssna på lekande och tjoande barn vid strandkanten. Tvingas att se på hur andra kvinnor ammade och nojsade med sina bebisar. Varje gång jag upplevde dessa händelser påmindes jag om hur tomt det var i min livmoder. Skulle jag få egna barn att följa till en skolavslutning? Det gjorde fruktansvärt ont att tänka på det!

Jag tvingade mig att ta mig samman och försökte tänka på något roligt istället, men vad? Kanske planera för semestern? Jag gick fram till hallbyrån och drog ut den ena lådan. Där låg telefonkatalogen som jag letade efter. Jag slog upp resebyråer, ringde några samtal och beställde hem resekataloger. Efter samtalen kände jag mig upprymd och lättare i sinnet. Vi behövde annat att tänka på, som att planera en semester tillsammans. Det hade bara handlat om tempkurvor och hormoner i ett år. När

Jörgen kom hem berättade jag för honom vad som skulle dimpa ner i brevlådan om några dagar. Han blev glad över mitt initiativ och kramade mig hårt. Jag gjorde en tyst överenskommelse med mig själv och den var att inte nämna orden, barn eller graviditet, under hela sommaren. Det skulle åtminstone underlätta för en av oss att slippa älta följetongen att bli-med-barn. För min egen del visste jag att det skulle det bli omöjligt. Redan dagen efter ägglossningen började mina bröst värka. Dessutom fick jag mensvärkar redan en vecka innan mensen anlände. Allt som allt hade jag sju dagar varje menstruationsperiod där jag fick chansen att glömma! Inte att undra på att kommentarer som ”tänk inte på det” fick mig att gå i bitar. Men om en av oss slapp tänka på det var hälften vunnet, eller hur?

*

En eftermiddag i början av juni ringde jag upp Gunvor. Jag tänkte höra mig för om deras semesterplaner. Efter många signaler svarade hon äntligen, men jag blev alldeles förskräckt när jag hörde hennes klena och snyftande röst.

– Men Gunvor, vad har hänt? Du låter alldeles förtvivlad!

– Åh Helena, du anar inte vad det är som har hänt, sa hon och hennes snyftande stämma hackade i luren.

– Kan jag hjälpa dig på något sätt? Vad som helst, sa jag och min röst steg en oktav.

– Kan du komma förbi, viskade hon.

– Självklart, jag kommer med en gång, sa jag, lade på luren i örat på henne, rusade ut i hallen och tog min handväska i förbifarten.

Jag sprang hela vägen hem till henne och när jag var

framme dunkade mitt hjärta som en hammare i händerna på en plåtslagare. Händerna skakade som asplöv när jag försökte ringa på dörrklockan. Efter flera försök lyckades ett finger hamna rätt och jag hörde hennes steg närma sig. Hon öppnade dörren och jag fick inte fram ett enda ord. Till sist fick jag ner luft i lungorna och utbrast:

– Vad i all världen är det som har hänt? Vem har gjort det där, sa jag och pekade på hennes öga som var alldeles blått och svullet.

Hon stod mittemot mig och tårarna började sakta rinna nerför hennes kinder. Jag stod som fastvuxen en lång stund innan jag kom mig för att kliva in. Jag tog tag om hennes axlar och ruskade henne lätt.

– Gunvor svara mig, snälla! Vem har gjort det här?

Inte ens i min vildaste fantasi trodde jag att det var Lars som hade gjort sig skyldig till en så fruktansvärd och avskyvärd handling, men jag trodde fel! Det var Lars som hade utdelat slaget. Jag drog in henne i vardagsrummet och tryckte ner henne i en av sofforna.

– Nu vill jag att du sitter still här! Under tiden går jag och sätter på kaffet.

Jag gick ut i Gunvors kök och letade fram kaffet och filtret. Under tiden funderade jag över vad som hade hänt. Varför hade han betett sig på det här viset? Hur kunde överhuvudtaget en frisk person bete sig på det viset. Jag gick ut till Gunvor med kaffekopparna, satte mig bredvid henne och hoppades att min värme skulle överföras till henne.

– Berätta nu vad det är som har hänt, sa jag, skakade fram två cigaretter, tände båda och räckte över den ena till Gunvor.

Hon tog cigaretten och undvek min blick.

– Jag vet inte riktigt var jag ska börja, sa hon, drog en skakande hand genom sitt rufsiga hår och fortsatte att stirra ner i bordet.

– Börja var som helst! Har detta hänt förut, frågade jag och askan från min cigarett skakade ner i askfatet.

Plötsligt hörde vi fotsteg i farstun. Gunvor vände sig om med ansiktet fyllt av skräck och stirrade bort mot hallen. Hon var halvvägs upp ur soffan innan vi hörde att det var grannen som fick besök. Med en djup suck av lättnad sjönk hon tillbaka.

– Jag trodde att det var Lars som kom igen, sa hon och underläppen darrade.

Hon försökte le mot mig och drog ånyo en skakande hand genom håret.

– Du kanske skulle följa med mig hem, sa jag, tog tag i hennes hand och kramade den.

– Nej, det går inte... Jag menar barnen...

Hon verkade så förvirrad och nervös att jag fruktade, att hon vilken sekund som helst skulle få ett nervöst sammanbrott. Men till slut drog hon ett djupt andetag, lutade sig bakåt i soffan och slöt ögonen. Med ögonen fortfarande slutna började hon att berätta.

– Jag vet inte om du någon gång har märkt att Lars dricker för mycket sprit på fester? Det kanske inte är något som en utomstående tänker på alla gånger.

Jag skakade på huvudet.

– Nej, det märks inte alltid. Det brukar vara jag som märker av det när vi kommer hem. Då har det hänt allt oftare att han är sur och grinig. Oftast är anledningen att ungarna varit gnälliga, som Lars uttrycker det. Han har inte fått lov att titta på fotboll i lugn och ro, eller varit tvungen att byta blöjor mitt i sitt älskade tipsextra. Eller så har jag glömt bort att diska när vi kommer hem från en fest och det första han ser när han kommer in i köket är högar av disk. Sådana händelser kan utlösa hans ilska, sa Gunvor, lutade sig fram och tittade mig in i ögonen. Har du någon gång märkt av hans aggressivitet?

Jag misstänkte att hon trodde att vi hade varit medvetna om problemet men inte velat lägga oss i deras privatliv, men så var inte fallet. Hade jag lagt märke till det lilla minsta av det som hon nu berättade om, hade jag omedelbart lagt min näsa i blöt.

– Ärligt talat, aldrig någonsin, svarade jag. Har du pratat med dina föräldrar?

– Inte förrän den här gången. Precis efter att det här hade hänt, sa hon och pekade på sitt öga, ringde pappa och ville prata med mig. Som du säkert begriper var det omöjligt. Jag tjöt som en tokig i luren. Pappa fick inte ett vettigt ord ur mig utan la på och kom hit. Vi pratade en kort stund och kom överens att det bästa var, att han tog med sig barnen och åkte hem till mamma. Jag lovade att jag skulle höra av mig så fort som Lars och jag hade pratat ut med varandra.

– Hur tog din pappa det? Han måste väl ha blivit upprörd?

– Upprörd! Det var milt uttryckt. Han blev rosenrasande. Hade Lars kommit tillbaka under tiden som pappa var här, hade pappa antagligen kastat sig över honom. Under hela min barndom har det aldrig delats ut ett enda slag, därför tog det honom så fruktansvärt när han fick se mitt misshandlade ansikte.

– Vad ska du göra nu, frågade jag och slog ut med armarna. Vill du verkligen ha honom tillbaka, efter det här? Vem vet, nästa gång nöjer han sig inte med bara ett blått öga, sa jag och ville skrämma upp henne, även om det sista jag trodde var att hon ville ha honom tillbaka.

– Det är inte så enkelt att ta det steget. Jag menar, han är trots allt far till barnen och är väldigt snäll mot dom.

– Men tänk om du skulle hålla Erik i famnen nästa gång han slår och ni får en smäll båda två!

Jag ville få henne arg, se någon reaktion. Hon blev arg, men inte på Lars, utan på mig.

– Du fattar ingenting Helena! Du sitter där i ditt trygga hem utan att ha några barn att ta hänsyn till. Då är det lätt att sitta och tycka om vad jag ska göra med mitt liv!

Rynkan i pannan, som skvallrade om vrede, framträdde i hennes ansikte.

– Snälla Gunvor, lyssna på mig, sa jag och tog samtidigt tag i hennes händer. Jag vet att det är lätt för mig att sitta och döma och ha patentlösningar på era problem, men vad jag egentligen vill ha sagt är att ingen skall få lägga hand på dig, inte ens din egen man. Eller snarare allra minst din man! Jag vill bara hjälpa dig, med vad som helst.

Hon sa inte ett ord på en lång stund, utan satt bara och tittade på mig.

– Helena, tack för dom orden. Jag uppskattar att du rusade till min hjälp och jag vet att du alltid kommer att ställa upp när det behövs. Tyvärr vet jag inte vad jag ska göra just nu. Innerst inne älskar jag fortfarande Lars trots hans hetsiga humör och ordet skilsmässa är inte det första ordet jag tänker på som en tänkbar lösning. På något sätt får jag för mig att jag är den enda som kan hjälpa honom att lösa problemet.

Jag sa inte vad jag tänkte utan satt bara och lyssnade och höll med. För hur skulle jag kunna påstå att jag inte hade gjort likadant om det hade varit ombytta roller? Det enda som var viktigt, var att hon visste att det fanns hjälp att få, dygnet runt, om det behövdes. Det finns tillräckligt många vanföreställningar i ämnet misshandlade kvinnor. En del tror att det finns kvinnor som vill ha det så! Andra tror att det finns kvinnor som gillar att få stryk! Alla påståenden är lika enfaldiga. När personen du älskar och litar på misshandlar dig, är förvirringen total.

*

Jörgen var redan hemma när jag kom in lägenheten och jag berättade vad som hade hänt. Först blev han förtvivlad, sedan förbannad och slutligen ville han ringa och prata med Lars. Men jag hindrade honom. Det skulle kunna göra saken ännu värre. Tänk om inte Gunvor hade berättat för Lars att vi visste? Jörgen lugnade ner sig och frågade om jag kände till om det fanns något vi kunde göra. Jag tyckte att det var bäst att låtsas som ingenting, för om vi gjorde något kunde det drabba Gunvor. Jörgen gick med på det, men med en reservation, att om vi med egna ögon såg Lars misshandla henne skulle vi tillkalla polis. Jag samtyckte med viss tvekan.

Det gick en hel vecka utan att jag hörde ett enda ord från Gunvor. Till slut klarade jag inte av att hålla mig från telefonen, utan ringde upp. Jag hade inte en tanke på att det skulle kunna vara Lars som svarade så i flera sekunder var jag alldeles tyst. Skulle jag lägga på luren utan att säga ett enda ord? Han ropade hallå, för andra gången, och jag kände mig tvungen att svara.

– Hallå ja, det hörs lite dåligt, sa jag och täckte över luren med handen.

– Hej Helena, hur har du det då?

Lars röst var hurtig och glad. Inte den minsta antydan till misstänksamhet. Omedelbart antog jag att Gunvor inte hade avslöjat mitt besök den där dagen.

– Tack, jag har det bra. Hur är det själv?

Egentligen var jag totalt ointresserad av hur han mådde, mitt intresse var Gunvors hälsa.

– Ja, här knallar det på i samma gamla vanliga spår, sa Lars.

I mitt stilla sinne undrade jag vilket spår han egentligen hade växlat in på, men min elaka tanke behöll jag för mig själv. Jag pratade vänligt och glatt med honom i tre minuter och upplevde det som tio innan jag bad att få prata med Gunvor. Eftersom det dröjde flera minuter innan hon kom till telefonen, förmodade jag att Lars hade ett och annat att säga till henne, förrän hon fick tillåtelse att prata med mig.

Jag pladdrade om allt utom om det jag egentligen ville prata om, men i Gunvors röst hörde jag ett tacksamt tonfall, och förstod att jag gjorde henne en tjänst genom att låtsas att allt var som vanligt. Vi avslutade samtalet, med att komma överens, om att träffas på stan nästkommande lördag. Efteråt gick jag igenom samtalet med mig själv, men kunde inte komma på något som kunde ha gjort Lars misstänksam.

*

Vi hade bestämt att vi skulle träffas klockan halv tio utanför Ströms herrekipering vid den stora termometern på Kungsgatan. När jag klev av spårvagnen stod Gunvor och väntade på mig. I ena handen höll hon Johan och Erik satt i barnvagnen. Jag lyfte upp Johan, kramade honom, nojsade med Erik och han tog tag i mitt ena finger och stoppade det i munnen.

– Har du möjligen glömt att mata Erik, frågade jag och log mot henne.

Hon fnittrade glatt och kramade om mig. Jag tog Johan i handen och långsamt började vi promenera utmed Kungsgatan. Eftersom det var en gågata, kunde vi lugnt strosa med barnvagnen utan risk för att bli påkörda av någon bil. Under tiden som vi promenerade i riktning mot kaféet undvek jag skickligt frågan som jag ville ha svar på. Vi kom fram till kaféet och upptäckte att det var bättre att låta barnvagnen stå utanför eftersom det var alldeles för ont om plats därinne. Gunvor gick och hämtade en barnstol och under tiden tog jag av Johan hans tjocka tröja och kepsen. När vi slutligen installerat barnen med var sin glass, kunde vi ägna oss åt varandra. Helst hade jag velat att Gunvor inledde samtalet men samtidigt fick jag en känsla av att hon kanske kände en viss genans över det som hade hänt. Därför beslöt jag mig för att ta initiativet.

– Hur mår du? Har ni pratat igenom det?

Hon böjde undan huvudet och jag såg att hon hade fått en svag rodnad på halsen.

– Ja, han har lovat att inte dricka nästa gång vi är på fest, sa Gunvor.

– Tror du att han kan hålla det löftet? Jag menar det är lätt att trilla dit när spriten flödar.

– Om han inte håller sitt löfte har jag hotat med att flytta och ta med mig barnen och det är precis vad jag tänker göra också, sa hon och sköt fram hakan som för att understryka sina ord.

– Har han fått chansen att bevisa att han klarar det, frågade jag och tog en munsbit på mitt wienerbröd samtidigt som jag såg hur Johans ögon följde mina rörelser.

– Inte än, men i nästa vecka är vi bjudna på ett bröllop. En av hans bästa vänner ska gifta sig och då får han sin chans, sa hon.

– Jag hoppas det går vägen, för er skull, sa jag, bröt av en bit från wienerbrödet och gav det till Johan. Han smaskade i sig biten med en förvånansvärd hastighet.

Blicken satt hängivet fast i återstoden av mitt wienerbröd. Jag kände mig tvungen att ge honom en liten bit till. Den sista biten stoppade jag kvickt in i munnen och svalde. Han tittade förvånat på mig. Jag vände mig till Gunvor.

– Du ska veta att oavsett vad som än händer, är jag alltid din vän och står på din sida.

Gunvor nickade tacksamt, tog fram en pappersnäsduk ur väskan och snöt Erik. Hon gjorde en hastig rörelse med huvudet när dörren till kaféet öppnades, men ansiktet var obekant. Jag förstod att hon var nervös.

– Är du rädd för att Lars ska komma, viskade jag. Vet han inte att du träffar mig idag?

– Jodå, det är bara det...

Meningen hängde kvar i luften och jag ville inte på något sätt att hon skulle känna sig pressad. Jag klappade henne vänskapligt på armen och föreslog att vi skulle börja shoppa. Hon log lättat och började göra Erik klar för barnvagnen. Han protesterade högljutt när hon drog upp honom ur barnstolen, men han förstod snabbt det hopplösa och lät sig bli utburen. Vi vandrade in och ut ur affärerna. Gunvor köpte en rosa behå och två par byxor till barnen. Själv hittade jag en tröja som jag inbillade mig skulle vara snygg till jeans. Erik somnade i vagnen och Johan började släpa benen efter sig. Vi bestämde oss för att det var dags att åka hem. Vi sa hejdå till varandra vid spårvagnshållplatsen. Även om vi bodde nära varandra, tyckte jag att det var skönare att ta spårvagnen hem. Under tiden som vagnen skramlade hemåt satt jag och tittade ut genom fönstret och hoppades innerligt att Lars skulle sköta sig på bröllopet. Det vore förfärligt om deras äktenskap skulle avslutas på ett hatfyllt sätt. Alla skilsmässor var i och för sig en tråkig händelse, men med hat och bråk blev det värre!

*

Måndag eftermiddag låg det fullt av färgglada resekataloger på hallgolvet. Alla handlade om en enda sak, semester! Jag samlade ihop katalogerna och lade dem på köksbordet. Det närmade sig middag och jag började med att plocka ut ingredienserna ur kylskåpet. Idag var det spagetti med köttfärssås. Under tiden som jag rörde ihop köttfärsen med tillbehör tänkte jag på vår kommande semester. Vi hade lyckats med att få fyra veckor samtidigt. Alla fyra veckorna i juli. Frågan var vart vi skulle åka? Enligt min smak var det för varmt att vistas i Sydeuropa under juli månad. Kanske en resa till USA? Vid närmare eftertanke tyckte jag att det hade varit jättekul! Jag vispade energiskt i skålen. Precis när den sista gaffeln hade lagts på plats kom Jörgen hem. Som alltid pussade han och kramade mig. Efter maten bar vi in resekatalogerna i vardagsrummet och spred ut dem på bordet. Jag satte mig ner, pustade ut och knäppte upp jeansen. Som vanligt hade jag stoppat i mig alldeles för mycket mat! Under middagen hade vi diskuterat om vart vi skulle ta vägen på vår semester. Nu med broschyrerna framför oss skulle vi ta ett beslut. Efter en halvtimma pekade Jörgen ivrigt på en bild som föreställde en vindsurfare. Landet var Portugal och jag förstod varför han ville dit. Till skillnad mot mig var han en mycket duktig vindsurfare. Jag hade försökt kravla mig upp på brädan några gånger, men hade tröttnat på att ramla av varje gång jag fick upp seglet. Jag svarade inte på frågan med en gång utan lät honom vänta i några minuter.

– Nå, vad tycks, sa han uppfordrande. Du säger ingenting!

Han ville ha medhåll det förstod jag.

– Visst, det ser skönt ut, men du vet att jag och vindsurfing inte går ihop.

– Nänä, men du kan väl sola och doppa dig, då och då, sa han och flinade.

Naturligtvis skulle jag kunna göra det, men jag hade ingen lust att åka till Portugal. USA lät mycket mer spännande i mina öron. Jörgen lyssnade förvånat på mina utlägg om en resa till "over there". Han hade inte haft en tanke på att resa till Amerika. Det tog inte lång stund förrän även Jörgen var lika övertygad som jag. Vi bläddrade och läste högt om olika platser vi ville besöka. Men det var inte lätt att bestämma sig. Jag tyckte att Washington DC lät intressant, men New Orleans med sina franska kvarter och goda mat var också spännande. Till slut bestämde vi oss för att åka till Kalifornien och San Fransisco. Jörgen valde att ta hand om bokningen av biljetterna och jag skulle ta hand om packningen av vårt bagage. Planerandet var en rolig del av resandet. Vi brukade alltid gå ut och shoppa innan vi reste iväg till något nytt ställe. Det fanns alltid något som vi behövde ha med. Klockan hade hunnit bli kvart över tio innan vi var klara med planeringen av resan och vi var båda nöjda över vårt beslut. Jag föreslog en drink som sängfösare och det hade han ingenting emot. Isbitarna klirrade gemytligt i glasen när jag kom tillbaka.

– Vad är det för något, frågade Jörgen och stoppade ner näsan i glaset.

– En skvätt lime, ananasjuice och vodka, sa jag.

– Inte så dumt, sa han efter att ha tagit en klunk.

Vi skålade för den kommande semestern. Jag satte mig i soffan bredvid honom och han började smeka min nacke. Han ställde ifrån sig glaset på bordet och började smeka mina axlar. Även mitt glas hamnade på bordet. Jag kände mig varm, avslappnad och blundade. Knapparna i min blus knäpptes upp samtidigt som hans tunga lekte runt behån. Upphetsningen steg med flera grader i kroppen. Hans händer öppnade behån och den föll ner i mitt knä. Tungan lekte med mina bröst och tänderna nafsade kärleksfullt i mina bröstvårtor. Hans varma andedräkt kändes som en varm fläkt mellan mina ben. Jag nådde min orgasm, skrek rakt ut och sekunderna senare trängde han i mig. Vi flämtade högt och när jag kände att han var på väg sögs våra blickar fast i varandra. Jag kände hur hans lem vidgades och hur sperman flödade in i mig. Med hela sin tyngd lade han sig på mig och flåsade högt. Vi låg stilla och kelade med varandra. Jag smekte honom sakta över håret.

– Ska vi avsluta våra drinkar och sedan gå till sängs?

– Va, inte en gång till Helena, pustade han. Vi har ju älskat alldeles nyss! Blir du aldrig nöjd?

På skoj drog jag honom i håret.

– Jag vill ha dig en gång i timmen, minst, sa jag.

Jörgen lyfte upp sitt huvud från min axel och tittade på mig med ett stort leende.

– Räcker verkligen en gång i timmen?

Jag knuffade undan honom, tog tag i en av prydnadskuddarna från soffan och dunkade den i hans huvud. Han lyfte upp händerna som en sköld och skrek, slå mig inte, låtsades bli träffad och ramlade ur soffan med ett skratt Vi skrattade båda två. Han kravlade sig upp från golvet och satte sig i soffan. Räckte mig mitt glas och tog samtidigt sitt eget.

– Skål Helena, för framtiden! Vad nu den bär med sig?

Jag slog mitt glas lätt mot hans och vi svepte i oss resten av drinken i ett drag. Tyst för mig själv hoppades jag att framtiden skulle vara snäll mot oss. Jag ställde ner glaset på bordet och tänkte att just nu hade vi i alla fall semestern att glädjas åt.

*

Gunvors mammaledighet var slut, nio månader hade gått fort. Hon tyckte det kändes skönt att vara tillbaka på sin arbetsplats. Barnvaktsproblemet hade hon lyckats lösa med hjälp av att hennes mamma ställde upp. Det var vad de flesta kallade en himla tur. Att få en dagisplats var ungefär lika svårt som att vinna högsta vinsten på vilket lotteri som helst. Jag ville fråga hur Lars hade uppfört sig på bröllopsfesten, men varje gång frågan låg på tungan kom det något annat emellan. Inte förrän vid arbetsdagens slut, när vi satt med var sin kopp kaffe i fikarummet, fick jag chansen. Anna-Lena och Gigi hade precis lämnat rummet och vi var ensamma. Jag vände och vred kaffekoppen i mina händer. Observerade noga hennes ögon och ville försäkra mig om att hon inte skulle ta illa upp när jag ställde frågan.

– Hur gick det på festen, frågade jag och märkte att jag höll andan.

– Vad tror du själv, sa hon, mötte min blick och suckade tungt.

– Jag tror inte att det gick så bra, sa jag tyst och blev förvånad över orden som trillade ur min mun.

– Du har helt rätt, fräste hon och sträckte på sig i stolen. Det gick käpprätt åt helvete! Han bar sig åt som ett stort svin! När vi kom hem slängde han ner mig på hallgolvet och mer eller mindre våldtog mig! Jag vågade inte säga ett knyst i rädsla av att Johan skulle vakna och få se hans pappa bete sig som ett vilddjur.

Mina ögon vidgades av fasa över vad jag hörde. Omedvetet lyfte jag mina händer mot halsen och rös av obehag. Jag såg hur hatet lyste ur hennes ögon. Hon ställde ner kaffekoppen med en smäll på bordet. Jag var övertygad om att den skulle gå i bitar, men den höll. Med bestämd röst sa Gunvor att nu fick det vara slut, för vem visste vad han kunde ta sig till nästa gång. Jag höll med henne.

– Har du pratat med dina föräldrar om det här, frågade jag.

– Ja, det har jag, sa hon mumlande och slog ner blicken.

– Vad sa dom?

– Dom ställer upp till hundra procent, sa hon och böjde ner huvudet.

Axlarna började skaka och som ett stilla regn droppade hennes tårar ner på bordet. Jag reste mig upp och slog armarna om henne. Vi var tysta en lång stund. Jag släppte taget om henne och undrade om hon ville följa med mig hem.

– Tack för erbjudandet, men jag vill hem till barnen.

– Du ska veta att dörren alltid kommer att stå öppen om du behöver oss.

Gunvor gick ut till kapprummet och jag följde efter. Vi tog på oss ytterkläderna under tystnad och gick sedan ner för trapporna ut mot entrén. Jag hade inte berättat för Gunvor om våra semesterplaner. Det fick bli vid ett senare tillfälle. I den här stunden, när hon mådde som sämst, kändes det nästan fel av mig att glädjas över resan till USA. Förhoppningsvis skulle hon må bättre innan det var dags för oss att åka.

*

Två dagar innan vi stängde kontoret inför semestern berättade jag för Gunvor om vår resa till USA. Hon sken upp och tyckte att det lät jättespännande.

– Jag hoppas verkligen att du skriver många vykort, för du ska veta att det inte är vem som helst som har en väninna som åker till USA. Jag ska sätta upp vykorten i köket på anslagstavlan, så att alla som kommer hem ser dom!

Jag lade märke till att hon inte sa; skriva till oss, eller skicka hem till oss. Kanske föreställde hon sig redan sitt liv som ensamstående mamma. Inom sinom tid skulle jag få reda på hur hon tänkte. Kanske behövde hon sommaren för att tänka över saker och ting i lugn och ro. Gunvor visste var jag fanns om hon behövde någon att prata med.

*

Kvällen innan vi skulle resa till USA, var det rena rama jordbävningen hemma hos oss. Det låg kläder överallt i lägenheten. Om någon av våra vänner hade kommit på besök, hade de med all säkerhet blivit övertygade om att vi nyss hade haft inbrott. Vi klev runt i högar av kläder och letade. Vad vi letade efter, hade vi ingen aning om. Jag hade tagit fram två av våra största resväskor och lagt dem på dubbelsängen. Där låg de tomma och gapade. Varje gång jag lade ner en av Jörgens skjortor i väskan och vände mig om för att hitta något mera, kom Jörgen och plockade bort skjortan. Till slut tappade jag tålamodet och tog tag i honom när vi krockade för nittionionde gången.

– Snälla Jörgen, antingen packar du din väska själv, eller så överlåter du det till mig. Såsom vi håller på kommer du att anlända till USA med en tom resväska!

Han bara stirrade på mig och mumlade något som lät som en humlas surrande. Sedan trampade han ut i klädskogen igen. Ett enda ord kunde enkelt förklara vårt beteende och det ordet var resfeber. Vi hade smittats av det båda två. Klockan var halv fyra på morgonen när vi var klara med packningen och det innebar att vi hade fyrtiofem minuter på oss att sova. Strålande! Vi insåg omedelbart det idiotiska i att försöka få lite sömn. Vi kunde lika gärna sätta på en kanna kaffe och bre några smörgåsar i väntan på att Mikael skulle hämta oss. Han hade lovat att köra oss till Landvetters flygplats. När det ringde på dörren satte jag kaffet i halsen och fick en hostattack. Jörgen stelnade och stirrade på mig. Ingen av oss gjorde en ansats för att gå och öppna ytterdörren. Inte förrän på den tredje signalen kom vi på fötter och rusade ut i hallen. Vi ramlade ut genom ytterdörren och Mikael tog automatiskt ett hopp åt sidan.

– Det är till att ha resfeber, sa han och skrattade kort.

– Inte alls, svarade vi med en mun.

Jag började fnittra hysteriskt och glodde på Jörgen. Han glodde tillbaka och skrattet kom som en befrielse. Vi gapskrattade alla tre, fram tills att grannen gläntade på sin dörr och drog igen den med en smäll som för att markera sitt ogillande i vårt beteende. Vi tystnade i en sekund, sedan började vi gapskratta igen och drog in Mikael i lägenheten. Klockan var trots allt bara halv fem på morgonen!

*

En och en halv timma senare stod vi på Landvetter. Det var en timma kvar innan vi skulle gå ombord och det var skönt att slippa stressa. Vi checkade in väskorna och gick in i flygrestaurangen. Jag frågade Jörgen om allt var med? Resecheckar, pass, pengar, kontokort och försäkringspapperen? Allt var med, försäkrade han mig. Vi hade löst ut två extra kontokort, ett American-Express och ett Visakort. I USA var det många affärer som enbart tog emot kontokort. Det tyckte vi lät konstigt, men förklaringen var enkel. Visste tjuvarna att det inte fanns några kontanter, blev det inga rån eller inbrott. Biluthyrningsfirmorna tog enbart kontokort. Jag fick en rysning utefter ryggen, när kvinnan på resebyrån påpekade att det var bra om jag inte synligt bar dyrbara smycken. Vi skulle inte heller öppet visa att vi hade kontanter om vi handlade i vissa av Los Angeles områden. Många turister hade blivit nerslagna och rånade, speciellt i Down Town, berättade hon. Det var inte så att hon ville skrämma oss, men det var bättre att vi var förvarnade. Vi kunde inte annat än hålla med henne. Vår flight ropades ut och vi gick lyckliga, hand i hand, mot utgången. Med lätta steg lämnade vi Sverige och såg fram mot ett äventyr. Framför oss hade vi en resfärd på sexton timmar, ett byte i Köpenhamn och sedan raka spåret till Los Angeles.

Flygresan gick bra, men det var inte det roligaste jag gjort. Det är inte enkelt att fördriva alla dessa timmar i en flygplansfåtölj. Vi tittade på film, åt och drack. I hörlurar, som man fick av flygvärdinnan, lyssnade vi på musik. Vi försökte att sova, men det gick mindre bra. När planet äntligen tog mark på Los Angeles flygplats, var det fortfarande samma datum som vi lämnat ett dygn tidigare och en timma tidigare än när vi lämnade Sverige. Vi blev alldeles snurriga i huvudet när en vänlig själ försökte förklara för oss vad det innebar. Om vi skulle gå och lägga oss nu, vilket vi helst av allt ville göra, skulle dygnsrytmen bli förstörd under semestern. Därför tvingade vi oss själva vara vakna ytterligare en hel dag. Vi anlände till hotellet med vårt bagage och kunde knappt stå på benen. En man i övre medelåldern med lätt grånat hår tog emot oss. Han hade en näsa som såg ut att ha gått in i en vägg. Det var portieren. Han frågade artigt efter våra namn och när bokningen var bekräftad tryckte han ner sin hand på en klocka, som var placerad på disken. Ur tomma intet, dök det upp en liten mager pojke. Jag gissade att han inte var en dag över femton år. Iklädd en grön byxa med tillhörande jacka, presenterade han sig som piccolon, som skulle ta hand om vårt bagage. Jag tittade misstroget på den lilla kroppen. Skulle han verkligen orka släpa på våra väskor? Jörgen tittade bekymrat på mig och på piccolon. Den lille pojken slängde en blick på våra väskor, vände på klacken och gick. Tio sekunder senare kom han tillbaka med en bagagevagn, lyfte upp våra väskor och visade att vi skulle gå först. Jörgen mötte min blick och jag tror att vi hade samma tanke. Tur att man inte hade sagt något och blivit framställd som en riktig idiot! När piccolon fått sin dricks och vi hade stängt dörren till vårt hotellrum, slängde vi oss på den jättelika sängen och skrattade tills vi kiknade. Efter en stund gjorde sig hungern påmind. Vi upptäckte en meny vid telefonen. Den förkunnade att det fanns varm mat tillgänglig dygnet runt. Rumservicen fungerade perfekt! Hamburgarna, som vi hade beställt var gigantiska. De svämmade ut över de stora tallrikarna. Den stora Coca-Cola flaskan påminde mer om de enliterstillbringare vi hade till saft, än de småflaskor med Coca-Cola som vi köpte hemma. Under tiden som vi mumsade i oss maten, slog vi på TV:n. Antalet kanaler var fler än kulorna på en abakus. Vi flyttade oss mellan kanalerna men slutade att räkna dem. Vi kunde inte bestämma oss för vilket program vi ville se, utan gav upp och stängde av TV:n. Istället tittade vi på utsikten. Vårt hotell var ett Drive-in-ställe och var tre våningar högt. Det var bara i Down Town, som det fanns höghus och skyskrapor. Los Angeles var känt för att ha små jordskalv titt som tätt, men som tur var inträffade inga skalv under tiden som vi var där. Utanför vårt fönster var trafiken tät och de flesta bilarna stod i kilometerlånga rader och väntade. En annan ovanlig syn för oss var att det inte fanns trottoarer! Att promenera mellan sina vänners bostäder var inte att tänka på. Här tog man bilen!

*

Under hela vår vistelse i USA, nämnde jag inte med ett enda ord min längtan efter barn. Det fanns många tillfällen där jag lätt hade kunnat försäga mig, men jag hade tvingat bort tankarna. Vid några tillfällen kom vi in på hur Gunvor och Lars hade det och jag var väldigt nära att lyfta luren och ringa, men även här lyckades jag att låta bli. Vår semester började lida mot sitt slut och i våra resväskor låg det fem fotorullar. Fotografierna var något som vi skulle kunna ta fram under kalla och mörka vinterkvällar, för att drömma oss tillbaka. Trötta och glada kom vi tillbaka till lägenheten. Min mamma hade tagit hand om våra krukväxter och posten hade hon lagt i en stor hög på köksbordet. Fyra veckors bortavaro hade skapat en stor hög! Nu när vi var hemma gick mina tankar oavbrutet till dagen när vi skulle få svar på Jörgens senaste spermaprov. Kvickt räknade jag ut att det var en månad kvar tills vi skulle få besked. Jag höll tummarna hårt, som för att ge mig styrka och hopp, om att allt skulle gå bra den här gången.

Nu var det bara det tråkiga kvar av semestern. All tvätt! Vår tvättmaskin stod i köket, på grund av platsbrist, och under tiden som jag stoppade den full med skitiga strumpor, skjortor och kalsonger kom Jörgen in i köket och undrade vad som behövde handlas.

– Titta i kylen, sa jag.

– Men kolla här, utropade Jörgen och pekade in i kylen. Den är fylld med mat!

Jag reste mig från min hukande ställning och stöttade mig på tvättmaskinen innan jag stod upprätt.

– Vad säger du?

Mycket riktigt, jag tittade in i kylen och där fanns allt man kunde tänkas behöva. Jag började skratta högt. Jörgen stod fortfarande kvar vid kylen och vände blicken mot mig.

– Vad skrattar du åt?

– Gissa vem som har fyllt upp kylen, frågade jag och återvände till tvättmaskinen. Det är din blivande svärmor, svarade jag med huvudet halvvägs in i tvättmaskinen.

– Jaså, sa Jörgen och stängde dörren till kylen. Vad ska jag göra nu då? Jag hade tänkt gå ut och handla, men nu vet jag inte vad vi behöver.

Jag programmerade tvättmaskinen, tryckte på knappen, vände mig om och såg fortfarande en stor hög med tvätt. Inte kunde man tro att jag redan hade fyllt en maskin, tänkte jag modfällt. Jörgen påminde mig om frågan om inköpen.

– Du skulle kunna köpa tvättmedel och sköljmedel, för det jag har kvar kommer säkert inte att räcka till allt det här, sa jag och pekade på den gigantiska högen av tvätt.

Han gick iväg och jag satte mig vid köksbordet och tände en cigarett. Jag bläddrade förstrött i högen av post. Den innehöll mest räkningar och reklam. Inget av kuverten hade det jag helst ville se, en stämpel från sjukhuset. Jag visste att det var en månad kvar innan brevet förmodligen skulle anlända men önskade, att det för en enda gång skull, kommit tidigare. Men hur noga jag än granskade varje kuvert, fanns inte det kuvertet som jag ville se. Jag sorterade upp posten och slängde all reklam. Det var rogivande att lyssna till tvättmaskinens dova skvalpande ljud. Plötsligt ringde telefonen, jag rusade fram och svarade. I tankarna hoppades jag att det skulle vara Gunvor.

– Hej kära dotter!
– Hej mamma, kul att du ringer. Tack för att du fyllde upp kylskåpet. Jörgen blev alldeles stum när han öppnade det.
– Jaså, det blev han, svarade hon med skratt i rösten. Jag tänkte att efter en så lång resa skulle ni vara trötta och inte orka gå ut och handla.
Jag ville inte säga sanningen och göra henne ledsen, genom att berätta att Jörgen nästan hade blivit stött av hennes påhitt, utan höll med henne.
– Vad håller du på med, frågade hon.
– Jag tvättar! Vi behöver rena kläder till jobbet på måndag. Det finns inte en ren kalsong eller trosa i hela lägenheten.
För att avleda henne från att ställa frågor om vad vi gjort eller inte gjort under semestern och framförallt barnfrågan, ställde jag istället frågor om vad hon hade gjort under månaden som vi hade varit borta. Det visade sig vara en mycket bra idé. I en strid ström berättade hon glatt och villigt vad hon och min styvfar hade hittat på. Jag var inte den bästa lyssnaren, men tack och lov fanns det inte bildöverförande telefoner. Mina tankar var istället hos Gunvor och barnen. Efter att jag hade lagt på luren och än en gång tackat för hjälpen, tänkte jag att det nog var lika bra att jag ringde till Gunvor. Var det Lars som svarade, kunde jag alltid fråga om de hade fått vykorten som vi hade skickat. Jag funderade i några sekunder och upptäckte att jag hade glömt Gunvors nummer. Det tog ett tag innan jag fick ihop numret, men till slut hörde jag signalerna gå fram. Först på den fjärde signalen lyftes luren.
– Samuelsson!
Jag drog en lättnadens suck när jag hörde att det var Gunvors röst.
– Hej, det är Helena. Vi är hemma igen! Hur har du det i

värmen, frågade jag och undvek att inleda samtalet med min brännande fråga. Lars kunde stå bredvid och lyssna!

– Hej, tack för alla fina vykort som ni skickade. Vartenda ett sitter på anslagstavlan i köket, må du tro!

Hon pladdrade på i en alltför hög hastighet. Mina misstankar att Lars stod bredvid och lyssnade stärktes. Jag lade mig till med en lättsam och glad ton, berättade om Jörgens min när han öppnade kylen och händelsen med piccolon på vårt första hotell i Los Angeles. Sedan föreslog jag att vi skulle träffas alla fyra, ikväll på en drink, och prata mera. Det blev tyst i luren i några sekunder.

– Ett ögonblick, sa Gunvor.

Jag ansträngde mig för att höra vad de sa, men antagligen hade Gunvor lagt handen över luren, för det enda som hördes var ett svagt mummel i bakgrunden.

– Det hade varit jättetrevligt, men tyvärr har Lars redan lovat bort oss i kväll, sa Gunvor.

Jag beklagade, men svarade hurtigt att det alltid kunde dyka upp ett nytt tillfälle. Vi fortsatte att prata om vår semester i ytterligare några minuter innan vi avslutade samtalet. Jag undrade vad Gunvor hade berättat för mig om inte Lars hade stått bredvid? Jag fick ge mig till tåls tills på måndag när vi skulle träffas på jobbet. Jörgen kom tillbaka med sköljmedel under den ena armen och ett paket med tvättpulver under den andra. Jag berättade om samtalet med Gunvor. Han tyckte att det var skönt att de hade tackat nej.

– Antagligen hade vi suttit som på nålar och genom vårt kroppsspråk avslöjat att vi vet vad som pågår, sa han.

Det kunde han ha rätt i, tänkte jag. Vi tittade på nyheterna klockan nio, sedan kröp vi mer eller mindre till våra sängar. Samma problem med tidsskillnaden, som hade dykt upp i USA, hemsökte oss nu. Jag somnade i samma ögonblick som mitt huvud hamnade på kudden.

Jag vaknade på morgonen och visste först inte var jag befann mig. Jag tittade runt i rummet och kände mig vilsen. Efter några minuter började hjärnan klarna och jag förstod att jag befann mig i min egen säng. Jörgens säng var tom. Kanske var han uppe och satte på morgonkaffet? Jag hasade mig ut i köket och fick se att han stod med ryggen mot mig. Han skar upp bröd. Mina händer smög sig under hans morgonrock och jag kände doften av honom. Med huvudet borrat in i morgonrocken, mumlade jag fram god morgon.

– Det luktar gott av nybryggt kaffe, sa jag och tittade på köksbordet. Det var inte dukat. Jag började plocka fram det vi behövde. Vi satt vid frukostbordet och jag började retas genom att kittla honom med mina fötter. Mina tår nöp och smekte försiktigt hans pung. Han satt med tidningen i händerna och tittade på mig med ett roat ansiktsuttryck.

– Vad är du efter nu då?

Jag ignorerade frågan och fortsatte med min lek. Mina fötter kände hur hans lem styvnade och jag kröp ner under bordet och fortsatte att smeka honom med mina händer. Jag drog ner honom under bordet. Vi rullade ut och lade oss på köksmattan. Vi smekte varandra till utlösning och låg kvar på golvet och höll varandra i händerna utan att säga ett ord. Jag rullade över på sidan och tryckte mig mot hans kropp. Vi hade antagligen legat kvar en längre stund om inte telefonsignalen hade stört oss. Jörgen tittade på mig.

– Ska du eller jag svara, frågade han.

Jag reste mig upp och snubblade fram till telefonen. Naturligtvis var det en felringning! Det goda med den var att vi kom upp från golvet. I ett alltför trångt utrymme i köket stod duschkabinen och vi passade på att duscha gemensamt. Skrattande och busande klädde vi på oss och bestämde oss för att ta en sväng ner på stan. Det var alltid roligt när man inte varit hemma på en månad. Ibland kunde det ha hänt något nytt! Vi strosade runt och fönstershoppade. På vägen hem gick vi förbi vårat fik, som vi kallade det. Det var där vi hade träffats för tre år sedan. Jörgen öppnade dörren och på sin väg in stannade han tvärt, vilket resulterade i att jag ramlade på honom. Jag klamrade mig fast i hans arm, följde hans blick och såg att den sökte sig allra längst in i lokalen. Då fick jag syn på vad Jörgen glodde på! Vid ett av borden satt Lars med ryggen vänd mot oss. Jag drog i Jörgens skjorta.

– Vad ska vi göra, väste jag i hans öra.

– Vi går in så klart! Jag vill ha en kopp kaffe, vill inte du ha det, frågade Jörgen och vände sig mot mig.

Vi tog en bricka och gick fram till disken med kakor och bullar. Vi plockade till oss det vi ville ha och hällde upp kaffet ur en gammaldags kaffekittel. Betalade och satte oss, inte alltför nära Lars, för vi ville att han skulle bli tvungen att passera vårt bord när han gick ut ur kaféet. Lars satt inte ensam. En mörkhårig tjej satt mittemot honom. Henne hade jag aldrig sett tidigare. Jörgen kunde inte heller påminna sig om att han hade sett henne förut. När hon skrattade, knyckte hon med huvudet och det mörka långa håret flög fram och tillbaka. Kunde det vara någon som Gunvor kände till, undrade jag för mig själv. Jörgen tycktes tänka på samma sak, han ruskade bedrövat på huvudet, och tittade samtidigt på mig. Plötsligt såg jag att Lars reste sig. Det var tydligen dags att gå och även den mörkhåriga tjejen reste sig upp. Lars föste henne framför sig och jag såg hur han kramade hennes arm. De närmade sig vårt bord och jag visste inte hur jag skulle bete mig. Skulle jag böja ner huvudet mot kakfatet eller stirra ut honom? Eller kanske rent av säga hej och be honom hälsa till barnen och Gunvor från oss? Lars stannade vid vårt bord och såg förvirrad ut. Han stammade fram något ohörbart sedan mer eller mindre knuffade han ut tjejen i riktning mot dörren utan att vända sig om. Jörgen och jag tittade förvånat på varandra. Jag reste mig halvvägs upp ur stolen för att försöka se i vilken riktning de gick.

–Undra just vad det här ska betyda, sa Jörgen.

– Säg det? Det verkar i alla fall som om det är något på gång, sa jag och nästan välte stolen i iver över att se vart de tog vägen.

– Helena, sätt dig ner!

– Vad ska vi göra, frågade jag och satte mig ner med en duns.

– Inte ett dugg, sa Jörgen. Vi kan inte ringa hem till Gunvor och berätta vad vi har sett. Det kan utlösa ett stort bråk. Vänta tills du träffar henne på jobbet på måndag och förhoppningsvis får veta mer. Då kanske vi kan vara till hjälp. Just nu är det bättre att vi ligger lågt.

*

Med andan i halsen kom jag till jobbet på måndag morgon och var en kvart försenad. Gunvor hade inte kommit. Hon har sjukskrivit sig, berättade Gigi.

– Vad uppgav hon för sjukdom, frågade jag.

– Har du inte pratat med henne, sa hon förvånat. Jag trodde ni var bästisar!

– Vi är bästisar, replikerade jag. Vi har bara inte hunnit prata så mycket, eftersom jag kom hem från USA i lördags.

– Jaså, inte det! I vilket fall som helst har hon sjukskrivit sig, sa Gigi, ryckte på axlarna och vände ryggen mot mig.

Oron smög sig över mig. Istället för att sätta igång med mitt arbete, till på köpet en kvart försenad, gick jag ut i fikarummet, tog en kopp kaffe och tände en cigarett. Hur skulle jag tolka att hon var sjukskriven? Var hon sjuk eller fanns det någon annan anledning till att hon inte var på jobbet? Jag kände mig vilsen och visste inte riktigt vad jag skulle göra. Jag bestämde mig för att ringa till Jörgen och höra vad han tyckte att jag skulle göra. Under tiden som jag satt i telefon i fikarummet och pratade med Jörgen kom chefen in. Han blängde på mig och undrade var Johnsons order fanns någonstans? Jag avslutade samtalet till Jörgen med orden; att det är nog bättre att jag börjar jobba istället. Chefen nickade. Jag gick raskt förbi honom, fram till mitt skrivbord och hittade Johnsons order. Jag gick in på hans rum, som tur var satt han upptagen i telefon, och lade ner ordern framför honom. Jag slapp frågor om varför jag hade varit sen, det var skönt. Tiden sniglade sig fram, men till slut blev klockan fem. Jag hade varit sist på jobbet men var först ut! Nu skulle jag gå hem till Gunvor, inte ens närvaron av Lars kunde avskräcka mig. Jag måste få veta vad det var som hade hänt! Med bestämda steg gick jag i riktning mot deras hus, in i farstun och uppför trapporna. Jag tryckte örat mot dörren och lyssnade efter ljud, men det hördes ingenting. Jag pressade pekfingret på knappen, signalen av dörrklockan ekade i farstun och jag släppte inte knappen! Plötsligt stod dörren på vid gavel. Gunvor stod mitt i dörröppningen och såg alldeles förstörd ut. Jag kom mig inte för att säga något utan stod bara och stirrade på henne.

– Hej Helena, kom in, sa hon, tog ett steg åt sidan och släppte in mig.

Jag steg över tröskeln och hörde hur hon stängde dörren bakom oss.

– Vad har hänt? Du ser bedrövlig ut, sa jag och slog ut med händerna.

– Om du tycker att jag ser bedrövlig ut, är det ingenting mot hur jag känner mig, sa Gunvor och suckade.

Hon gick förbi mig ut i köket och med vana rörelser satte hon på en kanna kaffe. Jag satte mig ner vid köksbordet. Gunvor satte sig mittemot, lutade ansiktet i händerna och tittade forskande på mig.

– Vad tror du har hänt, frågade hon.

– Frågar du mig, sa jag häpet. Jag har inte den blekaste aning. Det är det jag vill att du ska berätta för mig!

Hon tog ner armarna från bordet, lät de hänga utmed stolen och lutade sig bakåt i stolen.

– Jag tänker lägga in om skilsmässa!

Innebörden av orden sjönk långsamt ner i mitt medvetande.

– Skilsmässa, ekade jag.

Ett slutgiltigt ord, vi mässar om att vi ska gå skilda vägar. Det var ett otrevligt ord.

– Jaha, var det enda ord jag lyckades klämma fram.

– Jag kommer att begära ensam vårdnad om barnen, fortsatte hon.

– Naturligtvis, svarade jag tankspritt. Minnesbilder, som fiskar matade i ett akvarium, dök upp i min hjärna. Bilder av deras bröllop, dopet av barnen, en skridskotur avslutad med korvgrillning, allt var slut, för alltid. Det kändes konstigt att ha alla dessa känslor inom mig och då var det ändå inte jag som skulle skiljas. Hur kände inte hon det då?

– Vad säger Lars, pressade jag fram till slut.

– Han vill inte skiljas, men jag orkar inte mer! Det måste bli ett slut på supandet! Jag vill inte att våra barn ska växa upp i ett inferno! Jag vill att dom ska växa upp i harmoni.

Med de orden reste hon sig, gick fram till kaffekannan och sysselsatte händerna med att duka bordet.

– Men vad händer om inte Lars vill skiljas? Kan du få igenom en skilsmässa, ensam?

På samma gång som jag ville veta, önskade jag att vi hade suttit och pratat om roliga saker istället.

– Naturligtvis får jag en skilsmässa även om inte Lars vill, sa hon och vände sig om mot mig. Han kan inte hindra mig. Det kommer säkert att bli bråk om vem som ska ha vårdnaden, men jag tänker inte ge mig. I hennes ögon såg jag en beslutsamhet som inte funnits tidigare. Det var deras skilsmässa och de var tvungna att gå igenom den med allt vad det innebar. Jag ville bara att Gunvor skulle veta att jag fanns om hon behövde mig. Det fanns ett andningshål om hon var i behov av ett. Plötsligt log hon mot mig och satte sig ner igen.

– Nu vill jag inte prata ett enda ord mer om skilsmässan. Jag vill hellre veta hur det har gått för er. Har ni fått svar på provet än?

– Nej, vi måste vänta till slutet av augusti innan det händer något. Över sommaren har alla avdelningar semesterstängt. Antagligen är det inte meningen att man ska bli med barn på sommaren, sa jag med ironi i rösten. Konstigt nog finns det alltid pengar över till vapen som dödar, men pengar till att skapa liv, finns det aldrig tillräckligt av.

– Vi får hoppas att det löser sig för er och att du kanske är med barn innan året är slut, sa hon hoppfullt.

– Det hoppas jag också, sa jag, men innerst inne kände jag inte det hoppet. Det var inte något jag kunde förklara för Gunvor. Jag var nervös inför provsvaret och vad som skulle följa i dess spår. Om det skulle vara negativt, hur skulle Jörgen ta det? Hur skulle jag ta det? Vad skulle hända? Istället för att prata om det som tyngde övergick jag till att berätta om vår semester. Vi diskuterade länge om USA var ett bra land att leva i eller inte. Tiden rann iväg och när jag tittade på klockan var den redan halv sju. Det sista jag sa, innan jag rusade ut genom dörren, var att hon alltid var välkommen hem till oss!

När jag störtande in i lägenheten satt Jörgen och tittade på TV.

– Har du tappat nåt? Jag överlever även om inte du är hemma, sa han och flinade.

Jag fnittrade och satte mig bredvid honom i soffan. Vi kramades och pussades.

– Du har varit hemma hos Gunvor förstår jag, sa han. Hur är det med henne?

Jag berättade vad som hänt och hur jag kände mig när hon hade sagt att hon ville skiljas. Jörgen lutade sig tillbaka i soffan och lyssnade.

– Det var synd att det inte höll mellan dom, men vad ska man göra? Ingen annan än Lars kan göra något åt sitt drickande och vill han inte sluta förstår jag att Gunvor inte orkar längre.

Jag kröp upp i hans famn och tryckte mig hårt intill honom.

– Jag är glad att det inte är vi som har dom problemen, sa jag tyst.

Det kanske var förmätet av mig att säga de orden, men det var min ärliga tanke. Jörgen höll om mig utan ord.

*

Augusti månad var inne på sina sista dagar och varje dag, efter jobbet, kastade jag mig över posthögen. Till slut kom utdelningen på allt väntande. Där låg det! Ett stort brunt kuvert med den efterlängtade stämpeln. Jag kunde knappt bärga mig. Jag höll i brevet och stirrade på det. Men det var Jörgen som var mottagaren och lite uppfostran hade jag trots allt. Jag skyndade mig att laga till middagsmaten och öppnade en flaska vin. Var det goda nyheter kunde vi fira, var det dåliga, fick vi dränka sorgen. Oavsett kom vinet till användning! Jörgen såg inte glad ut när jag visade honom brevet. Han ville inte öppna det innan middagen. Jag tyckte det var tråkigt, men hade full förståelse för hans beslut. Vi satte oss till bords, och började äta, men hela tiden sneglade jag på brevet som låg utom räckhåll. När de sista dropparna av vinet runnit nerför våra strupar och tallrikarna var skrapade hade mitt tålamod tagit slut. Jag tog på mig mitt mest bedjande uttryck i ögonen och sa ordet ”snälla” på det mjukaste sätt jag kunde uppbringa.

Med en djup suck reste sig Jörgen från bordet och lyfte upp brevet. Han vred och vände på det några gånger innan han öppnade. Långsamt vek han upp papperet. Det kändes som om tiden stod stilla när han läste brevet. Jag ville skrika att han skulle läsa högt, men det kändes som om jag hade hela munnen full med papper. Jag stirrade på hans ansikte för att försöka utröna svaret, men ansiktet var uttryckslöst. Utan ett ord satte han sig på stolen och räckte över brevet till mig.

Girigt tog jag tag i brevet och under bråkdelen av en sekund flimrade tanken, ”tänk om det inte går” sedan började jag läsa. Min blick fastnade på meningen; *”Möjligheten att Er maka ska bli befruktad syns inte så stor”*. Tystnaden i köket var kompakt. Ingen av oss sa ett ord. Jag vågade inte titta på Jörgen. I den här stunden fick jag inte tag på en enda vettig kommentar. Brevet brände i min hand. Betydde detta att vi aldrig skulle kunna bli föräldrar? Till slut kände jag mig tvungen att säga något.

– Hur känner du dig, frågade jag och tyckte att frågan var innehållslös.

Jörgen tittade på mig med sina vackra klara blå ögon, ryckte på axlarna och gick ut ur köket. Mekaniskt började jag plocka av bordet. Händerna och fötterna rörde sig i rätt riktning, men mitt jag följde inte med. När jag var klar ville en del av mig stanna i köket och den andra delen ville gå ut till Jörgen. Jag upplevde en total förvirring. Hur skulle jag trösta honom. Var skulle jag söka tröst för mig? Jag tog mod till mig och gick ut i vardagsrummet. Jörgen satt i soffan och stirrade på den avstängda TV:n. Jag satte mig försiktigt ner bredvid honom. Han satt framåtlutad med benen brett isär och armbågarna vilade mot knäna. Han kändes oåtkomlig. Jag lade en hand på hans arm. Han rörde sig inte. Jag viskade hans namn, som för att återkalla honom till verkligheten. Han började prata, men utan att titta på mig.

– Jag vet inte vad du tycker Helena, men vi får väl försöka att klara oss utan barn.

Hans ord trängde in i mig och gjorde mig bedövad. Jag kände en skräck och ångest som inte går att beskriva. Skulle vi verkligen avstå från det vackraste som finns? Ett barn som kunde berika vår värld, ge oss bekymmer och en lika stor portion glädje. Han kunde inte mena det han nyss sagt! Det måste vara något som sägs i förvirringens stund. Det kunde bara inte vara hans allvar! Antagligen tolkade han min tystnad som ett medgivande. Han vände sig mot mig, tog tag i mina armar och tittade mig in i ögonen.

– Vi kan resa och göra vad vi vill, utan att ta hänsyn till barn. Barn är inte det viktigaste här i världen!

Jag stirrade på honom, som om jag ville att han skulle läsa mina ögon, och i dem se att det han nyss uttalat, inte var något som jag kunde hålla med om. Men jag vågade inte säga det högt. Istället sa jag att allt hopp kanske inte var ute och att jag skulle ta kontakt med professorn för att höra om vilka möjligheter som fanns. Mina ord gjorde inte alls den verkan som jag hade hoppats på. Jörgen flög upp ur soffan, viftade med armarna och vankade fram och tillbaka över golvet.

– Jag vet inte om jag vill vara med om fler undersökningar,

utropade han irriterat. Detta isärplockande av våra liv gör mig galen! Det kan inte vara meningen att livet bara ska handla om att få barn, skrek han.

Jörgen stannade upp i sitt vankande och tittade på mig. I hans ögon läste jag en bedjan, men jag ville inte svara. Han utstötte en djup suck och vände på klacken.

– Som du vill Helena, men jag tänker inte vara med längre.

Orden ekade efter honom och jag hörde hur han drog ut lådorna i byrån i sovrummet, men jag rörde mig inte. Hur skulle jag kunna förklara vad jag kände? Helst av allt skulle jag vilja rusa in till honom och slänga mig i hans famn, men det kunde tolkas som ett medgivande till vad han sagt och det var inte min avsikt. Om det inte var av den anledningen som jag kastade mig i hans famn, skulle han genast fatta misstankar och tro att jag ville snärja honom med fler undersökningar. Hur jag än gjorde skulle det uppfattas på fel sätt! Just nu ville jag vrida tillbaka tiden. Tiden när vi var i USA och hade det underbart. Tiden innan tempkurvorna kom in i vårt liv! Men det var bara i fantasins värld det gick att ändra på tid och rum. I verklighetens timma var vi redan sent ute. Jag reste mig upp och började gå i riktning mot badrummet. Jag passerade sovrummet och såg att Jörgen låg i sängen och stirrade upp i taket. Jag öppnade badrumsdörren och lät den stå öppen under tiden som jag borstade tänderna. Ansiktet som mötte mig i spegeln verkade tillhöra en främling. Under ögonen fanns mörka skuggor, jag såg trött ut. Ilskan började plötsligt bubbla inom mig. Det var inte rättvist! Vi hade varit ihop i över tre år, tyckte oändligt mycket om varandra och så skulle det här med bli-med-barn ta död på vårt förhållande. Nej, sa jag tyst för mig själv, det kommer jag aldrig att acceptera! Med ett beslut som jag tagit alldeles själv, stegade jag in i sovrummet.

Jag lade mig tätt intill hans hårlösa bröst. Mina läppar lekte med hans bröstvårtor och med en hand kramade jag hans lår. Jag fick ingen omedelbar reaktion på mitt agerande, men jag gav inte upp och till slut gav han efter. I vår kärleksakt klamrade vi oss fast vid varandra som drunknande. På hela den stunden yttrade vi inte ett enda ord till varandra. Det enda man hörde var tysta kvidande och tung andhämtning. Vi somnade kladdiga och varma i varandras armar.

*

Jag kom ut i köket på morgonen, kastade en blick ut genom fönstret, och konstaterade att vädret var i samma skick som jag själv. Idag var det stövlar och regnkappa som var rätt melodi. Vid frukosten nämnde ingen av oss gårdagens trista besked. Vi åt, läste tidningen och drack vårt kaffe som vanligt. Jörgen åkte till sitt jobb och jag till mitt. Mitt humör var lika dystert och mörkt som vattenpölarna jag försökte undvika. Det enda som gladde mig den här dagen var att jag fick se Gunvor sitta på sin stol, höra henne berätta att hon hade lagt in om skilsmässa och att hon hade fått tag på en lägenhet. Den låg utanför stan, men vad som helst var bättre än att dela lägenhet med Lars. Jag berättade om det negativa svaret vi hade fått, men sa samtidigt att det inte alls var läge för oss att kasta in handduken. Strax efter att jag anlänt till jobbet kastade jag mig över telefonen och beställde en tid hos vår professor. Det var ingenting som jag tänkta avslöja för Jörgen förrän jag visste mer om vad vi kunde göra för att bli föräldrar. Jag fick en tid veckan därpå och noterade noga tiden.

Under veckan som gick frågade jag Jörgen om han hade lust att bli min tennislärare. Han blev glad och satte genast upp en tid för oss. Vi spelade tills jag mer eller mindre kröp av banan. Han bara skrattade åt mig. Du måste träna mer, ropade han efter mig. Jag vinglade in i duschen som en berusad och lade mig ner på det kalla kaklet. Det kändes som om allt mitt blod hade samlats i mitt ansikte under matchen, för mina ben var som gelé. Jag låg på duschgolvet, vattnet strömmade över mig, och jag lovade mig själv att jag skulle slå honom inom en snar framtid. Så blev det naturligtvis inte! Det tog flera veckor efter den matchen som jag överhuvudtaget tog tag i en racket igen.

Dagen när jag skulle till professorn var jag nervös och hjärtat bultade i mitt bröst. Visserligen var han en lugn och fin man, men min situation var allt annat än lugn. Jag ville inte ljuga för professorn, men jag var tvungen att säga att Jörgen hade fått förhinder. Sanningen var att han inte ens visste att jag var där! Professorn verkade inte misstänka något. Han beklagade Jörgens frånvaro, men lämnade ämnet och tog upp vårt tillstånd.

– Som ni förstår är det tvunget att låta er make gå igenom ytterligare en hormonkur. Det kanske kan förstärka kvalitén på spermierna, sa han och avvaktade mitt svar.

Han lutade sig tillbaka i fåtöljen med händerna vilande på skrivbordet.

– Är det verkligen till nytta för oss? Jag menar inte att tabletterna är värdelösa, men professorn sa att det behövdes minst femtio procent levande och aktiva spermier, som det är nu finns det bara tjugo procent. Kan verkligen tabletterna fördubbla värdet, frågade jag.

– Nej, att dom skulle fördubbla värdet är inte troligt, men det finns vissa hjälpmedel att ta till i sådana här situationer. Med det menar jag tester som man kan genomföra i samband med behandlingen.

– Vad är det för slags tester, undrade jag nyfiket.

Han hade utan tvekan väckt mitt intresse. Han började dra ut sina skrivbordslådor och rota i dem, som om han letade efter något. Först trodde jag att han hade glömt det vi nyss hade pratat om, men till slut lade han fram ett litet häfte på bordet.

– Det här är något som jag tycker att ni och er make ska läsa. I den står det förklaringar till vad som kan tänkas vara till er hjälp. I den står också förklaringar till dom tester som jag vill genomföra på er.

Det svåra med hans sätt att prata var att jag inte alltid visste om det var mig eller Jörgen som skulle testas, eller om det var oss båda. Jag kände mig tvungen att fråga. Han smålog förläget, mumlade fram mitt namn som det tilltänkta provoffret och skrev ett nytt recept och lade ner en ny provpåse i samma kuvert. Jag stod i väntrummet och mitt hjärta började hjärta slå snabbare på grund av nervositet. Hur skulle jag förklara det här för Jörgen? Han skulle bli allt annat än glad när jag tog fram det nya kuvertet med dess innehåll.

*

Jag sysselsatte mig med middagsmaten. Det distraherade mig i några timmar. Jag fick ta problemet när det väl kom in genom dörren, tänkte jag. Precis när det sista glaset stod på bordet hörde jag hur Jörgen vred om nyckeln i låset. Han hejade utifrån hallen och jag hejade tillbaka från köket. Efter rutinen att pussas och kramas, passade jag på att granska hans humör. Han såg glad och avslappnad ut. Men i min mage var det oroligt. Det som jag hade att säga var inga glädjande nyheter för honom. Det glada ansiktsuttrycket skulle snabbt bytas ut mot ett bekymrat. I den här stunden avskydde jag mig själv för det jag utsatte honom för, men samtidigt kunde jag inte avstå från att bli förälder och inom mig fanns en vild förhoppning att Jörgen skulle känna likadant. Jag ville inte förstöra hans aptit, därför bestämde jag mig för att vänta till efter maten.

Med ryggen vänd mot honom, harklade jag mig, samtidigt som jag lade ner de smutsiga tallrikarna och glasen i diskhon.

– Jo, Jörgen, du förstår, började jag försiktigt och vågade fortfarande inte vända mig om och se honom i ögonen. Det är så att jag har varit hos professorn och pratat om oss, sa jag och låtsades vara strängt upptagen med disken i väntan på hans reaktion.

– Jaha, och vad sa han då?

Jörgens röst var neutral utan skiftningar. Det förvånade mig. Nu kände jag mig tvingad att titta på honom. Jag var klar med disken och hade rimligen inte längre någon anledning att stå vänd med ryggen mot honom. I korta drag berättade jag vad professorn hade sagt och avslutade det hela med att lägga fram receptet och den avskyvärda lilla plastpåsen på bordet. Nu ville jag att nästa drag skulle komma från Jörgen. Ville han, kunde han ta det till sig. Jag satt spänt och väntade på hans reaktion. I flera sekunder satt han och stirrade på objekten innan han slutligen tog upp dem i handen. Han mötte min blick och ögonen såg ledsna ut.

– Helena, varför har du så svårt att berätta för mig när du tar dig för något? Kunde du inte ha talat om för mig att du hade beställt en tid? Jag känner mig som en avelshingst när du bara levererar en påse och ett recept!

Jörgen tittade anklagande på mig och jag vågade inte besvara hans frågor, ännu. Han reste sig upp och gick fram emot mig. Jag kände hur jag stelnade där jag stod. Hans ord gjorde ont, men han hade rätt i det han sa. Men hela vår situation var komplicerad. Det var så förbaskat svårt att diskutera det här på ett vettigt och förnuftigt sätt. Jag kände en stor avsaknad av förnuft varje gång detta med barn kom på tal. Varje gång jag fick min menstruation svepte en kraftig känslomässig vind över mig. Enligt meteorologerna kunde just den dagen vara den varmaste och skönaste på hela året, men inom mig rådde kyla och den bistraste av alla vindar. Den dagen fanns det ingenting som kunde glädja mig. Bara en enda sak skulle förändra allt och det var att istället för få mens skulle jag vara gravid. Jag var så fast i mitt bli-med-barn tänkande, att en fånge bakom meterhöga murar var friare än jag. Jörgen stod framför mig med receptet i handen och det symboliserade ett staket mellan oss. Jag stirrade ner i golvet och mumlade fram en ursäkt, som även i mina öron lät förfärligt ynklig. Jörgen tog mig i sin famn och mumlade i mitt öra.

– Lilla gumman, det kan väl ändå inte vara svårt att förstå mina känslor inför allt det som händer oss? Jag vet hur gärna du vill ha barn och det vill jag också, men jag vill inte vända in och ut på min själ för det!

Det var det som var skillnaden mellan oss. Jag skulle ha kunnat ha sålt min själ bara för känslan att få uppleva en graviditet och föda ett barn. Men hur skulle jag förklara det för Jörgen?

Hans händer tog tag om mina axlar och han tvingade mig att möta hans blick.

– Lova mig att du berättar vad som ska hända nästa gång, sa han och de intensiva blå ögonen borrade sig in i mina.

Jag tittade honom djupt in i ögonen och svarade sanningsenligt, att jag hädanefter skulle informera honom om vad som hände. Med det var han nöjd och svarade att nu skulle vi dricka kaffe och diskutera betydelsen av tabletterna. Vi tog med oss varsin kopp och satte oss i soffan i vardagsrummet.

– Jag tror att jag vet vad professorn vill göra som nästa steg, sa jag.

– Jaså, vad kan det vara, undrade Jörgen.

– Jag tror att han vill göra en AIH.

– Vad är det för något? Vad sa du att det kallades? AIH? Hur går det till, frågade Jörgen och spärrade upp ögonen.

Jag satte ner koppen på fatet och lutade mig fram för att ställa ner det på bordet. Allt för att dra ut på tiden. Jag ville noga tänka efter hur jag ville lägga upp förklaringen.

– Det är en slags konstgjord befruktning, sa jag.

– Konstgjord befruktning! Vad i hela världen...

Han fick inte avsluta meningen, jag avbröt honom.

– Inte konstgjord i den bemärkelsen du tror. Vi använder dina spermier och det är jag som blir med barn.

Jag lät informationen sippra in, innan jag fortsatte.

– Dom tar dina spermier och för in dom via en tunn slang, som leds in i livmoderhålan via livmoderhalsen.

– Vad ska det vara bra för? Vi kan lika gärna göra det hemma, det är ju mycket skönare, sa han och såg än mer förvånad ut.

Att det var skönare att göra det hemma var jag den första att hålla med honom om, men detta kunde vara ett sätt att hoppa över ett hinder för spermierna. Professorn ville göra två olika tester på mig efter att Jörgen gått igenom sin hormonbehandling. Dels var det ett penetrationstest, som gick ut på att man tog slem från livmoderhalsen och lade det i ett glasrör. Sedan tillsätter man spermier, efter en timma tittar man på det i mikroskop och ser hur långt spermierna tagit sig på en timma. Det andra testet var jobbigare, den hette postcoitaltest, som betyder "efter samlag" och ska utföras vid tidpunkten strax före min ägglossning.

Vi skulle vara tvungna att älska med varandra en viss tid på morgonen, därefter skulle jag, utan att tvätta av mig åka till professorns mottagning, för att återigen låta dem ta sekret från livmoderhalsen. I det testet ville de i stort sett veta samma sak som med glasrörstestet. Hur långt har spermierna simmat och är mitt sekret gynnsamt för spermierna?

Efter att jag hade förklarat testerna satt Jörgen tyst en lång stund och snurrade kaffekoppen på fatet.

– Egentligen är det du och inte jag som åker på dom värsta undersökningarna, sa han och tittade ursäktande på mig.

– På sätt och vis skulle man kunna se det så, men du måste finnas vid min sida, stötta, trösta mig och det kan vara nog så jobbigt, sa jag.

– Okej Helena, vi fortsätter ett tag till så får vi se om det gör någon nytta!

Jag såg att det var påfrestande för honom att få ur sig den meningen. Helst av allt skulle jag velat slänga mig över honom, pussa honom uppifrån och ner, men då skulle han ha trott att jag inte var riktigt klok. Istället lade jag min hand på hans arm och tryckte den lätt.

–Jag är jätteglad över ditt beslut och hoppas att det inte ska bli alltför besvärligt.

*

Varje gång vi diskuterade ämnet bli-med-barn, var det som om en liten bit av vår kärlek för varandra försvann. Vi var inne på vårt fjärde barnlösa år och har man inte upplevt det här, vet man inte vad det kan föra med sig. Visst fanns det en del positiva inslag men de flesta var negativa. Under tiden som jag stod och diskade löpte min tankar som en jojo.

Jörgen hade redan gått och lagt sig och plötsligt var mina tankar hos Gunvor. I morgon skulle hon flytta in i sin nya lägenhet. Jag hade frågat om hon behövde fler händer till flyttkartongerna, men hon hade avböjt. Däremot ville hon att jag skulle komma och hälsa på så fort hon var installerad. Jag anade en rädsla i hennes röst när hon pratade om sin nya bostad. Hon skulle bo en bit utanför stan och verkade rädd för att vänner som inte hade bil kanske inte skulle titta upp på en kopp kaffe, som de ofta hade gjort när hon bodde i stan. Jag lovade att hon inte behövde oroa sig för min del, jag skulle komma.

Efter en vecka infriade jag löftet och hälsade på. Vi satt i hennes vardagsrum och Gunvor hade redan lyckats med att få lägenheten att kännas hemtrevlig. I köket stod en gammal skänk som hon ärvt av sin farmor, till den hörde ett köksbord och fyra stolar i svart bok. Bordet måste hon ha polerat i timmar, för det blänkte som nyputsad koppar. I köksfönstret hade hon hängt upp vita bomullsgardiner med breda röda sidenband som omtag. På köksbordet låg en matchande duk och på den stod en vit keramikvas med ett fång av blommor. I det kvadratiska vardagsrummet stod en tvåsitsig soffa, en fåtölj och ett bord i mitten. Gunvor satt i fåtöljen och jag i soffan. I dubbelsängen som täckte upp hela sovrummet låg barnen och sov. I det rummet hade man knappt plats att gå runt sängen.

Vi tände oss var sin cigarett och röken ringlade upp i taket. Den första timman pratade vi om lägenheten, hyran och hur jobbigt det hade varit att flytta. Än hade vi inte berört ordet skilsmässa. Men nu kändes det som om vi började närma oss.

– Hur mår du efter det här, frågade jag och gjorde en svepande rörelse med handen över rummet. Har du hört av Lars?

– Om du menar att Lars har hört av sig efter att jag och barnen flyttade hit, är svaret nej. Vi hade ett stort gräl dagarna innan och sedan stack han. Vart han tog vägen har jag ingen aning om, sa Gunvor och ryckte på axlarna.

Trots axelryckningen förstod jag att det inte var utan känslor som hon uttalade hans namn. Jag visste att det fanns en bit av hennes hjärta som för alltid skulle tillhöra honom, oavsett vad han hade gjort mot henne. Barnen var för alltid ett levande bevis, men det fanns andra bitar, som man inte kunde se med blotta ögat. Gunvor bytte samtalsämne, hon ville veta hur det gick för oss med våra undersökningar och om vi gjorde några framsteg. Jag berättade om professorns idéer och om hur Jörgen hade upplevt situationen. Hon log när jag berättade om hur han jämförde sig med en avelshingst. Att det inte hade roat Jörgen talade jag inte om. Under vårt samtal fick jag känslan av att hon inte ville rota i sin skilsmässa. Antagligen låg den för nära inpå. Den dagen hon ville ha ett djupare samtal om vad som hade hänt skulle jag vara idel öra.

För min egen del var det skönt att få lätta mitt hjärta i barnfrågan. Det fanns mycket besvikelse och frustration i mitt inre. Det låg och kokade. Därför var det en lättnad att få lyfta av locket, då och då. Jag hade skärpt till mig när det gällde att inte tjata om barn med Jörgen, men det fanns tillfällen när jag såg hur han lade pannan i djupa veck när vi kom in på ämnet. Därför var det en underbar befrielse att prata med en god vän och kvinna, som visste vad det handlade om. Män undvek gärna ämnen som graviditet, livmoder, livmodertapp, ägglossning, spermaprov och menstruationsperioder. Vi kvinnor, diskuterade dessa ämnen som om det var det mest naturligaste i världen. Kanske inte så konstigt med tanke på att det i de flesta fall handlade om våra kroppar. I tre timmar satt vi och pratade om mitt och Jörgens problem. Säcken fylld med sten, som jag hade burit på mina axlar, var utbytt mot en påse bomull, när jag kramade om Gunvor och sa hejdå. Tack gode gud, för väninnor!

*

Jörgen och hans tenniskompis Mikael satt och tittade på TV, när jag kom hem. Vi hejade på varann, sedan gick jag in i köket för att se om det fanns kaffe kvar till mig. En kvarlämnad skvätt hamnade i koppen och jag gick ut och anslöt mig. Jag slog mig ner vid Mikael och frågade hur han hade det.

– Tack bra! Själv då, frågade han och tittade på mig under sin blonda lugg.

– Bara bra, svarade jag och högg in på bullarna som låg uppdukade på ett fat.

Märkligt att man svarar, bara bra, fast det i själva verket är tvärtom. Svaret borde ha varit, jag mår inte bra alls! Men skulle man svara ärligt, tog det en väldig lång stund att förklara varför man inte mådde bra och i det här läget hade förklaringen varit oerhört pinsam. Mikael och Jörgen fortsatte diskussionen om hemmalagets senaste mål som hade flyttat upp laget ett pinnhål i tabellen. För egen del hade jag ingen aning om var laget hade befunnit sig innan de klev upp ett steg. Jag var inte ett enda dugg sportintresserad, knappt ens motionsmässigt för egen del. Jag hängav mig åt aerobics och att promenera i Slottsskogen. Det räckte för mig. Under tiden de satt och pratade, tog jag en närmare titt på Mikael. Jörgen och Mikael var lika gamla, hade gått i samma skola fram till gymnasiet. Mikael bodde ensam, men hade sällskap med Lillemor. Egentligen var de ganska lika i utseendet, tänkte jag. Mina tankar vandrade iväg i en riktning, som gjorde att jag blev blodröd i ansiktet. Jag tappade min bulle på golvet, kvickt böjde jag mig ner, och fiskade upp den. Varken Jörgen eller Mikael märkte något ovanligt. Jag gick ut i köket och slängde bullen i avfallskorgen. Hur kunde jag bara få in så vansinniga tankar i huvudet? Det var Jörgen jag älskade och det var hans barn jag ville bära, ingen annans! Jag tog ett djupt andetag och gick tillbaka in i vardagsrummet. Precis då reste sig Mikael och var på väg ut. Jörgen följde med honom till dörren.

Jag lade mig i soffan och slötittade på nyheterna. Jörgen kom tillbaka och lade sig bredvid mig i soffan. Han tryckte sin kropp mot min och jag kände tydligt hans stånd. Egentligen var jag inte på humör, men han visste vilka knappar han skulle trycka på. Vi gjorde det i soffan med TV:n flimrande i bakgrunden. Det kunde inte räknas till ett av de bättre samlagen, men det hade funnits sämre. Efteråt när jag stod i duschen, funderade jag över om intresset att älska med Jörgen skulle avta, om det visade sig att vi inte kunde få barn. Jag ruskade på huvudet åt mina galna tankar, det var hög tid att jag tog mig samman och lade dem i en påse, knöt ihop och kastade den all världens väg! Innan jag gick och lade mig gick jag fram till bokhyllan och valde ut en av mina favoritromaner. Det var en kärleksroman skriven av Pearl Buck. Den hette Pion och handlade om en kinesisk tjänsteflickas kärlek till en judisk man, som var hennes husbonde. Jörgen låg och bläddrade i en tidning när jag kom in i sovrummet. Vi låg tysta och läste en stund. Jag var den som först släckte min läslampa, kröp upp intill Jörgen och somnade.

*

Snart var det dags att fira den fjärde julen tillsammans. Allt var precis som vanligt med stressen, klappjakten och inköpen av mat. Ingenting hade förändrats. Till och med nyårsaftonen var sig lik om man bortser från att Lars och Gunvor inte var med på festen. Jag hade bjudit in henne, men hon hade tackat nej. I år hade hennes föräldrar bett att hon skulle fira nyårsafton med dem. Inom mig hoppades jag att hon snart skulle träffa en ny kille, som hade vett att ta vara på alla hennes fantastiska kvaliteter som människa.

Vi stod på balkongen, hörde klockorna och tutandet av bilarna som välkomnade det nya året, och jag kände ett stort vemod. Inom mig fanns ingen glädje över att ett nytt år var på intåg. Utmed ryggraden gled en rysning som förebådade om elände. Jag tittade i smyg på Jörgen för att se om han observerat mina uttryck. Jag upplevde det som om hela mitt ansikte spred ett vemodigt sken. Men hans ansikte avslöjade ingenting. Han var i färd med att tända stubinen på en raket, som satt instucken i balkonglådan. Jörgen gav upp ett glädjetjut när den tog sig. Raketen for iväg i mörkret, bröt ut i en kakofoni av färger, som blixtrade över himlen i några sekunder. Jag tittade förundrat på raketen, den uppförde sig på samma sätt som jag kände mig. Jag kände också det som om jag skulle gå i tusen bitar. Jag ville inte stå på balkongen längre, utan gick in i vardagsrummet igen.

De andra stannade kvar och beundrade himlen, som lystes upp av raketer. Själv kände jag mig oändligt trött, inte fysiskt men psykiskt. Den här nyårsaftonen hade jag inte ens önskat mig att bli med barn, som jag gjort de föregående tre åren. Jag hade tappat tron på att det skulle hända! Vi skrev 1981 och frågan var, vad skulle det här året bjuda på?

Jag ställde ifrån mig mitt glas innehållande bubblande champagne och tårarna smög sig fram. Jag försökte stoppa dem med handen, men jag gav upp och smög mig in till badrummet och låste dörren bakom mig. Härinne fick tårarna härja fritt en stund. Jag drog av pappersbit efter pappersbit från toalettrullen. Mina tårar löste upp mascaran och färgade papperet svart. Jag satt på toalettstolen och grät. Efter tio minuter och en ström av tårar kändes det lättare. Jag baddade mina ögon med iskallt vatten och bättrade på mascaran för jag ville inte att någon skulle se att jag hade gråtit. Precis när jag hade lagt på nytt läppstift, knackade det på dörren. Samtidigt som jag svarade, spolade jag i toaletten. Vem det än var som stod och väntade utanför dörren, skulle invaggas i tron att jag precis blivit klar. När jag öppnade dörren stod Gittan framför mig. Hennes långa blonda hår hängde fritt över axlarna och i skenet från hallampan såg det ut som ett guldregn. Hon tittade bekymrat på mig.

– Har du ont i magen?

– Ont i magen, ekade jag tillbaka. Vad får dig att tro det?

– Jag var här för tio minuter sedan och då var det upptaget, sa hon.

Jag visste inte riktigt vad jag skulle svara. Det var svårt att ljuga, men jag ville inte förstöra nyårsnatten för någon annan. För min del var den redan förstörd. Jag böjde mig fram till hennes öra och viskade i en förtrolig ton.

– Jag har fått mens!

– Åh, vad trist. Typiskt när det är nyår och allting, sa Gittan.

Jag hade ingen lust att fråga vad hon menade med det. För min del kvittade det om jag fick min mens på nyårsafton eller om det var en måndag eftermiddag. Den var alltid lika impopulär. Men är det så att man hade tänkt sig att få ett nyp på nyårsaftonsnatten, var inte mens det roligaste att få den kvällen. Jag fick inte bli alltför elak i mitt omdöme vad det gällde Gittan. Hon var snäll, även om hennes kommentarer inte hörde till de mest begåvade. Jag gick ut och satte mig bredvid Jörgen i soffan. Han kramade mig hårt. Det kunde betyda att han hade märkt min frånvaro, men inte öppet ville låtsas om den. Han flåsade ett ”Gott Nytt År” i mitt öra och andedräkten stank som av en gammal öltunna. Jag lade handen på hans lår, smekte och kramade det. Gittan fick ett förvånat uttryck i sina ögon och jag log ett brett leende som svar. Det vidgades hennes ögon än mer. Kanske gjorde hon aldrig närmanden mot Torsten när hon hade mens, tänkte jag.

Gästerna hade lämnat oss och jag kunde lika gärna ha haft mens. I soffan låg Jörgen och snarkade högt. Jag hade inte krafter nog att bära in honom till sängen. Istället tog jag hans täcke från sängen och bredde ut det över honom i soffan. Skulle han vakna, behövde han inte frysa i alla fall. Jag plockade undan disken och städade upp i rummet. Som jag kände mig var det ingen idé att försöka sova. Jag tände en cigarett, satte mig i soffan mittemot Jörgen, och betraktade hans sovande gestalt. Var det verkligen möjligt att vårt förhållande skulle spricka på grund av barnlöshet? Var det verkligen riktig kärlek i så fall? Jag hade hört att förhållanden sprack på grund av dålig ekonomi, sprit eller drogmissbruk och otrohet, men aldrig någonsin hade jag hört talas om förhållanden som sprack på grund av barnlöshet.

Jag reste mig upp, borrade ner cigaretten i askfatet och stod och tittade på Jörgen en lång stund. Just då kändes det som om min kampvilja kom tillbaka. Jag ville inte att vårt förhållande skulle sluta i ovänskap bara för att vi inte kunde få barn. Svårigheten med vår situation var att det antagligen var jag som led mest av att inte få barn. Jörgen tycktes inte sakna barn lika mycket. Jag tog med mig askfatet ut i köket och ställde det på diskbänken. Jag kröp ner i min kalla säng och upplevde det som en evighet innan jag lyckades somna. Till slut dök John Blund upp med sitt paraply, men dessvärre glömde han att strö ut ett sömnpulver som innehöll drömmar.

*

De första veckorna på 1981 försvann utan att det inträffade något underverk. Jörgen åt sina hormontabletter och jag väntade på att tiden skulle gå. Professorn hade i vaga ordalag nämnt att det kunde bli aktuellt med ett första test i mars. Jag sysselsatte mig med att räkna dagar. Måndagen, den sista veckan i februari, ringde jag till professorns sekreterare och fick en tid i mitten av mars. Det första vi skulle göra var en penetrationstest. En dag senare var det dags för ”efter samlag” testet. Jag kände mig spänd och kvällen innan samlagstestet försökte jag arrangera en romantisk middag med levande ljus, blommor och vin till maten. Det hjälpte inte, allt kändes ansträngt. Vi visste båda vad som väntade oss när väckarklockan ljöd nästa morgon. Dessutom hade vi varit tvungna att ställa klockan en halvtimme tidigare, eftersom vi hade ett arbete att sköta. Ingen av oss ville ta ledigt från jobbet. Vad skulle vi lämna för svar om orsaken? Jo, ursäkta, men det är så att jag behöver utöva samlag med min kille på ett bestämt klockslag. Går det bra att jag tar ledigt? Min chef hade varit övertygad om att jag behagade skämta!

När klockradion började tjuta den morgonen, visste jag inte hur vi skulle börja. Det var kolsvart i rummet och jag hade ingen lust att tända belysningen. Jag knuffade lite lätt på Jörgen för att försäkra mig om att han var vaken. Jag skyndade mig ut i badrummet för att borsta tänderna. Min andedräkt var inte vad jag skulle kalla honungsdoft. Jag mötte Jörgen i dörren och han såg ut som en zombie. Han var så trött att han gick rakt in i dörrkarmen. Jag sprang fnissande tillbaka till sängen. Jag låg i sängen med täcket uppdraget till hakan och kände för allt, utom för att älska. Jörgen kom tillbaka och vi började trevande leta efter varandra i mörkret. Jag kände att han inte var ett dugg tänd och vem var jag att klandra honom? Hur många är det som vill älska efter ett bestämt klockslag? Dessutom ett klockslag man inte valt själv! Men vi lyckades med bedriften. Jörgen vände sig om och fortsatte att sova en stund till, men jag var tvungen att klä på mig. Jag stoppade ner en bit toapapper i trosorna för att slippa kladdet. Under tiden som jag satt i väntrummet började jag att skratta åt mig själv. Detta var inte klokt! Snart skulle jag kasta upp benen i en kall gynekologstol, professorn skulle stoppa en spatel i min slida och detta en halvtimma efter att Jörgen och jag hade haft sex. Snacka om sexdödare!

I väntan på hans ankomst låg jag i gynekologstolen med benen i vädret, frös och kände mig riktigt ynklig. Så kom han, hälsade på mig och var som vanligt vänlig och effektiv. Han vidgade min livmodertapp med en tång. Det var för att komma åt bättre som han sa och det gjorde vansinnigt ont. Jag kved tyst och bet mig i läppen tills att jag kände blodsmak i munnen. Testet tog inte många minuter och jag var utanför mottagningen på mindre än en halvtimma. Däremot var värken efter ingreppet med tången kvar hela förmiddagen.

På lunchrasten berättade jag för Gunvor vad vi hade haft för oss under morgonen. Hon tyckte att det var fantastiskt att vi hade klarat av att älska med varandra under en sådan press. Det höll jag med om! Nu var det dags att vänta igen, för vilken gång i ordningen, hade jag för länge sedan tappat räkningen på. Svaret kom två veckor senare, den här gången i ett litet vitt kuvert. Allt var i sin ordning löd svaret. Spermierna hade vandrat, eller simmat, precis den biten som ansågs normalt under gynnsamma förhållanden. Genom provet konstaterades det att mitt slidsekret inte tog död på spermierna för tidigt.

Nu var det alltså dags för den konstgjorda befruktningen AIH. Jag hade noga tagit tempen varje morgon för att kunna meddela den ungefärliga tidpunkten för befruktningen. Samma morgon som min temperatur gick ner en tiondels grad, var det dags. Jörgen fick sin lilla påse och jag tog en promenad i Slottsskogen. Jag var helt ensam på min promenad, parken låg helt öde och det kanske inte var så konstigt. Regnet vräkte ner och vinden böjde de gamla trädens kronor så djupt att jag trodde de skulle knäckas. Paraplyet som jag med stor möda försökte hålla fast, dansade omkring mig och gjorde ingen nytta. Jag kände hur regnet trängde in och dränkte mina kläder.

Dyblöt och ensam satt jag och väntade i väntrummet. Påsen med spermier var avlämnad till sköterskan och nu väntade jag bara på ett tecken från henne. Nu låg jag för tredje gången på kort tid i den oangenäma gynekologstolen. Den här gången hade jag tagit med mig en bok att läsa under tiden som spermierna rann in i mig via en smal slang. Förra gången jag träffade professorn hade han berättat att den här behandlingen skulle ta minst en halvtimma och att stirra upp i taket under tiden var ingenting för mig. Det gjorde lite ont när han förde in slangen, men det var inte i närheten av de smärtor jag hade haft vid samlagstestet. De här smärtorna var mer jämförbara med mina vanliga mensvärkar. Professorn förklarade att slangen inte hade förts in i livmodern utan låg precis vid ingången till livmodertappen. När proceduren med spermierna var klar och de hade runnit in i min slida fick jag hjälp av sköterskan att kliva ner från gynekologstolen. Jag bytte om och sköterskan följde mig in till mottagningsrummet. Professorn kom in med långa kliv, satte sig ner i stolen, och talade om att det här var det enda han kunde hjälpa oss med. Var det så att befruktningen blev resultatlös, kunde han tyvärr inte göra något mer. Först blev jag alldeles stum och var osäker på att jag hade hört rätt. En känsla av panik spred sig inom mig, men jag kom inte på att ställa en enda vettig fråga. Jag stammade fram ett tack för hjälpen, reste mig och gick ut. Samtidigt som jag hörde orden ”lycka till” bakom mig, kände jag hur Jörgens varma sperma rann ut mellan mina ben, rakt ner i trosorna.

*

Samma dag när jag kände att mensen var på väg gick jag in på systemet och köpte en flaska rödvin. I hörnet på vår gata, i matbutiken, köpte jag mängder med godis. Väl hemma släpade jag ut täcke och kudde från sovrummet, slängde det i soffan, hällde upp allt godis i en stor skål och korkade upp flaskan. Nu skulle jag dricka mig full och äta godis till jag storknade. Jag var fullkomligt galen av ilska att det var tur att inte Jörgen var hemma. Hade han sett mina raseriutbrott den dagen hade han nog packat en resväska och tagit in på första bästa hotell. Jag bankade och slog i alla skåpsdörrar, sparkade på möblerna, ur fruktskålen tog jag apelsiner och kastade åt alla håll. Jag var fylld av en vrede att det kändes som ett vulkanutbrott. Naturligtvis forsade tårarna hela tiden. Ibland rann de av ilska och ibland av självömkan.

Jag vaknade av att Jörgen ruskade i mig! Antagligen hade jag tuppat av med hjälp av vinet och utmattning efter alla vredesutbrott. Mina ögon kändes svullna och ögonlocken hade klibbat ihop sig av tårar. Jörgen lutade sig över mig i soffan och såg arg ut.

– Vad håller du på med, fräste han, tog tag i den urdruckna vinflaskan och höll den framför mitt ansikte. Vill du bli alkoholist på kuppen? Är det verkligen så jävla viktigt för dig att bli med barn, sa han med en röst likt ett morrande. Du kommer att förstöra allt vi har tillsammans om du håller på så här! Betyder inte jag något för dig, frågade han och tittade trotsigt på mig.

Jag klarade inte av att svara på frågorna. Dels kändes det som om hela munnen var hoplimmad av allt godis och vin, dels visste jag inte vad som var sanning i det som Jörgen nyss hade kastat ur sig. Självklart betydde han massor för mig. Det var bara det att tanken på en familj också var viktig. Jag ville inte sitta ensam när jag blev gammal. Tänk om Jörgen skulle dö och vi inte hade några barn. Det skulle bli så oändligt tomt! Även om ens barn inte hälsade på jämt och ständigt skulle man ha fotografier och minnen att leva av. Hade man tur kanske barnen så småningom skulle berika ens liv med barnbarn. Allt detta flimrade förbi i mitt huvud under tiden som Jörgen stod och hängde över mig i soffan. Om jag hade berättat mina tankar för honom, hade han antagligen fnyst och sagt att jag gick årtionden i förväg, vilket var sant, men åren går och vi var snart inne på vår femte sommar utan barn.

*

Den här sommaren valde vi Portugal som vårt semestermål. Algarvekusten med grottor och bergmassiv i färger som av en regnbåge. Lägenheten som vi hade hyrt, var vitkalkad och utsikten från vårt fönster i vardagsrummet var ändlös. Vi blickade ut över ett piskande smaragdgrönt hav. Där skulle vi tillbringa två veckor och för en stund glömde vi bort våra problem. En dag följde vi med på en fisketur som hade arrangerats av resebyrån. Båten lämnade bryggan och vi guppade runt bland de magnifika klipporna. Ombord var vi ungefär tjugo personer. Solen strålade ner på våra ryggar från en klar himmel, men tack vare havsbrisen fick vi svalka. Destinationen var förutbestämd och tre timmar senare, femtio meter från land, släppte båten sitt ankare. Vi kom fram till en vik med hundratals meter av finkornig sandstrand. Tre ekor med utombordare, plockade upp oss från båten och förde oss in till land. Efter att vi hade badat och solat i flera timmar byggde männen, från den stora båten, upp en grill. De plockade fram vin, bröd och grillade sardinerna. Tillsammans med vinet och brödet smakade de underbart. Vi återvände i sällskap av solnedgången och de olika nyanserna av purpur färgade himlavalvet. Det är en av de dagar som jag för evigt bevarar i mitt minne.

Vår semesterresa avslutades med två dagar i Lissabon, Portugals huvudstad. En stad fylld med byggnader som borde ge varje arkitekt ett drömmande uttryck i ögonen, men skillnaden mellan fattiga och rika människor var en katastrof. Vid ett tillfälle stod jag i kö i en liten affär för att köpa glass. Under tiden som jag stod i kön, kände jag plötsligt att någon drog i min kjol. Jag tittade ner på en liten pojke med stora bruna ögon. Ansiktet var strimlat i smuts och de trasiga byxorna skylde inte hans sönderslagna och blodiga ben. Hans små fötter var såriga och smutsiga och han stod barfota på det skitiga golvet. I det här ögonblicket försvann min önskan att köpa glass. Jag gav den lille pojken några mynt och han försvann. Strax efter hans försvinnande stod en ny liten fattig traslapp och ryckte i min klänning. Även han fick några mynt. Plötsligt kom Jörgen in i affären, ryckte tag i min arm och drog ut mig. Jag blev väldigt upprörd över hans beteende och precis när jag tänkte skälla ut honom, avbröt han mig.

– Lyssna på mig Helena. Alldeles nyss gav du två små stackare pengar, om vi väntar kvar här en längre stund kommer det alldeles strax stå tvåhundra barn och tigga pengar av dig. Jag vet att ditt hjärta ömmar för dom stackars krakarna, men du kan inte ensam dra försorg om alla tusentals barn som har det svårt. Det fattar du nog!

Naturligtvis hade Jörgen rätt i vad han sa och vi lämnade affären, men jag kunde inte helt glömma bort den lille pojkens bedjande ögon. Än idag dyker han upp i mitt minne. Det var första gången i mitt liv som jag hade kommit i kontakt med skriande fattigdom, som inte bara finns i Portugal, utan lite varstans runt om i världen. Det är i sådana här stunder som det är obegripligt för mig att förstå hur människor överhuvudtaget kan konstruera dödliga vapen. De pengarna skulle verkligen kunna användas till mat istället. Ingen människa kan äta kulor och granater! Vid sådana tillfällen tyckte jag även att mitt bli-med-barn tänkande var höjden av egoism. Hur kunde jag bara komma på tanken att skaffa egna barn, när det fanns så många barn som svalt ihjäl? Men det räckte med att planet landade på svensk mark och jag steg ur, för att jag skulle ha glömt alla goda föresatser. Då kändes de svältande barnen och fattigdomen som ett gammalt gulnat fotografi någon glömt i en byrålåda.

*

Väl hemma kände jag hopplöshetens våg skölja över mig. Vad skulle vi ta oss till nu? Enligt professorn fanns det inget mer att göra, men jag ville inte tro honom. Dagen efter hemkomsten från Portugal satt vi och åt frukost. Jörgen satt och läste tidningen och såg lugn och avslappnad ut. Jag önskade att jag hade haft förmågan att läsa hans tankar för att se om han tänkte i samma banor som jag. Egentligen hade jag ingen lust att föra in samtalet på barn igen, ämnet kändes ganska urblåst. Samtidigt visste jag att det var tvunget att göra någonting åt situationen. Jag harklade mig och förberedde mig på vad som skulle komma.

– Jo, Jörgen, sa jag trevande.

Han tog ner tidningen, som hade täckt halva ansiktet och jag såg hans mun.

– Ja, vad är det, sa han med en blick som fortfarande var kvar inne i tidningen.

– Du vet det där som professorn sa angående barn, sa jag och letade efter förändringar i hans ansikte.

Hans panna rynkade sig och han såg tankfull ut.

– Menar du det där med att vi inte skulle kunna få barn, eller var det något annat?

– Nej, det var just det jag menade. Tror du på det, frågade jag och inväntade spänt hans svar.

Han lade ifrån sig tidningen, sträckte ut handen efter kaffekannan, hällde upp kaffe i koppen, ställde tillbaka kaffekannan, sträckte sig efter socker, lade ner två bitar och började sakta röra om i koppen. Jag antog att proceduren var till för att vinna tid att tänka.

– Helena, jag vet faktiskt inte vad jag skall tro. Kanske är det lika så gott att ta hans ord på allvar och inrätta vårt liv efter det.

Jag ville inte riktigt tro på det Jörgen nyss hade sagt. Var det verkligen vad han kände innerst inne? Jag märkte att Jörgen iakttog mig, men jag ville inte svara. Sa jag något nu, skulle jag kanske ångra det senare. Därför försökte jag att tänka efter före, för en gångs skull.

– Vad skulle du tycka om att adoptera, frågade jag till slut.

Han blev alldeles bragt ur fattningen, tappade hakan och stirrade på mig.

– Menar du allvar? Skulle vi ta ett barn från ett annat land?

Jag såg på honom att tanken, på att adoptera, aldrig tidigare dykt upp i hans hjärna.

– Varför är tanken på adoption främmande för dig, undrade jag.

– Jag vet inte... Det är bara det... sa, han och såg förvirrat på mig. Jag har aldrig tänkt mig in i den situationen, jag menar, visst känner jag folk som har adoptivbarn, men att vi...

Meningen blev hängande i luften och jag förstod inte riktigt vad det var han ville ha sagt.

– Jag kan väl inte påstå att jag har tänkt att vi skulle adoptera, men eftersom vi tydligen inte har något annat att välja på, ser jag inte den lösningen som den sämsta, sa jag.

Jörgen stirrade envist bakom mig, på vad som verkade vara en fläck på väggen.

– Vi har bara ett litet problem, som måste lösas, innan vi kan gå vidare, sa jag och mitt röstläge ökade i styrka.

– Jaså, vad skulle det vara, frågade Jörgen.

– Vi måste gifta oss!

Jag såg Jörgens reaktion och började fnittra. Först hade han sett ut som om jag hade ställt årets svåraste fråga, nu skiftade hans ansiktsuttryck till att ha fått årets mest felaktiga svar.

– Gifta oss, skrek han ut. Detta är vansinnigt Helena, detta är helt och hållet vansinnigt, sa han och slog handen i pannan, som för att understryka hur dumt han tyckte att det lät. Jag hoppas att du hör hur dumt det låter? Du gör väl det, frågade han bedjande.

Jag stelnade till när jag hörde hans ord, reste mig upp från stolen och gick fram till diskbänken. Jag vände mig och tittade på honom.

– Duger inte jag att gifta sig med, frågade jag sårat.

Det var kanske inte vad jag egentligen menade, men jag ville att han skulle förstå att det sårade mig när han reagerade som han gjorde på mitt förslag.

– Men Helena, det är inte det att jag inte vill gifta mig med dig. Det är bara att jag tänkt mig det helt annorlunda, sa han och drog fingrarna genom sitt hår. Jag hade velat fria, du vet, med blommor och så... Inte känna att det är tvunget med ett giftermål, fattar du?

Jag såg på honom att han kände sig förvirrad och inte riktigt visste hur han skulle lägga fram orden. Jag förstod att han menade väl. Jag gick fram, kramade honom och det kändes skönt att hålla om honom. Han kramade mig tillbaka, hårt. Jag tittade ner i hans ansikte och böjde mig ner för att ge honom en puss. Han fångade upp mina läppar och vi stod och kysstes en lång stund.

– Helena, jag tycker vi ska diskutera det här i lugn och ro, sa Jörgen och drog efter luft. Tycker inte du det?

Jag satte mig ner vid köksbordet, mittemot honom och vi började prata om hur vi skulle göra.

– Om vi börjar med det där med att gifta sig, sa Jörgen. Är det något som krävs av adoptionsbyrån, eller vem är det som kräver det?

– Oftast är det landet, varifrån adoptivbarnen kommer, som kräver det, sa jag.

– Men bara för att vi gifter oss, ger det väl oss inte garantier att vi får adoptera, frågade Jörgen.

– Visserligen inte, men är vi inte gifta blir det svårare. Det blir färre länder att välja emellan. Efter att vi har gift oss måste vi gå igenom en lämplighetsundersökning och som jag har hört, vänder dom in och ut på oss, sa jag och tyckte att det lät obehagligt.

Vi började närma oss det mest brännande ämnet i adoptionsfrågan. Det som gällde undersökningen. För det mesta skickades två personer som stod för utfrågningen. De ville veta hur ens relationer är till syskon, föräldrar och sexlivet. För mig lät det inte ett dugg uppmuntrande. Jörgen tolkade min tystnad till att jag var tveksam och det hade han rätt i. Jag var tveksam och det hängde ihop med mina egna barndomsupplevelser och det var undersökningen jag mest värjde mig emot. Antagligen skulle de tycka att vi var alldeles för unga. Det skulle inte förvåna mig alls, tänkte jag. Vi var tjugofem år. Ytterligare en sak kunde ligga oss i fatet. Det var att jag ansågs frisk nog att kunna föda egna barn. Jag hade hört att det fanns länder som ville ha bevis på att adoptivföräldrarna inte skulle kunna få egna barn. De ville inte riskera att ett adopterat barn skulle hamna i skymundan om det plötsligt föddes ett biologiskt barn. I två timmar satt vi och diskuterade, innan vi bestämde oss för hur vi skulle göra. Det roliga blev att det var Jörgen som kom med det definitiva beslutet. Vi skulle gifta oss! När han sa det lät det som om det var hans idé. För mig kvittade det, jag var bara överlycklig över att det skulle bli av. Det kändes som att vi hade kommit en bit längre. Plötsligt fick vi mycket att göra. Datum för bröllopet skulle bestämmas, vilka vänner skulle bjudas in, vilken kyrka skulle vi välja och så vidare. Den här perioden blev en av de lyckligaste för mig, jag glömde totalt bort anledningen till varför vi gifte oss. Det var som om vi aldrig hade haft någon annan orsak än att vi älskade varann. Innan bröllopet pratade vi faktiskt inte om adoption en enda gång.

Under den här tiden kom det glada nyheter från Gunvor. Hon hade träffat en ny kille. De hade träffats på en gourmetmatlagningskurs och han var en tiopoängare, som hon uttryckte det. Hans namn var Adam, arbetade med aktier och hade inga egna barn. Gunvor hade märkt att han engagerade sig i Erik och Johan och att de gillade honom. Sedan var saken klar! Barnen hade varit en av de viktigaste orsakerna till att det fungerade så bra mellan dem. Än hade de inte flyttat ihop, men det var på gång, sa Gunvor.

– Det hade varit jätteroligt om du ville ta med Adam till bröllopet, sa jag. Om du inte tycker att det är för tidigt?

– Åh, vad glad jag blir, sa Gunvor. Jag trodde aldrig du skulle fråga.

Hon slog ihop händerna av förtjusning och kramade om mig.

– Det ska bli jätteroligt att få vara med på ditt bröllop, sa hon.

– Kan du inte komma hem till mig i morgon kväll? Jörgen har sin tenniskväll och det hade varit roligt att få höra mer om Adam.

– Javisst, jag ska fråga mamma och pappa om dom kan ta ungarna en stund. Gör dom det, kommer jag sa, Gunvor glatt.

Det lyckades och vi fick en skön och avslappnad kväll tillsammans. Efter att vi dukat bordet och satt oss tillrätta, började jag ställa nyfikna frågor om Adam.

– Nå, berätta hur det egentligen gick till när ni träffades?

Gunvor skruvade generat på sig innan hon svarade.

– Ja, du vet hur det kan bli. Vi hade samma intressen, eftersom vi sökte till samma matlagningskurs. Jag hade varit på kursen fyra gånger, men hade lagt märke till Adam redan vid första kurstillfället. Det första jag kollade var om han hade en ring som skulle avslöja att han var upptagen, men hans fingrar var tomma. Jag försökte också att stå i hans närhet, när kursledaren stod vid spisen och visade hur vi skulle göra. När vi stod där och trängdes var det inte svårt att inleda ett samtal, sa hon med ett leende.

– Men hur gjorde du?

– Jag ”råkade” knuffa till honom så att han skvätte ut sås, samtidigt bad jag om ursäkt, sa hon och fnittrade.

Kanske såg hon tillfällets spel framför sig.

– Det gjorde att han la märke till dig, eller?

– Han hade redan lagt märke till mig vid första kurstillfället, sa hon triumferande. Han körde mig hem och jag hade gärna bjudit in honom, men mamma satt barnvakt så jag tyckte det fick vänta till ett bättre tillfälle.

– Fullt förståligt, men vem bad om en ny träff?

– Det gjorde Adam! Han tyckte att vi skulle gå på bio, redan nästa kväll. Jag lovade att fråga mamma om hon kunde vara barnvakt och sedan slå honom en signal. När jag kom innanför dörren och mötte mamma, såg hon redan på lång väg att det var något på gång. Det första hon frågade var, vem den nye mannen var. Jag hasplade ur mig allt på stående fot och hon i sin tur erbjöd sig direkt att sitta barnvakt.

– Din mamma är en pärla, sa jag.

– Det var min historia, nu vill jag höra hur det går för er med bröllopet. Hur friade Jörgen?

– Tja, jag skulle nog inte kalla det frieri. Det var mer eller mindre något som vi bestämde att göra av praktiska skäl, sa jag och kände mig lite kymig.

– Vad menar du med praktiska skäl?

– Det handlar om att vi har problem med att bli med barn, om alla undersökningar, hormonbehandlingar och till slut sa professorn att det inte fanns något mer han kunde göra för oss. Då fick jag idén om att adoptera, men hindret för att lägga in en ansökan om adoption är att vi inte är gifta, sa jag och ryckte uppgivet på axlarna.

– Inte skulle väl Jörgen gå med på att gifta sig om han inte älskar dig, sa Gunvor och tittade undrande på mig.

– Naturligtvis inte! Vi diskuterade det här i många timmar, för eller emot, och kom fram till att vi ville gifta oss oavsett. Faktum är att vi inte har nämnt ordet adoption under hela tiden som vi har planerat för bröllopet, sa jag.

Gunvor satt tyst en lång stund och tittade forskande på mig. Till slut ställde hon en fråga till mig som jag inte reflekterat över.

– Vill du verkligen adoptera? Du kan ju bli med barn, enligt läkarnas undersökningar. Det är Jörgen som inte kan bli pappa, sa hon.

Jag tittade förskräckt på henne. Vad menade hon med det? Skulle jag lämna Jörgen, enbart för att han inte kunde bli pappa?

Gunvor lyfte avvärjande upp händerna inför min bestörta reaktion.

– Nej, det var inte så jag menade, sa hon. Vet du inte att det finns konstgjord befruktning med donator?

– Men då finns det väl hela tiden en annan pappa i bakgrunden, frågade jag.

– Med donator menas att dom tar någon som påminner om Jörgen i utseende. Donatorn kommer aldrig att få reda på vilka ni är och i gengäld får inte ni heller reda vem han är, sa Gunvor. Det är hemlighetsstämplat.

– Jaså, det här har jag inte hört talas om.

– Konstigt att inte professorn berättade om det. I vilket fall som helst tycker jag att du ska ta upp det med Jörgen. Han kanske tycker att det är en bättre lösning än adoption, sa Gunvor.

– Jag vet inte, sa jag tvekande. Det om något skulle peka ut Jörgen som den felande länken.

– Ja, men det är bara ni som vet att ert barn har en donator, sa hon.

– Men du skulle veta, sa jag spefullt.

– Du vet lika bra som jag, att det skulle jag behålla för mig själv, sa hon och skrattade kort.

Naturligtvis litade jag på hennes ord, men jag var tveksam till hur Jörgen skulle reagera. Inom mig fanns känslan av att han aldrig skulle gå med på det. Vi lämnade ämnet adoption och donatorer och gick över till att prata kläder. Vad skulle vi ha på oss på bröllopet och hur skulle vi ordna med fotograf? Vi hade bestämt att fotograferingen skulle göras innan vigseln. Lite trist att Jörgen skulle se mig innan vi kom till kyrkan, men det gick inte att göra det annorlunda.

*

På bröllopsdagens morgon var jag hypernervös. Utåt sett verkade Jörgen lugn, men när jag såg hur han behandlade morgontidningen, förstod jag att även han var nervös. I vanliga fall brukar han sitta i en halvtimma och bläddra och läsa, nu tog proceduren knappt fem minuter.

– Stod det ingenting intressant i tidningen idag, frågade jag och log mot honom.

– Va, sa han och tittade förskräckt på mig.

Jag började skratta och han instämde i skrattet. Det förlösande skrattet fick oss att slappna av. Klockan tolv satt jag hos hårfrisörskan och efter att min frisyr var klar, skulle jag träffa Jörgen och hans bestman hos fotografen. Jörgen hade valt Mikael till sin bestman och han hade tagit emot det ärofyllda uppdraget med glädje. Jag frågade Gunvor om hon ville bli min tärna och hon tyckte att det skulle bli hedrande. Vi kom en halvtimma för tidigt till fotografen och Jörgen föreslog att vi skulle ta en öl på Tunnan.

– Tycker du att min klädsel lämpar sig för att besöka en pub och ta en öl, sa jag och gjorde en svepande gest över min brudklänning.

– Äsch, du är jättefin, sa han och log mot mig.

Gunvor, Mikael, Jörgen och jag klev in på puben. Jag mötte de häpna och roade blickarna och kände mig aningen dum. Men vi fick våra öl och hade en riktigt rolig stund innan vi gick tillbaka till fotografens studio. Tidpunkten för vigseln närmade sig och vi tog en taxi till kyrkan. Utanför stod min styvfar och väntade, alla andra satt redan i kyrkan. Mitt hjärta började plötsligt bulta våldsamt. När jag hörde de första tonerna av Mendehlssons bröllopsmarsch, fick jag hjärtsnörp. Plötsligt såg jag framför mig hur jag skulle trassla in mig i släpet och ramla raklång framför altaret. Jag minns inte hur jag lyckades ta mig ända fram, men plötsligt stod jag där och tittade in i Jörgens vackra blå ögon. Med skakande händer räckte jag över min brudbukett till Gunvor.

Efter vigselakten visade Jörgen mig sin hand. Den hade vita ränder. Anledningen var att jag hållit stenhårt i hans hand under akten. Vi stod ute på kyrktrappan, riset regnade över oss, och jag kände mig lycklig och stolt över att vi nu var man och hustru. Nu var det dags för festen. Vi hade beställt limousiner och en av dem skulle vara vit och utsmyckad med flaggor. I kaoset som uppstod när alla bilarna kom rullande, upptäckte Jörgen och jag att vår bil redan hade åkt iväg. Vi stod och väntade och väntade, till slut kom en kille körande i en svart limousin och undrade var min mamma hade tagit vägen. Vi började skratta högt och förstod att mamma hade tagit fel bil. Så småningom anlände vi till restaurangen och där hade personalen ställt borden i U-form. Blombuketter stod i vaser överallt och där Jörgen och jag skulle sitta hade de byggt upp en båge med blåklint, prästkragar och björkris. Allt gick enligt planerna, maten var god och festen blev lyckad. Klockan två på natten, utanför vår dörr, lyckades Jörgen lyfta upp mig och bära mig över tröskeln. Men sedan tog krafterna slut.

På morgonen när jag vaknade var jag tvungen att nypa mig i armen för att begripa vad vi hade gjort. Jag tittade på Jörgens sovande gestalt och tyckte det kändes märkligt. Vi var gifta! På min vänsterhand blänkte vigselringen. Jag hoppade lycklig och förväntansfull ur sängen, gick in i badrummet och tog en dusch. I köket i sällskap med solstrålar som dansade utmed vägarna, förberedde jag frukosten. Vi hade bestämt att bröllopsresan skulle gå till Grekland och just nu fanns det inga mörka moln på min himmel. Allt kändes lika ljust som solskenet i köket. Det fanns ingen anledning att känna stress eftersom vi inte skulle åka till Rhodos förrän dagen därpå. Flera gånger hade Gunvors mening om donator ekat i mitt huvud, men jag ville inte säga något om det ännu. Det kändes inte rätt! Just nu ville jag låtsas att vi var vilket par som helst, inte ett par med barnlöshetsproblem hängande över oss. Jag väckte Jörgen med att kittla honom under fötterna. Han log ett sömnigt leende, lyfte på täcket och såg ut som om han letade efter något. Nyfiken som jag är, gick jag fram för att se vad det var. Då drog han ner mig i sängen och började pussa mig överallt på kroppen. Först kände jag inte alls för att älska, men han visste vilka punkter som skulle beröras och på vilket sätt. Efteråt vilade han på armbågen och tittade på mig.

– Du är verkligen en fin tjej, Helena, sa han ömt.

De orden fick det att stocka sig i halsen på mig och jag kramade honom hårt. Just då, kunde jag inte tänka mig ett liv utan honom.

*

Under vår bröllopsresa på Rhodos regnade det en dag, och just den dagen hade Jörgen hyrt en moped för att utforska ön. Han kom tillbaka till hotellet på eftermiddagen, hade plåster på knäna, sönderskrapade armar och jag blev väldigt upprörd. Men han lugnade mig snabbt. Han hade vurpat med mopeden i en kurva på vägen, som hade blivit hal på grund av allt regn. Han låg på marken när ett tiotal greker hade strömmat ut ur sina hus och hjälpt honom. En äldre man kom till och med ett glas konjak, sa Jörgen och skrattade åt minnet. Den berättelsen fick också mig att dra på munnen.

Vi hade varit hemma i vecka och jag hade ensam ältat frågan om donator. Nu tyckte jag att det var dags att ta upp frågan med Jörgen. Jag passade på att ta upp frågan en kväll när vi precis hade suttit och tittat på en film. Den hade handlat om ett par som hade försökt att adoptera, men inte lyckats. Filmen kunde inte ha kommit lägligare, tyckte jag.

– Har du tänkt på det där med adoption, frågade jag.

– Ja, från och till. Ett av tillfällena var när vi var på Rhodos och satt på restaurangen med fisknät i taket och ankaret vid ingången. Minns du den restaurangen?

– Menar du restaurangen där en hel släkt kom intågande, frågade jag och mindes vilket liv det hade blivit när alla personerna hade kommit in på en gång.

– Ja, den var det. Kommer du ihåg babyn, som dom bar på i en korg? Det var den smala tjejen med det långa håret som var mamman, tror jag, sa Jörgen. Just i det ögonblicket när jag såg dom, värkte det till i bröstet på mig.

Jag blev uppriktigt förvånad när jag hörde Jörgen prata på det här sättet. För första gången någonsin hade han uttryckt sin längtan efter barn och jag förstörde ögonblicket mellan oss genom att kasta fram frågan om donator. Allteftersom jag berättade vad ordet donator stod för, slöt sig Jörgen mer och mer som en mussla. Att jag inte kunde lära mig att tänka innan jag öppnade munnen! Många gånger, flera år senare, klandrade jag mig själv för min totala saknad av fingertoppskänsla. Hur kunde jag gå på som en ångvält? Var det min fullständiga okunnighet ihop med min ungdom? Jag var friskförklarad och kunde därför inte förstå hur det kändes att veta att man var i det närmaste steril. Jag försökte släta över det hela genom att säga, att vi inte skulle tänka på det här med donator, men mycket var redan förstört, det förstod jag långt senare.

*

Genom en bekant till Gunvor fick jag veta att det fanns en privatpraktiserande läkare som hade visat goda resultat med barnlösa par. Givetvis tog jag kontakt med honom omedelbart. Vid det tillfället hade Jörgen och jag varit gifta i ett år. Vi pratade inte längre om adoption och hade inte lagt in om någon ansökan, trots att papperen legat framme i två månader efter det att jag hade ringt till adoptionscentrum. Nu satt jag i ett nytt väntrum, bläddrade i gamla veckotidningar och väntade på att bli uppropad. Min blick vandrade utmed de vitmålade väggarna. En tavla, som hängde snett, var det enda som lyste upp väntrummets väggar. Stolarna, som vi patienter satt på, var allt annat än bekväma och inte heller något att vila ögonen på. Men de fyllde sitt ändamål. Jörgen ville inte följa med och jag förstod honom. Skulle läkaren undra kunde jag alltid skylla på att han var tvungen att arbeta. Det blev min tur och mina ögon spärrades upp av förvåning när jag upptäckte att läkaren var så ung! Men han var lättsam och berättade att han och hans fru också hade problem med att få barn. Det var inte precis vad jag hade väntat mig att få höra av en läkare. Det var en positiv nyhet, inte att de var ofrivilligt barnlösa, utan att det antagligen gjorde honom mer intresserad. Vi hade suttit och pratat i tio minuter när han plötsligt frågade om jag hade gjort en laparoskopi?

Jag upprepade frågan som en papegoja. Vad var det för någonting, undrade jag. Han såg också förvånad ut.

– Har du inte gjort en laparoskopi, en titthålsundersökning? Hur vet du då att det inte är fel på dig?

Efter den frågan blev jag alldeles kall. Vad menade han? Kunde det vara fel på mig också? Jag berättade att min HSG, hysterosalpingografi, hade varit utan anmärkning. Det hade jag själv sett på bildskärmen. De hade sprutat kontrastvätska in i livmoderhålan som hade fortsatt ut i äggledarna och det hade varit fri passage på båda sidorna. Läkaren hade till och med ringt hem och berättat om den goda nyheten!

– Mina äggledare var lika fina som ett nybonat parkettgolv, hade varit hans sätt att uttrycka sig, sa jag.

– Det låter bra, men hur är det med dom yttre faktorerna, som till exempel äggledarnas förhållande till äggstockarna. Det kan man inte se på HSG. I det fallet måste man göra en laparoskopi, om man vill utesluta skador på utsidan av äggstockar och äggledare, sa läkaren bestämt.

Jag hade ett totalt kaos i huvudet efter hans påståenden. Vad skulle hända nu? Skulle detta hjälpa oss?

– I ärlighetens namn måste jag säga att i ert fall hjälper det inte dugg, sa han dämpat. Din mans spermier blir inte bättre av att ni får reda på att det är något galet med dig, men skulle du träffa en annan...

Efter den meningen vek han undan med blicken.

– Jag menar, det kan vara bra att veta att den undersökningen är kvar att göra, om du inte blir med barn med en ny man, vill säga... Fastsatt på väggen satt en kalender och där satt även läkarens blick. Han ville inte möta min och jag förstod varför. I början av besöket hade jag berättat att jag var relativt nygift. Egentligen var det en oförskämd kommentar från hans sida. Jag tackade för besöket och kom omtumlad ut på trottoaren. Jag satt i bilen och kom mig inte för att köra iväg med en gång. Huvudet var uppfyllt av alla slags tankar. Jag var övertygad om att samtalet mellan mig och läkaren inte var något jag skulle kunna beskriva för Jörgen. Skulle jag berätta, var det inte otroligt att det som fanns kvar av vårt äktenskap skulle dö direkt. Fortfarande älskade vi med varann med ömhet och värme, men däremot pratade vi inte om barnlöshet, annat än vid tillfällen när jag skulle till läkaren. Jag hade förstått att Jörgen inte ville prata om det överhuvudtaget. Kanske var det så att han, någonstans innerst inne, hoppades att jag skulle ge upp och bara glömma bort allt som hade med min önskan om att få barn. Ibland smög sig tanken på att glömma även in i mig. Inte tro på att allt i livet som betydde något, var att få barn. Men när tanken dök upp viftade jag kvickt bort den. Istället hoppades jag på att det skulle uppfinnas en medicin som skulle göra Jörgens spermier friska.

*

En dag tändes en vild förhoppning inom mig. Jag läste i tidningen om att Sveriges första provrörsbarn var fött. Jag jublade, nu fanns det en chans för oss också. Med bultande hjärta ringde jag upp Sahlgrenska och fick ett svar som satte jublet i halsen. Metoden var enbart till för kvinnor med obrukbara äggledare och mina var som bekant friska! I det ögonblicket önskade jag mina äggledare dit pepparn växte. Så nära, men ändå utom räckhåll! Visst begrep jag att kvinnor med obrukbara äggledare måste komma i första hand, men jag önskade bara att vi också hade fått chansen. Vi hade nu hållit på i sju år med att försöka få barn. Men det fanns inga möjligheter till kompromisser.

Metoden var enbart till för de kvinnorna och inga andra, punkt och slut! Först och främst var det kostnaderna det handlade om. Än var de bara på försöksstadiet, men i framtiden om några år kommer det säkert att finnas ett sätt för er också, sa rösten i luren.

Om några år! Jag hade varken lust eller ork att vänta flera år. Vid det här tillfället hade vi ett praktgräl. Jag var utom mig av förtvivlan över att vi inte ens fick en chans. Jörgen tyckte att jag bar mig löjligt åt och det fick oss att skälla på varandra som bandhundar. Den sista meningen Jörgen skrek åt mig innan han gick ut och drämde igen dörren efter sig var; Då får du väl skaffa dig en frisk man när jag inte duger!

Jag grät i dubbelt avseende efter att han hade gått sin väg. Jag grät både för hans och min skull. Jag tyckte allt var orättvist. Vi tyckte verkligen om varandra och det som hindrade oss från att leva ett normalt parliv var vår barnlöshet. Jag grät över att mina äggledare var friska. Jag grät för att Jörgens spermier var dåliga. Jag grät över att vi inte fick någon hjälp att ta oss ur det här. Inte en enda gång på alla dessa år hade någon läkare frågat om vi kanske behövde professionell psykologisk hjälp! Ingen vårdpersonal inom barnlöshetsinstitutionerna hade någonsin ställt frågan om hur vi lyckades med att ta oss igenom våra dagar, veckor och år av längtan efter barn. Vi var totalt utlämnade åt oss själva med vårt problem. Jag kände hur allt rasade inom mig. Jag var fullkomligt maktlös och ingen skulle komma till vår undsättning och rädda oss. Det förstod jag nu! I de allra dystraste stunderna hade jag närt en förhoppning, att vårt problem skulle vara lösbart, men just i den här stunden förstod jag att vi var förlorarna. Jag kände hur jag närmade mig avgrunden och förstod att snart skulle vårt korta äktenskap vara över. Den natten sov jag ensam, Jörgen kom inte tillbaka.

Nästföljande morgon när jag kom till jobbet kände jag mig som en unken urvriden disktrasa. Gunvor kastade en blick på mig och gick sedan ut i fikarummet. Jag följde efter som en sömngångare. Inne i rummet satte jag mig på en av stolarna och sjönk ihop. Tårarna rann och mellan attackerna försökte jag berätta vad som hade hänt. Gunvor gick fram och tillbaka och varje gång gav hon mig en ny bit hushållspapper så att jag kunde snyta mig. Hon satte på nytt kaffe och när min chef tittade in genom dörröppningen, stängde hon resolut dörren mitt framför näsan på honom. Konstigt nog protesterade han inte. Jag minns inte hur länge vi satt därinne, men jag kände mig lugnare efter att vi druckit kaffe och rökt varsin cigarett.

– Vad ska du göra nu, frågade Gunvor till slut.

– Jag vet inte. Egentligen vill jag inte skiljas, men vi når inte längre varandra och Berlinmuren kunde lika gärna ha gått genom vårt sovrum. Jag kan inte se någon lösning som skulle göra det bra igen. Förutom att vi fick barn vill säga, men det vet vi redan att vi inte kan få, sa jag och gråten kom tillbaka igen. Gud, vad orättvist detta är, hackade jag fram och vred mina iskalla händer fram och tillbaka.

Gunvor reste sig upp och höll om mig. Hon vaggade mig fram och tillbaka som om jag vore ett barn. Det kändes lugnande. Jag upphörde att gråta och tog en ny cigarett.

– Jag tycker att du ska sjukskriva dig och gå hem, sa Gunvor.

– Vad tror du att bossen säger om det, sa jag och pekade på den stängda dörren. Han kommer att bli vansinnig på mig. Jag har redan tagit ledigt alltför ofta på grund av alla läkarbesök och varje gång har han brummat irriterat.

– Nu struntar du i vad han tycker och går hem, sa Gunvor med bestämd röst. Du har haft tillräckligt med problem för en dag. Jag tänker prata med honom efter att du har gått, bekymra dig inte om det!

Jag smög mig förbi chefens dörr och ut på gatan. Egentligen ville jag inte gå hem, det fanns ingenting hemma som lockade. Jag började promenera planlöst och tjugo minuter senare upptäckte jag att jag befann mig på Linnéplatsen. Jag vandrade in i Slottsskogen, satte mig på en parkbänk, och tittade ut över den anlagda dammen. Änderna simmade runt och letade efter mat. En och annan svan, med uppburrade vingar, gled majestätiskt förbi. Allt runt omkring andades lugn men inom mig var det kaos. Tankar och minnen flöt omkring och jag kom ihåg små episoder från det att Jörgen och jag träffades första gången. Jag kom på mig själv med att le vid dessa minnen. I nästa stund blev jag ledsen igen, när jag visste vad som skulle ske. Märkligt nog tänkte jag aldrig ett ögonblick på vad min mamma eller Jörgens pappa skulle säga om det här. Det var alldeles för mycket att tänka på utan att vi skulle underrätta dem också.

På fredagens kväll kom det som jag hade befarat. Vi diskuterade hur vi skulle göra rent praktiskt med skilsmässan. Gud, som jag hatade det ordet! Allt som hände omkring oss var egentligen fullkomligt onödigt, vi älskade varann. Även om vi inte med ett enda ord berörde våra respektive känslor, för varandra, svävade de outtalade över oss hela tiden. Vi satt vid köksbordet, som vi gjort många gånger förr, men den här gången skulle det med all säkerhet bli den sista. Varje mening som studsade mellan väggarna stal av mina krafter och till slut var det som om väggarna rämnade över mig. Vi var som två främlingar för varandra, artigt konverserande. Innerst inne ville jag skrika och vråla att det här inte får hända! Varför ringde inte telefonen i just det här ögonblicket? Det skulle vara ett viktigt samtal från Sahlgrenskas läkare, som ville berätta att de hade ändrat sitt beslut! Vi skulle få lov att försöka bli-med-barn med hjälp av provrör? Men telefonen var dödstyst. Våra lågmälda röster, var de enda ljuden som förmedlades genom rummet när vi satt och diskuterade vår skilsmässa! Hur skulle vi göra med lägenheten, böckerna, tavlorna och möblerna? Jag sjönk ner i mina tankar och när jag tittade upp hade Jörgen lämnat bordet. Jag hörde ytterdörren slå igen och förstod att han hade gått sin väg.

Under perioden som det tog oss att skaffa nya bostäder, dela vårt bohag och få skilsmässan klar, befann jag mig i ett vakuum. Ingenting fick mig att reagera. Jag som brukade reta mig till vansinne på en tidningsrubrik, läste inte ens tidningen längre. Jag gick fram och tillbaka i min tomma lägenhet, tog kontrollen till TV:n och tryckte på on-knappen, men hade ingen aning om vad de visade för program. Ibland satt jag i soffan och stirrade rakt in i väggen. Som vanligt var det Gunvor som kom till min undsättning. Hon släpade ut mig ur min ensamhet och drog runt med mig på stan. På varje gata sökte mina blickar efter Jörgen. Efter att vi hade flyttat isär hade vi inte växlat ett enda ord med varandra. Anledningen var inte för att vi var ovänner, utan för att vi var olyckliga. Varje gång när jag kom hem från stan, var jag lika besviken. Jörgen verkade vara som uppslukad av stadens yta. Förr när vi bodde tillsammans hade vi ofta, utan att i förväg gjort upp om att träffas, råkats på stan, men nu var Jörgen försvunnen. En gång råkade jag springa på Mikael på Vasagatan. Jag fick en känsla av att jag höll honom kvar mot hans vilja, enbart för att jag ville få reda på hur det var med Jörgen. Han verkade generad över att träffa mig och ovillig att svara på mina frågor. Det enda jag fick reda på var att Jörgen mådde bra, ingenting mer. Under vårt samtal tittade han ideligen på klockan och till slut sa han att han måste rusa. Mikael vinkade hejdå, sprang runt gathörnet och var försvunnen. Jag kände mig alldeles tom efter att Mikael försvunnit. Allt kändes meningslöst. Den dagen var jag helt och hållet övertygad om att jag aldrig någonsin skulle kunna skratta igen.

Åtta månader efter min skilsmässa blev jag bjuden till en fest av Gunvor. Hon hade träffat en gammal klasskamrat på stan och nu skulle det bjudas till fest med en massa roliga människor. Först tackade jag som vanligt nej, men Gunvor gav sig inte. Jag skulle följa med! Dagen för festen stod jag, med en likgiltig min, framför en röd trävilla med en vit dörr och ringde på klockan. Enligt färdbeskrivningen som jag hade fått av Gunvor, var det här rätt hus. Det var märkligt tyst med tanke på att det skulle vara en stor fest, tänkte jag och försökte kika in i sidofönstret vid dörren, men såg ingenting. Dörren öppnades och framför mig stod en tjej med kortklippt mörkt hår och en kraftigt markerad uppnäsa. Hon log när hon fick syn på mig.

– Hej, du måste vara Helena som Gunvor har berättat om. Kom in!

Hon drog in mig genom dörren och visade var jag kunde hänga av mig min kappa. Innan jag visste ordet av hade jag en drink i den ena handen och en sandwich i den andra. Hon bogserade mig genom en lång hall och i slutet mynnade den ut till ett stort rum. I det rummet var det fullt med folk. Varenda stol, soffgrupp, bord och hörn var upptagen. Överallt stod, satt eller hängde folk, rökte, drack och tuggade på sandwichar. Någonstans ifrån kom det musik, men den hördes bara som hissmusik, svagt i bakgrunden, och över hela rummet låg en dimbank av cigarettrök. Ur en grupp av människor lösgjorde sig en person och kom i min riktning. Det tog några sekunder innan jag såg att det var Gunvor. Hon kramade mig och tittade leende på mig.

– Vad roligt att du kunde komma, utbrast hon.

Det lät som om jag hade varit strängt upptagen av annat och äntligen lyckats slita mig för att gå på den här festen.

– Jag ser att du redan har bekantat dig med Gunilla, värdinnan för festen, sa Gunvor, tog mig under armen och gick tillbaka i samma riktning hon hade kommit. Nu ska du träffa en del nya ansikten, men det blir jätteroligt ska du se, viskade hon i mitt öra.

Gunvor fångade min blick och jag nickade med ett påklistrat leende på läpparna. Jag presenterades för ett tiotal nya ansikten, tog i hand, sa mitt namn, men det kändes inte som att jag var där. Jag såg mig själv som i en spegel. Efter att ha stått och lyssnat på samtalet en stund och inte förstått ett ord, drog jag mig undan till ett hörn. Bakom den öppna spisen stod en soffa och bredvid soffan stod ett palmträd i en golvkruka. Jag slog mig ner och hade perfekt uppsyn över folket framför mig, lutade mig tillbaka och läppjade på min drink.

– Varför gömmer sig en söt flicka här då?

Jag nästan tappade glaset när jag hörde rösten. Några droppar av drinken stänkte ner på mina kritvita byxor. Jag vände mig om för att se vem rösten tillhörde och förstod att han stod bakom palmväxten. Jag krånglade mig ur soffan, böjde undan palmbladen och såg ett ansikte. Jag kan inte påstå, vid första anblicken, att han var min typ, men han verkade åtminstone charmig när han log.

– Jag gömmer mig inte, svarade jag buttert. Jag sitter och försöker dricka min drink i lugn och ro!

Det sista med klar adress till hans framfusighet, och sättet att skrämmas på, vilket resulterade i att jag hade fått en fläck på mina byxor. Men det avskräckte honom inte. Han tog några steg runt palmen och ställde sig framför mig.

– Får jag lov att slå mig ner, frågade han och pekade på soffan.

– Visst, varsågod och sitt, sa jag.

– Hej, jag heter Magnus, sa han och sträckte fram sin hand.

– Hej själv, jag heter Helena, sa jag och tog tag i handen.

Ur en av kavajens fickor tog han fram ett paket cigaretter, skakade fram en cigarett, och bjöd mig på en. Blixtsnabbt kom tändaren fram ur den andra fickan.

– Ursäkta att jag skrämde dig, det var inte meningen, sa han och tog samtidigt ett bloss på sin cigarett.

– Det var inte så farligt, sa jag och försökte samtidigt skyla fläcken, på byxan, med handen.

Han lyfte upp min hand och tittade på fläcken.

– Ska du inte försöka tvätta bort den medan den är färsk? Fläcken kanske inte går att få bort om den torkar in, sa han.

– Kanske det, sa jag och reste mig ur soffan.

– Jag ska visa dig var badrummet är, sa han, tog mig under armen och gick i riktning mot den långa hallen. Han höll mig fortfarande under armen när han öppnade dörren, tände ljuset med sin fria hand och stängde dörren med orden; Jag väntar utanför tills du är klar.

Jag stod inne i badrummet, försökte gnugga bort fläcken med ljummet vatten och kunde inte låta bli att undra över Magnus, som stod utanför dörren och väntade på mig. Jag hade aldrig träffat på en kille som var så försigkommen. Visserligen hade jag träffat killar innan jag flyttade ihop med Jörgen, men de killarna hade alla varit blyga och bortkomna. Kanske hade det med åldern att göra, tänkte jag. Magnus verkade vara en bra bit över trettio och jag var tjugosju. Jag passade på att snygga till mig innan jag skulle gå ut. Med handen på dörrvredet slog det mig att det här var första gången efter att det tog slut mellan mig och Jörgen, som jag hade piffat upp mig för en man. Tanken gjorde mig vemodig. Under åtta månader hade jag inte stött ihop med Jörgen en enda gång, men han fanns i mina tankar varje dag.

– Hur gick det? Fick du bort fläcken, frågade Magnus när jag kom ut. Han böjde sig fram och tittade på den blöta delen av byxorna.

– Nästan, men det får duga, sa jag.

– Vad sägs om en bit mat, undrade Magnus.

– Ja, varför inte, svarade jag tafatt. Förutom sandwichen har jag inte ätit något på hela dan.

– Jag har min bil utanför, visar du mig vilken kappa som är din, kan jag hjälpa dig på med den och sedan kan vi åka.

– Men har inte du druckit?

– Jag fick syn på dig precis när jag kom och hann aldrig dricka något, svarade han muntert på min anmärkning.

Jag pekade ut min kappa, han tog av den från galgen och höll upp den så att jag skulle kunna trä i armarna. När vi kom ut till hans bil, öppnade han passagerardörren, vek in min kappa när jag satte mig, stängde dörren, gick runt bilen och satte sig vid ratten. Det här beteendet fick mina ögon att spärras upp av förvåning. Aldrig någonsin hade jag upplevt något liknande. Det här var inte ett typiskt svenskt uppförande! Men han såg definitivt svensk ut och talade svenska utan brytning.

– Vart vill du åka någonstans?

– Det spelar ingen roll, bara dom har god mat, svarade jag.

Han startade bilen, gjorde en kort sväng och körde sedan ut på vägen.

– Jag vet ett bra ställe som vi kan åka till, sa han.

– Så bra då, svarade jag lamt.

På något sätt kändes det skönt att bli omhändertagen. Jag kurade ihop mig i värmen i bilen och lyssnade på musiken som strömmade ut ur högtalarna. Bilen vi satt i var elegant. Jag hade inte någon större koll på bilmärken men ljudet sa mig att det inte var någon enkel tvåtaktare, utan minst en V8 under huven. Undrar vad han arbetar med, tänkte jag. Han svängde upp på en upplyst parkering. Jag tittade mig nyfiket omkring och insåg att här hade jag aldrig varit tidigare. Jag förstod att vi var utanför stan, men jag brydde mig inte om var. Trots att jag satt bredvid en främmande man, kände jag mig trygg. Han klev ur bilen, på en sekund var han vid min sida, öppnade dörren och räckte mig handen så att jag skulle kunna kliva ur. Naturligtvis höll han upp dörren till restaurangen, tog av mig kappan och lämnade den till garderobiären, självklart drog han ut stolen och såg till att jag satt bekvämt innan han satte sig mittemot mig. För första gången kände jag mig som en kvinna. Det låter garanterat löjligt i mångas öron, men inte för mig. Han var observant på alla detaljer och det var helt nytt för mig. Han var hela tiden uppmärksam på allt jag sysslade med. Det fick mig att känna mig betydelsefull. Han var mycket underhållande och jag upptäckte till min förvåning att jag skrattade vid flera tillfällen. Jag fick fler komplimanger av honom än vad jag fått av samtliga killar jag hade träffat. Han var en helt ny upplevelse för mig. Dessutom kom han precis i det ögonblick som jag behövde någon. Jag blev inte förälskad, eller kär i honom, men jag tyckte att han var charmig. När han körde mig hem den kvällen ville han träffa mig igen. Inte mig emot, svarade jag glatt. Som den självklaraste sak i världen följde han mig till dörren och såg till att jag kom in i porten. Jag kom in i lägenheten och var full i skratt. Undra vad Gunvor kommer att säga, tänkte jag. Hon kanske frågade sig vart jag tog vägen? Jag hann aldrig säga något innan vi åkte. Under tiden som jag klädde av mig, satte jag på en skiva med Abba. Den där Magnus kanske inte var så dum trots allt, tänkte jag fnittrigt. För första gången på åtta månader, lade jag mig på kvällen med ett leende på läpparna.

*

Dagen därpå bestämde Magnus att vi skulle gå på en annorlunda restaurang. Med annorlunda menade han japansk mat. Det fanns en japansk restaurang som serverade något som han kallade sushi. Det var en rätt med rå fisk. Jag var inte någon större fiskälskare och nu skulle jag äta rå fisk, men det visade sig vara jättegott! Vi satt i restaurangen, drack vin, och han började berätta om sig själv. Han berättade att han hade gått på college i USA och utbildats till ingenjör. Det förklarade hans beteende med att öppna dörrar och dra ut stolar. Det var en typisk amerikanska uppfostran! Vi hade ytterligare en trevlig kväll och precis som kvällen före körde han mig hem och följde mig till dörren. Den här gången frågade jag honom om han ville följa med upp på en kopp kaffe. Han tackade ja och följde efter mig. Inne i lägenheten gick han runt och tittade intresserat på alla mina böcker. Då och då undrade han vilka personerna var på fotografierna, som stod i bokhyllan. Mitt och Jörgens bröllopsfoto stod bland dem och just nu kändes det fånigt. Han stannade vid fotot och studerade det en lång stund innan han fällde en kommentar.

– Jag ser att du har varit gift, sa han.

– Ja, det har jag, svarade jag nervöst och hällde upp kaffe.

– Det har jag också, sa han i lätt ton.

– Jaså, sa jag förvånat. Är du också skild?

– Ja, sedan två år tillbaka, sa han. Har du barn?

– Nej, sa jag och kände hur frågan sved inom mig.

Jag hade aldrig funderat över att få frågan, men nu när jag fick den gjorde det väldigt ont.

– Jag har en son, sa han plötsligt. Han är elva år.

– Har du, sa jag förvånat. Var är han nu?

– Hos sin mamma och där har han det bra, sa Magnus.

Jag visste inte vad jag skulle svara på den kommentaren. Jag hade aldrig träffat en kille som hade barn. Magnus var den förste. Han satte sig mittemot mig i soffan, tog två sockerbitar, lade dem i koppen och rörde om. Min första tanke i det ögonblicket var att Jörgen också alltid hade tagit två bitar. Jag föste tankarna på Jörgen åt sidan och försökte koncentrera mig på Magnus.

– Hur kommer det sig att du inte har några barn, undrade Magnus.

Först stelnade jag till av frågan, sedan slappnade jag av lika snabbt igen. Magnus kunde knappast veta orsaken till min och Jörgens skilsmässa. Jag började berätta och en timma senare hade han fått veta delar av min barnlöshetshistoria. Han avbröt mig inte en enda gång. När jag var klar tog han sin kaffekopp och satte sig bredvid mig. Jag förstod av hans kroppsspråk att han ville älska med mig och jag lät det ske. Under tiden som vi låg med varandra trängde sig minnen av Jörgen fram och varje gång försökte jag tvinga dem tillbaka. Efteråt satt vi i var sin soffa med en cigarett. Jag var övertygad om att det inte var kärlek från min sida men samtidigt övertygad om att det var något jag behövde och som jag tänkte låta stanna.

*

Två dagar senare på jobbet var Gunvor över mig som en hök!

– Vart tog du vägen? Jag letade efter dig och frågade alla som kunde ha sett dig, men du var försvunnen, sa hon och tittade anklagande på mig.

– Ursäkta, att jag gav mig iväg utan ett ord, men jag träffade en kille på festen och...

– Vad säger du, utbrast Gunvor. Vad roligt, vem var det?

Jag berättade allt för henne och då menar jag allt! Hon skrattade när jag berättade om episoden med restaurangdörrarna och hans beteende när vi kom dit.

– Den killen vill jag träffa, sa hon.

– Det kommer du att få göra, sa jag.

Magnus hade berättat att när han fick syn på mig på festen, visste han direkt att jag var den han ville bekanta sig närmare med. Hans ord spred värme i min frusna själ, men jag hade fortfarande mina tankar hos Jörgen. Det var naturligtvis ingenting jag talade högt om. Jag ansåg att det hörde till mitt innersta, där inte någon hade tillträde. Dessutom var jag övertygad om att det förr eller senare skulle gå över. Var Magnus den han utgav sig för, var han kanske den rätte att få mig att glömma Jörgen. Det var inte rättvist mot Magnus, men just då såg jag inte någon bättre lösning. Jag berättade om hur jag kände det för Gunvor och hon förstod. Spännande var också att träffa en kille som hade barn. Magnus hade berättat mycket om sin son och jag hade sett mängder med foton. Jag var exalterad över att få ta del av ett barn, även om det inte var mitt. Magnus och jag hade umgåtts i tre månader när det blev dags för mig att få träffa Patrik. Samtidigt som jag var spänd var jag förväntansfull.

Utan att överdriva kan jag säga att mötet mellan oss blev en chock! Patrik var som en sjövild häst! Hoppade och skuttade som en galning kring mina fötter. Jag visste inte vart jag skulle ta vägen. Han var direkt oförskämd mot Magnus, som skämtade bort det och tyckte att Patrik var lustig! Det var nog det sista jag skulle ha kallat honom. Vi hade vinkat av Patrik på centralstationen och Magnus försvarade sin sons uppförande med, att det antagligen berodde på, att det var första gången som Patrik hade träffat ” pappas nya”. Den enda erfarenhet jag hade av barn hade jag fått genom Gunvors söner och dem hade jag umgåtts sedan de var små. Men Patrik var inte lik dem i något avseende! Jag visste inte hur jag skulle hantera situationen, men som tur var hade Magnus en fantastisk mamma, Patriks farmor. Hon hade en stor portion humor och när vi vid nästa tillfälle träffade Patrik hemma hos henne, gick det mycket bättre. Som vanligt berättade jag allt för Gunvor och vi kunde skratta åt eländet.

– Du ska se att det kommer att gå jättebra när ni har träffats fler gånger, sa Gunvor. Jag vet hur mycket du tycker om barn och barn tycker om dig.

– Jag hoppas det, sa jag mindre självklart.

*

Tiden gick och så småningom började vi att prata om att flytta ihop. Fortfarande var det ingen himlastormande kärlek från min sida, men jag hade börjat vänja mig vid Magnus och han var snäll. Det var inte de kriterier som borde ha varit viktigast när man bestämmer sig för att flytta ihop, men jag var drygt tjugosju år, barnlös, utan man och det kändes panikartat för mig. Fånigt, skulle säkert många ha sagt, men så kändes det inte för mig. Vi slog ihop våra påsar och jag upptäckte att Magnus var helt fantastisk när det gällde att sköta ett hushåll. Han städade, tvättade och strök som en hel kvinna! Jag fann mig sittande vid TV:n under tiden som han stod och diskade. För första gången i hela mitt liv stod en man och strök mina kläder. Innan jag gick till jobbet hittade jag ofta små dikter på köksbordet. Alla handlade om hur mycket han tyckte om mig! Jag skulle ha ljugit om jag hade sagt att det inte berörde mitt hjärta. Han överraskade mig ofta med små presenter. De kunde ligga lite överallt i lägenheten. Ibland på min kudde i sängen och ibland på min tallrik när vi skulle äta middag, som Magnus naturligtvis hade tillagat. Trots all uppmärksamhet från Magnus, ringde jag då och då till Jörgen för att få höra hans röst och fråga hur han hade det. Självklart var det inte något som jag berättade för Magnus. Inte en enda gång frågade jag Jörgen vad han tyckte om att jag ringde honom i tid och otid. Genom Mikael hade jag fått reda på att han hade en ny flickvän, men jag frågade aldrig något om henne.

*

Efter att Magnus och jag bott ihop i ett år började vi prata om att få barn. Eftersom Magnus hade en son, tvivlade jag aldrig på hans förmåga. Vi slutade helt enkelt att använda kondom. Dessa små sliskiga gummivarelser hade verkligen inte berett mig någon glädje, jag saknade dem inte ett dugg! Patrik hade varit hos oss vid flera tillfällen och när vi väl hade lärt känna varann visade han sig vara en kul kille. Det var inga problem alls att ta med honom till Gunvors pojkar. Han blev kompis med dem direkt. Patrik tyckte inte om att jag kramade honom, men han protesterade inte heller högljutt. Magnus och jag flyttade in i en centralt belägen trerummare. Det var en nyrenoverad gammal lägenhet, med nästan fyra meter upp till taket. Det blev många dyra meter tyg till gardiner, hyran var oförskämt dyr, men vi trivdes.

Tiden gick fort och snart hade det gått sex månader utan preventivmedel och min livmoder var tom! Vi började undra vad som var fel. Mensen gick inte över tiden med enda dag. Magnus försökte lugna mig med att säga; Tänk inte så mycket på det! Jag hörde dessa ord som ett eko från mitt förra förhållande. Plötsligt kom jag att tänka på vad den unge barnlösa gynekologen hade sagt till mig. Det kunde faktiskt vara fel på mig! Dagen därpå beställde jag en tid hos honom och förklarade samtidigt för Magnus vad jag misstänkte. Han tyckte att det var en bra idé.

Gynekologen skickade en remiss till Sahlgrenska och sa att jag skulle vänta på besked om när laparoskopin skulle bli av. Nu började jag känna igen mig. Nu började proceduren "Vänta" igen. Vänta på tider, vänta på provsvar! Efter två års uppehåll från att-bli-med-barn-karusellen, hade jag stigit på igen, och för ett kort ögonblick kände jag rädsla inför framtiden. Tänk om det var fel på mig? Tänk om inte heller Magnus och jag skulle kunna få barn? Då hade skilsmässan från Jörgen varit helt onödig. Varför tänkte jag hela tiden på Jörgen?

Hur bedömde jag egentligen kärlek? Var det verkligen kärlek mellan två människor om man inte ville ha barn? Var det äkta kärlek bara för att man ville ha barn? Frågorna snurrade runt i mitt huvud utan att avge några svar och jag tvingade mig till att tänka på hur snäll Magnus var. På hur härliga hans föräldrar var! Allt för att inte bli påmind om mitt tidigare liv med Jörgen. För en gångs skull var jag totalt passiv i ett förhållande. Magnus tog hand om allt! Räkningar, tvätten, matlagningen och disken. Jag hjälpte till, ibland. Visst fanns det saker som irriterade mig när det gällde Magnus. Han var alldeles för generös när det gällde att köpa saker. Det var som om att det var bekvämare att köpa sig fri. Istället för att ägna sin lediga tid åt sin son Patrik och hans lekar var det enklare att köpa nya prylar. Naturligtvis gjorde jag saker som retade gallfeber på Magnus. Inget förhållande är perfekt. Men i stor sett flöt det ganska bra mellan oss. Det som gnagde på mitt samvete var att jag inte gav Magnus en bråkdel av den kärlek han öste över mig. Jag reagerade i motsatt riktning. Ju mer kärlek han gav mig, desto grinigare och motvilligare blev jag, tyvärr.

Äntligen kom beskedet från Sahlgrenska! Med skakande händer stod jag med brevet i min hand. På almanackan, som hängde i köket, ringade jag in dagen med svart tusch. Halva dagen stirrade jag med jämna mellanrum på almanackan och det inringade datumet. Till slut tog jag en promenad över till Gunvor. Numera bodde vi nästan grannar. De hade fått tag i lägenhet inte alltför långt från oss och när Magnus och jag flyttade ihop fick jag ett nytt toppjobb på samma företag som han. Det hade inte varit lätt att lämna Gigi, Anna-Lena och Gunvor efter alla dessa år, men vi försökte att träffa varandra så ofta det gick. Mitt nya jobb gav mig förutom högre lön, en större stimulans. Dessutom var det kul att arbeta på samma företag som Magnus. Vi kunde äta lunch ihop, förutom när han hade kunder att ta hand om. Jag stod utanför Gunvor och Adams lägenhet, ringde på med fyra korta signaler och höll brevet i handen.

– Hej, vad kul att se dig, sa Gunvor, log och gick i riktning mot köket.

Jag följde efter och slog mig ner vid det välbekanta köksbordet.

– Du vill väl ha en kopp, men jag har inga bullar, sa hon.

– En kopp kaffe tackar jag aldrig nej till, men bullarna klarar jag mig utan, sa jag och skrattade.

– Du har inte ett enda kilo för mycket, sa Gunvor och instämde i skrattet.

– Jag vet det, men hade jag tackat ja, till alla dina bullar och kakor, hade jag rullat fram, sa jag.

Plötsligt fick Gunvor syn på brevet i min hand.

– Vad har du där?

– Brevet som talar om när jag ska in på en laparoskopi, sa jag.

– Får jag läsa, frågade hon försiktigt.
– Visst får du det, sa jag och gav henne det.
Gunvor vek upp brevet. Det stod inte mycket i det. Det var förhållningsorder angående dagen före operationen och var de anhöriga kunde ställa eventuella förfrågningar efter operationen. Hon vek ihop brevet och återlämnade det till mig.
– Hur känner du inför det här, frågade hon.
– Vet faktiskt inte riktigt vad jag ska känna. Jag har funderat lite på vad dom tänker göra med mig på operationsbordet. Det hade varit intressant att få titta på, sa jag.
– Jag tänker mer på vad som kommer efter att dom varit inne i dig, sa Gunvor.
– Ja, jag har också undrat över varför jag inte blir med barn med Magnus. Berättade jag för dig om hans prov?
– Har Magnus också fått lämna spermaprov? Han har ju egna barn, sa Gunvor förvånat.
– Eftersom det var över elva år sedan, ansåg läkarna att Magnus spermier kan ha förändrats. Enligt läkarna förändras spermiernas livsduglighet allteftersom mannen åldras. Men det var inget fel på hans spermier, dom var superaktiva, sa jag glatt.
– Det kanske är det som är felet. Dom har så bråttom att dom svischar förbi ägget i all hast.
Jag började skratta och Gunvor stämde in i skrattet.
– Jag kommer gärna och hälsar på dig hemma, efter operationen, sa hon.
– Det skulle jag uppskatta om du gjorde. Jag är sjukskriven i en vecka efter ingreppet, sa jag.
Det skramlade till vid ytterdörren och Johan kom instövlande. Han hejade på oss och försvann in på sitt rum.
– Tänk vad stora dom har blivit, sa jag. Var är Erik förresten? Han har väl inte börjat skolan än?

– Nej, han är hos en kompis. Jag är väldigt stolt över dom må du tro och Adam lägger ner massor av energi på att aktivera dom, sa Gunvor lyckligt.

– Har du någon kontakt med Lars, undrade jag nyfiket.

– Han flyttade upp till Umeå efter skilsmässan och barnen har varit där några gånger. Men jag har förstått av deras miner, varje gång dom kommer hem, att det inte är roligt däruppe med pappa och hans nya tjej, sa Gunvor. Då och då ringer han och frågar hur dom mår, men det känns inte som om han bryr sig på riktigt.

– Saknar du Lars ibland, undrade jag.

– Ja, det gör jag, sa hon viskande. Det var mycket som var bra med Lars, inte bara...

Hon dröjde sig kvar vid meningen och jag sa ingenting, men så ryckte hon plötsligt på axlarna.

– Nu är det som det är och jag är lycklig med mitt och barnens nya liv. Hur är det själv? Saknar du Jörgen, frågade hon.

– Ja, alldeles för mycket, suckade jag.

– Vad menar du med för mycket?

– Med tanke på att Magnus och jag har varit ihop i två år och hur snäll han är mot mig. Öser presenter och kärlek över mig, men trots det kan jag inte glömma Jörgen.

– Är det så illa, sa Gunvor.

– Ja, så illa är det, men säg ingenting till Adam! Jag vet att han gillar Magnus och att dom har mycket kul ihop, sa jag.

– Naturligtvis ska jag inte berätta det för Adam, sa Gunvor förnärmat.

Vi lämnade ämnet före detta män och gick över till att prata om mitt nya jobb. Gunvor var nyfiken på mina nya arbetsuppgifter och hur mycket jag tjänade. Efter skatt fick jag ut sjuhundra kronor mer i månaden.

– Har du en bruttolön på över åtta tusen i månaden nu då, frågade Gunvor.

– Ja, fast nu får jag verkligen slita för pengarna. Där sitter ingen och dricker kaffe i fikarummet, alla ska helst sitta med kaffet på sitt rum och jobba samtidigt. Det ska bli intressant att se hur min nye boss kommer att reagera när jag berättar att jag måste vara sjukskriven på grund av en operation. Jag har faktiskt funderat på att be Magnus ta upp det med honom, så att jag slipper chefens utbrott.

Vi sa hejdå till varandra och Gunvor lovade att slå mig en signal för att höra hur det hade gått med operationen när jag hade kommit hem från sjukhuset. Jag promenerade hem och på vägen kom jag på att det fanns en del som behövdes till middagsmaten. Jag passade på att kila in i servicebutiken på hörnet och kom ut med kassar fyllda med sådant jag inte behövde. Jag fnyste åt mig själv och undrade varför jag inte kunde lära mig att det var dumt att handla när magen kurrade av hunger. Magnus satt och pratade i telefon när jag kom in genom dörren. När han fick syn på mig avslutade han samtalet ovanligt abrupt. Jag hade på tungan att fråga vem han hade pratat med, men i nästa stund tyckte jag att det var löjligt. Vill han berätta, kommer han att göra det, tänkte jag för mig själv. Men misstänksamhetens frö var sått. Magnus skyndade sig fram, tog ifrån mig matkassarna, och gick ut i köket för att packa upp. Han pratade oavbrutet hela tiden och i mina öron lät det ansträngt, men jag låtsades som om allt var normalt. Han ville veta vad som hade hänt mig under dagen, var jag hade varit, men på något konstigt sätt fick jag en känsla av att han inte lyssnade. Jag bad honom att prata med vår chef om min sjukhusvistelse och han svarade; Jajamensan, bekymra dig inte om det!

Det var ett regelbundet vanligt svar från hans sida när jag

undrade över något. Bry inte ditt vackra lilla huvud med sådana trivialiteter, var ett av hans favorituttryck. I början av vårt förhållande, tyckte jag att det var skönt att någon annan tog hand om alla praktiska och ekonomiska problem, men nu irriterade det mig mer och mer. När jag hade varit tillsammans med Jörgen hade det alltid varit jag som skött det praktiska. Jag försökte skaka av mig min misstänksamhet. Inte skulle Magnus ljuga för mig! Magnus som alltid var uppmärksam och trevlig på fester. Fester som det hade blivit många av, den sista tiden, eftersom det verkade som att alla tyckte Magnus var underhållande och rolig att ha med. Bättre vore att jag tänkte på min operation och lade koncentrationen på den, tänkte jag. Det var två veckor kvar och som vanligt var det bara att vänta, vilket jag numera borde ha vant mig vid, men aldrig gjorde. Jag stod vid diskbänken i köket och tänkte göra mig en smörgås när Magnus kom in.

– Vad säger du om att ta hit Patrik över helgen, undrade han.

– Javisst, han är välkommen, svarade jag med ryggen vänd mot honom.

Jag vände mig om för att fråga om han ville han en smörgås, men han var försvunnen. Jag gick ut i hallen och letade, sedan fortsatte jag mot vardagsrummet. Jag passerade sovrummet när jag hörde hans röst. Jag var på väg att säga något, men förstod snabbt att det inte var mig han pratade med. Han satt med ryggen vänd mot dörren och pratade i telefon och kunde inte se mig. Med smörkniven i handen stod jag förvånat kvar i flera sekunder innan jag återvände till köket. Min första tanke var, varför han inte använde telefonen i hallen? Trodde han att jag stod kvar i köket och inte kunde höra samtalet om han ringde från sovrummet? Upprörd återvände jag till min smörgås, men resonerade mig fram till att det inte var någon idé att ta upp det här till diskussion. Det fick bero för stunden.

*

Vi var fyra tjejer i en sjukhussal och alla hade vi samma problem. Vi blev inte med barn. Givetvis delade vi med oss av våra erfarenheter. Vi hade ingen aning om vem av oss som skulle bli först utvald, att åka ner till operation för att göra en laparoskopi, men det spelade mindre roll.

Dagen före operationen fick jag varken äta eller röka efter midnatt. Min sista smörgås tuggade jag i mig klockan nio. Ingen av oss kunde få ro att sova den kvällen. Lena, en av tjejerna från salen, var rökare som jag och vi smög oss ut i rökrummet. Klockan var bara elva och det kändes som om vi hade gott om tid. Lena berättade att hon hade haft spiral och i samband med den hade hon fått en infektion. Det hade visat sig vara en kraftig äggstocksinflammation och nu med facit i hand, förstod hon att hon inte hade legat särskilt stilla under de fem dagarna hon låg inne. Men ingen hade poängterat vad som kunde hända om man inte låg stilla. Jag kunde bara nicka när jag hörde Lenas berättelse. Jag undrade hur många kvinnor som satt i samma båt som vi, bara för att de hade gått med på att sätta in en spiral? Till slut kom nattsköterskan och jagade oss tillbaka till vår sal. Fnissande hoppade vi upp i sängarna och drog täcket över huvudet.

Det var fortfarande mörkt ute när jag hörde sköterskan komma in i salen. Jag tittade på klockan, den var sex. Jag hörde att hon pratade med en av mina kamrater och det prasslade av papper. Skönt, tänkte jag, då kan jag sova en stund till. Det kändes som om jag bara hann blunda i en minut innan någon plötsligt skakade i mig. Det var min tur och det var fortfarande alldeles mörkt i rummet! En sköterska gav mig en spruta i låret och jag slappnade av. Därefter drog de ut sängen i riktning mot hissen som skulle ta mig till operationsavdelningen och mitt hjärta bultade oroligt. Operationspersonalen var underbara, omtänksamma och vänliga. Jag rullades in och lyftes upp i gynekologstolen. Den var som vanligt kall och ogästvänlig. Jag kände mig groggy när narkosläkaren kom in och presenterade sig och jag kunde ha omfamnat honom och alla andra i salen. Det var nog sprutan som gjorde mig lulligt löjlig. Narkosläkaren förklarade att jag skulle sövas med hjälp av en spruta. Vätskan skulle sprutas in i nålen som satt fast på min hand. Du kan försöka räkna från ett till tio om du hinner, antagligen hinner du bara räkna till tre innan du är borta, sa han skämtsamt. Han fick rätt i det!

Första gången som jag trodde mig ha vaknat ur narkosen, var på min sal. Men sköterskan som tog hand om mig förklarade att jag redan varit vaken på uppvakningsavdelningen, men det hade jag inget minne av. Jag sov mest hela dagen. Först sent på kvällen klev jag ur sängen på darriga ben. Jag var röksugen och släpade mig ut till rökrummet med ett dropp, som satt upphängt i en ställning. Första blosset smakade vedervärdigt, men jag fimpade inte. Väldigt dumt egentligen! Här hade varit ett ypperligt tillfälle att sluta röka. Det enda jag märkte av operationen var en kompress som satt över min navel. Ingen smärta. Jag slötittade på TV:n en stund och rökte ytterligare en cigarett innan jag bestämde mig för att återvända till min säng. Jag kröp ner i sängen och drog täcket över mig. I samma sekund som jag hade lagt ner huvudet på kudden kom en smärta som fick mig att tappa andan. Jag blev skräckslagen och tryckte in larmknappen för att påkalla en sköterska. Den röda lampan vid dörren tändes och jag väntade på att hjälpen snart skulle komma. Sköterskan gick direkt fram till min säng. Jag förklarade min smärta och kved över att jag inte kunde ligga ner för då fick jag ingen luft.

– Varför känns det så, frågade jag oroligt.

– Har ingen talat om för dig att det brukar vara så efter en laparoskopi, sa sköterskan förvånat.

– Brukar vara så, svarade jag förvirrat.

– När du ligger fastspänd i gynekologstolen i samband med operationen tippar dom hela stolen bakåt. Din kroppstyngd vilar på dina axlar. Eftersom du är totalt avslappnad i det momentet kan effekten efteråt bli som en kraftig träningsvärk i axlarna. Alla upplever det olika, men jag tycker att det är konstigt att ingen sagt något till dig om det, sa sköterskan.

– Om någon hade berättat det här för mig hade jag sluppit bli panikslagen, sa jag irriterat. Men jag är inte arg på dig, sa jag och tog hennes hand. Det är inte ditt fel.

Hon log mot mig och klappade min hand.

– Jag förstår att du blev orolig och jag beklagar att det inte var någon som sa något. Om du vill får du en värktablett så att du kan sova och förhoppningsvis försvinner värken till i morgon, sa sköterskan och gick för att hämta en tablett.

Jag somnade och vaknade inte förrän någon stoppade en termometer i min mun. Klockan var sex på morgonen. Jag gick upp, tvättade av mig, borstade tänderna och inväntade frukosten. Efter frukosten gick Lena och jag ut i rökrummet. Vi jämförde våra upplevelser och hon hade inte känt av samma smärta som jag. Strax före klockan tio låg vi snällt ovanpå våra sängar och inväntade ronden. Vi hörde hur det stod människor och mumlade i korridoren, en mängd vita rockar kom in på vår sal, men jag kände inte igen ett enda av alla de ansikten som tittade på mig. Läkaren, som jag trodde hade opererat mig, var inte här! Jag tittade förvånat på läkaren som tog mig i hand och berättade att han var den som hade kikat in i min mage.

– Tyvärr hade inte doktor Larsson tid, jag tog det istället. Mitt namn är Per Tagesson och jag hoppas att du inte märkte någon skillnad, sa han och hade ett leende i mungipan.

Jag log tillbaka med ett generat leende.

– Jag förstår att du är nyfiken på resultatet, eller hur?

Jag nickade.

– Då ska jag lugna dig. Det vi fann var en mycket liten sammanväxning på utsidan av äggstockar och äggledare. Vi anser inte att dom är av så allvarlig natur att du inte borde ha kunnat bli gravid. Trots detta har vi satt upp en ny tid för operation i maj månad och då tänker vi avlägsna dessa små sammanväxningar, sa Per Tagesson.

Samtidigt som han talade visade han upp en teckning som beskrev det han nyss berättat. Jag tittade intresserat på den.

– Kan jag få behålla den här teckningen, frågade jag.

– Inte just den här, men du ska få en kopia, sa han. Om du inte har fler frågor, kan du göra dig i ordning, ringa din man och be honom hämta dig. Du kommer att skrivas ut om en timma.

Vi skakade hand och hela följet gick vidare till nästa säng. Jag blev både glad och förvirrad över vad han hade sagt. Glad över att det inte fanns något allvarligt fel, men samtidigt förvirrad eftersom jag inte hade blivit gravid. Var felet större än vad de hade sagt eller hade de helt enkelt missat detta i samband med min och Jörgens fertilitetsundersökning? Hade läkarna dåligt samvete?

Jag ringde Magnus och han var knappt intresserad av vad jag hade att berätta. Han ursäktade sig med att han var stressad och att det var mycket på jobbet. Vi kom överens om att han skulle sitta i bilen och vänta utanför entrén, eftersom det var ont om parkeringsplatser. Jag kom ut med väskan i handen och Magnus var redan på plats. Efter att ha stuvat in mig och väskan, gått runt bilen och intagit förarplatsen frågade han mig hur det hade gått.

– Både bra och dåligt, svarade jag hemlighetsfullt.

– Börja med det dåliga, sa han.

– Det dåliga är att felet som dom hittade inte är så allvarligt att det borde ha hindrat mig från att bli gravid. Det som är bra, är att dom ska operera mig i maj, för det så kallade lilla felet, sa jag.

– Varför tycker du att det är dåligt att det inte var något allvarligt fel på dig, undrade Magnus.

Jag fnyste irriterat åt frågan.

– Fattar du verkligen inte det? Hade det varit ett allvarligt fel skulle jag ha begripit varför jag inte blir gravid, sa jag.

– Men läkare kan också ha fel, sa Magnus.

Efter den meningen sänkte sig tystnaden över oss. Jag satt och funderade kring min operation och höll mig krampaktigt fast vid förhoppningen att det var ”det lilla” felet som utestängde mig från att bli gravid. Vi kom in i lägenheten, jag kände mig trött och lade mig ovanpå sängen. Jag måste ha somnat för när jag vaknade hördes röster utifrån hallen. Jag klev ur sängen, smög mig ut i hallen och ställde mig utom synhåll bakom ett draperi. Det sista jag hörde innan ytterdörren stängdes var en röst som sa; Jag hoppas att vi kan komma överens om det här. Sedan hörde jag Magnus som svarade; Jajamensan, inga problem.

Jag klev fram bakom draperiet.

– Vem var det där, frågade jag med hög röst.

Magnus vände sig häftigt om och stirrade på mig med uppspärrade ögon.

– Det var en affärsbekant, ingenting annat, sa han och svepte förbi mig i riktning mot köket.

Jag följde efter och när jag kom in var han i full fård med att sätta på en kanna kaffe. Jag slog mig ner på en av köksstolarna för att kunna följa hans rörelser.

– Vem var den mystiske gästen, frågade jag nonchalant. Har han varit här tidigare?

Jag ville inte verka nyfiken och skapa misstänksamhet med mina frågor, men just i det här ögonblicket kom jag att tänka på det underliga telefonsamtalet som Magnus hade haft i vårt sovrum, för ett tag sedan.

– Du känner inte honom, men han är en trevlig prick, sa Magnus undvikande. Du vill väl också ha en kopp kaffe, kanske har vi några kakor, sa han och klev in i skafferiet.

Jag bestämde mig för att strunta i den underliga gästen.

Samma kväll vi var bjudna till Gunvor och Adam stod jag i hallen med en fön och blåste håret. Samtidigt ringde telefonen och eftersom jag stod närmast lyfte jag luren, trots att Magnus skrek från sovrummet att han skulle ta samtalet. Men jag var snabbare och en mansröst frågade efter honom. Demonstrativt pekade jag med luren i handen på Magnus. Under samtalet stannade jag kvar i hallen och observerade honom. Det var korta svar i form av ja och nej, och gav mig inga ledtrådar. Leendet på Magnus läppar såg påklistrat ut när han med orden *"Hejdå vi hörs"* lade på luren. Jag låtsades som att jag vare sig sett eller hört något konstigt, vände mig från spegeln och meddelade att jag var klar att gå. Han tog av min kappa från galgen och höll upp den.

*

I dörröppningen stod Adam, med drinkar i handen, och tog emot oss. Vi hälsade glatt på varandra och efter att vi hängt av oss ytterkläderna passade jag på att följa med Gunvor ut i köket för att röka en cigarett.

– Hur har du det, frågade Gunvor.

– Jag kunde ha haft det bättre, gnällde jag. Jag är pirrig inför operationen i maj och dessutom tycker jag att Magnus börjat visa upp ett underligt beteende, sa jag.

– Hur menar du underligt, frågade hon.

– Det kommer märkliga telefonsamtal och främmande människor på besök, sa jag.

– Har du inte frågat honom vad det rör sig om?

– Jag har frågat, men svaren är undvikande och jag får en känsla av att han ljuger för mig, svarade jag.

– Ljuger, utbrast Gunvor.

Jag gjorde en varnande gest med fingret över läpparna och pekade i riktning mot rummet där Adam och Magnus befann sig. Jag ville definitivt inte att Magnus skulle höra vad vi pratade om. Gunvor satte sig ner mittemot mig och tog en cigarett ur mitt paket.

– Vad får dig att tro att han ljuger, frågade hon och tog ett bloss på cigaretten.

Jag började berätta och Gunvor gick omkring i köket och lyssnade. Precis när jag skulle berätta om samtalet som Magnus hade fått innan vi gick, kom Adam in i köket. Gunvor stod med ryggen mot mig och hade fällt ner ugnsluckan. Snabbt bytte jag samtalsämne och började prata om Erik och Johan istället.

– Vad är det? Nyss pratade du om Magnus! Varför har du bytt

ämne, frågade hon och vände sig om.

Hon fick syn på Adam, gick fram, och pussade honom på kinden.

– Är du snäll och tar in vinglasen? Jag har precis diskat dom, sa hon och pekade på glasen som stod på diskbänken.

Adam tog glasen och gick sedan ut ur köket.

– Tror du att han märkte något, frågade Gunvor nervöst.

– Nåt märkte han nog, men inte vad. Han kommer säkert att fråga dig och du får väl hitta på nåt. En dag kanske vi får reda på vad Magnus har haft för sig, sa jag.

Middagen förflöt lättsamt och Magnus serverade som vanligt roliga och underhållande historier. Jag hade önskat mig ett nytt tillfälle att prata med Gunvor i lugn och ro, men det blev aldrig av. Vi tackade för en trevlig kväll och fram på småtimmarna promenerade vi hem i en kall och fuktig motvind. Magnus lade armen om mig, tryckte mig intill sig, och jag huttrade i min tunna kappa. Under vägen hem växlade vi inte många ord med varandra och jag tyckte det var skönt. Mina tankar hade parkerats på den tredje maj, dagen för min operation. Plötsligt hörde jag att Magnus gick och nynnade på en låt. Det kanske inte var något märkvärdigt med de där telefonsamtalen trots allt. För ett kort ögonblick, när jag hörde hans glada sång, tänkte jag att det var nog bara inbillning från min sida. Inte kunde väl han börja ljuga nu? Inte om han skulle stå fast vid vad han hade sagt i början av vår bekantskap och det var att det viktigaste i ett förhållande var ärlighet!

Under tiden som jag bäddade upp sängarna befann sig Magnus i badrummet. Jag hoppas verkligen inte att han vill älska med mig i kväll, tänkte jag bekymrat. Det hade jag ingen lust med alls. Jag gick ut i köket och hällde upp ett glas vatten. Magnus kom in i köket, nyduschad, och det bådade inte gott, tänkte jag.

– Kommer du snart och lägger dig, frågade han och läpparna hade ett inställsamt leende.

– Ja, ja snart. Gå du och lägg dig, jag kommer, svarade jag irriterat.

Han tycktes inte märka min irritation utan började pussa mig i nacken.

– Snälla Magnus, sa jag, samtidigt som jag föste undan hans ansikte. Låt mig dricka upp vattnet och tvätta av mig så kommer jag, sa jag och försökte le, men kände hur irritationen växte.

Tydligen fattade han vinken för han lommade iväg. Ensam kvar i köket kunde jag inte låta bli att tycka synd om honom. Han var trots allt en snäll kille, men i samma ögonblick viftade jag bort tanken. Jag borde istället fråga mig själv om jag älskade honom. Varje dag tjatade han om hur mycket han älskade mig och varje dag tvingade han fram orden ur mig. De kom aldrig frivilligt! Istället ljög jag för honom och för mig själv! Var jag verkligen så desperat över att få en familj och bli med barn? Jag ställde glaset på diskbänken och när jag passerade sovrummet på min väg mot badrummet, såg jag honom ligga i sängen, läsande en tidning. Han måste ha hört mina steg och ropade på mig. Jag stannade och tvingade mig själv att gå in i sovrummet.

– Är du klar snart, frågade han.

– Javisst, jag ska bara borsta tänderna, sa jag.

Jag tänkte dra ut på tandborstningen i hopp om att han skulle ha somnat, men när jag kom in i sovrummet efter en halvtimma låg han där och väntade på mig. Jag suckade tyst och försökte mana fram allt som var bra med Magnus. Han hade en vältränad kropp, lagom med hår på bröstet, och var väldigt skicklig i sängen. Varför nöjde jag mig inte med det? Jag visste vad det var som fattades, men ville inte erkänna det. Det fattades varm och innerlig kärlek, den som hade funnits mellan Jörgen och mig. Jag kröp ner mellan svala lakan och använde all min kraft för att tvinga undan negativa tankar som; Hur kunde jag tänka på att skaffa barn med en man som jag inte älskade? Jag inbillade mig att jag skulle lära mig att älska honom. Han var kärleksfull och eftersom han älskade mig med sådan styrka kanske det till slut skulle smitta av sig på mig, tänkte jag.

*

Jag räknade dagarna i almanackan. Nu var det bara fyra dagar kvar till min operation. Jag hade stor tilltro till läkaren som skulle utföra den. För mig var det glasklart att efter den här operationen skulle det äntligen vara fritt fram att bli med barn. Det var bara det här ”lilla” felet som skulle fixas! Det var en underbart skön känsla att bara ha positiva tankar i huvudet. På den utsatta dagen gick jag med lätta fötter in på avdelningen. Proceduren innan den ”lilla” operationen var densamma som för laparoskopin. Skillnaden kom vid uppvaknandet. Jag hade fruktansvärt ont! De hade gjort snittet längs med bikinilinjen och med det skurit av muskel- och nervtrådar. Jag kom inte upp ur sängen förrän dagen efter operationen och då med hjälp av två sjukvårdsbiträden. Varje steg var en pina. Jag vågade inte harkla mig. Hosta eller skratta var inte att tänka på. Vad jag inte kunde begripa, var att det fanns kvinnor som gjort liknande operationer både en, två och tre gånger! Jag var helt övertygad om det var första och sista gången jag ville gå igenom den här smärtan.

Efter fem dagar fick jag komma hem, det var underbart att få sova i sin egen säng. Fortfarande hade jag svårt att gå. Det kändes som om jag hade bojor kring anklarna. Sjukgymnasten hade skickat med en fyrkantig hård kudde. Jag hade haft den under stussen under min tid på sjukhuset och kunde inte sova utan den. Jag lade upp fötterna på kudden och låg i sängen på samma sätt som om jag skulle ha suttit på en stol. Magnus var mycket uppmärksam under den här tiden och passade upp mig som en drottning. Det var bara en gång som jag fick ett hysteriskt utbrott. Jag hade strängt förmanat Magnus att inte göra sig lustig eller härma dialekter, vilket han var otroligt duktig på. Naturligtvis gjorde han det i alla fall! Jag låg på hallgolvet och skrattade och grät på samma gång. Jag sparkade omkring mig för att han skulle sluta. Men ju mer jag skrattade desto svårare var det för honom att låta bli att skoja med mig. Till slut hade han vett nog att gå ut och jag låg kvar på hallgolvet en kvart, för att vara säker på att han inte skulle komma tillbaka. Jag kunde absolut inte stå upprätt och skratta! Efter ytterligare fem minuter kravlade jag mig upp med ett leende på läpparna. Leendet satt kvar ända till att Magnus återvände hem igen. De första timmarna vågade jag inte ens titta på honom av rädsla över att tappa behärskningen.

*

En vecka efter operationen kom Gunvor och hälsade på.

– Gör det lika ont fortfarande, frågade hon.

– Nej, nu kan jag hosta om jag samtidigt trycker på såret, svarade jag.

– När vi träffades förra gången pratade du om att du trodde att Magnus ljög för dig. Har du fått reda på något mer om den saken, frågade hon.

Jag bad om att få en cigarett och Gunvor skakade fram den ur paketet.

– Nej, inte för att jag har frågat honom, men han har varit underlig vid flera tillfällen. En dag satt han och klottrade i ett anteckningsblock, och utan att tänka på vad jag gjorde, böjde jag mig fram och kikade över hans axel. Han slog igen blocket med en smäll och tittade på mig med en anklagande blick. Jag mumlade fram en ursäkt och lämnade rummet, sa jag.

– Sa han ingenting vid det tillfället, undrade Gunvor och lutade sig närmare mig.

– Inte ett ord! Det var det jag upplevde som underligt. I vanliga fall pratar han alltid vitt och brett om vad han gör, men nu sa han inte ord, sa jag och fimpade cigaretten i askfatet. Är du hungrig? Du kanske vill ha en smörgås?

– Nej tack, jag åt innan jag gick hem till dig. Vad har läkarna sagt förresten? Kommer du att bli med barn inom en snar framtid, frågade hon nyfiket.

– Ja, som du vet ansåg dom inte att det ”lilla” felet, som nu är avhjälpt, borde hindrat mig från att bli gravid. Jag hoppas naturligtvis att dom har haft fel och att det nu blir barn inom kort, sa jag hoppfullt.

– Det hoppas jag verkligen, sa Gunvor. Du har verkligen kämpat och varit tålmodig, kanske inte alltid tålmodig, men definitivt kämpat.

Efter att Gunvor hade gått hem funderade jag över hennes ord. Ja, nog hade jag kämpat alltid. Det gick inte att vara handlingsförlamad och ofrivilligt barnlös. Det finns tusentals par med samma problem och läkarna kan inte komma ihåg oss alla. Därför var det viktigt att påminna dem om ens existens. Det kunde man göra i form av brev och telefonsamtal. Jag vet inte hur många samtal jag har ringt, hur många gånger jag har suttit och väntat på att rätt läkare ska komma till telefonen. Oftast var den rätte läkaren oanträffbar på grund av ledighet, konferenser, sammanträden, operationer eller annat. Vid sådana situationer har jag känt frustration. I de flesta fall var det en sköterska som tog emot samtalet och för det mesta var de vänliga och förstående, men det fanns tillfällen när man träffade på en gnällig och sur sköterska och då blev jag arg. Då ville jag skrika: *Har du barn? Var det svårt för dig att få barn? Inte det! Hur ska du då förstå hur jag har det?* Självklart är det här bara något som jag har haft i min fantasi, aldrig praktiserat. Vid sådana tillfällen gällde det att bita ihop och kämpa vidare.

En god nyhet som jag hade fått reda på var att de skulle göra en ny laparoskopi om en månad. De ville se att sammanväxningen inte hade återkommit, som de tyvärr gör i de flesta fall. Den här gången var jag bättre förberedd. Nu visste jag vad vilken sorts smärta jag kunde vänta mig!

En kväll satt Magnus och jag och pratade om hur vi skulle fira vår tvåårsdag. Planeringen var att det skulle bli tre dagar efter att de utfört laparoskopin. Vi ska inte bjuda in folk, det ska bara vara du och jag, sa Magnus. Var det så han ville ha det, skulle han naturligtvis få det, tänkte jag, men det var en ovanlig önskan. Normalt ville han alltid ha mycket folk omkring sig. Jag slog bort mina funderingar, det var trots allt en hel månad kvar och mycket kunde ändras innan dess.

Det var en vecka kvar till min operation när jag passade på att fråga Magnus vad han ville att jag skulle köpa för ingredienser till vår middag.

– Är det fortfarande bara du och jag, undrade jag.

– Ja, det är väl okej, frågade han och betraktade mig med en bekymrad blick.
– Visst, jag ville bara veta att du inte hade ändrat dig, sa jag undvikande.
– Nej, jag har inte ändrat mig, svarade han snabbt.
Lite för snabbt tyckte jag, men sa ingenting.

*

Läkaren ansåg att operationen hade utfallit till full belåtenhet. Det var min andra laparoskopi och det hade varit en ny läkare igen. Hennes namn var Anna Gathe. Allt var finfint och hade hon inte haft vetskapen om att jag utfört en operation för att sära på äggledare och äggstockar, hade hon varit övertygad om att jag var frisk. Så frisk var jag! Det kändes underligt att höra dessa ord. Jag var fullt frisk, jag kunde bli med barn när som helst, hade normal ägglossning, fullt fungerande äggledare, inga fel i livmodern, sekretet i slidan hade rätt surhetsgrad, temperaturen för spermierna var strålande, allt var perfekt. Varför i helvete blir jag då inte med barn, tänkte jag ilsket. Antagligen för att jag tänker på det för mycket. Jag satt i köket och de sista orden sa jag högt för mig själv med en stor portion ironi. Men hur gör man för att sluta tänka på det? Resa bort är en bra idé! Betalar sjukhuset resan? Ta ett extraknäck och vara helt slut i både knoppen och kroppen att man inte orkar annat än att sova? Bli med barn i sömnen? Ibland hade jag en stark känsla av att jag satt i en bur. Visserligen stod dörren på glänt och tog jag bara ett kliv framåt skulle friheten omfamna mig, men jag vågade inte. Ibland stod jag och hängde i dörrhandtaget och tittade ut, men varje gång drog jag igen dörren. I buren fanns hela tiden ett litet hopp om att få ett barn och valde jag att gå ut genom dörren skulle det vara tomt! Inga barnansikten, inga glada barnskratt eller barnskrik, bara tystnad, tomhet och det var jag inte beredd att ta emot. Jag upptäckte att jag satt och grät vid köksbordet. Jag torkade bort tårarna och ställde mig vid diskbänken, tog en bit hushållspapper och snöt mig ljudligt.

På tvåårsdagen var jag ute och handlade. Till maten skulle vi ha vitt vin och på bordet skulle vi ha levande ljus, tänkte jag och gick och gnolade för mig själv inne i affären. För första gången på länge kände jag mig fri och lättad. Det kanske var hög tid att jag tog Magnus kärlek på allvar och började anstränga mig för att ge tillbaka. Jag ställde matkassarna på diskbänken och packade upp, därefter påbörjade jag middagsbestyren. Då och då tittade jag på klockan för att se hur lång tid jag hade på mig innan han kom hem. Jag tog ett bad och valde kläderna med omsorg. Under tiden som jag gjorde makeup ringde telefonen. Typiskt att det alltid ska ringa när man är upptagen, tänkte jag. Det var mamma som ville veta hur vi hade det och jag berättade vad som var på gång. Hon önskade lycka till, sa hejdå, och lade på. Jag höll på att ta på mig nylonstrumporna när jag hörde att Magnus var på väg in. På ett ben hoppade jag in i badrummet. Jag ville inte att han skulle se mig innan allt var klart och naturligtvis slog jag i knäet på toalettkanten. Fan också! Hoppas att strumporna höll! Jag hade tur, strumporna klarade sig. Magnus ropade mitt namn och inifrån badrummet svarade jag att allt snart skulle vara klart. Jag hörde hur han gick in i köket, lyfte locken på kastrullerna, gick in i sovrummet och öppnade garderobsdörrarna. Äntligen satt allt på sin plats, örhängen, halsband, läppstiftet och håret låg snyggt. Jag tittade mig i spegeln en sista gång innan jag gick ut för att möta honom. Han stod med ryggen mot mig, tittade in i garderoben, och märkte inte när jag kom in. Jag harklade mig när jag stod en halv meter från honom. Han hoppade till och vände sig om.

– Du skrämde mig Helena! Väldigt vad fin du är, sa han och tog ett varv runt mig. Jag var i köket och kikade i kastrullerna, det ser gott ut.

– Jag vet att du tjuvtittade, jag hörde dig, sa jag, tog ett steg framåt och ville omfamna honom.

Abrupt vände han sig tillbaka mot garderoben. Det var som att han inte ville se min avsikt. Jag kände mig lite dum, där jag stod med armarna i luften, men tänkte att han antagligen inte hade märkt min intention. Jag backade sakta bort mot dörren med orden att maten snart skulle vara på bordet. Magnus nickade och återgick till att bläddra bland sina skjortor. Jag väntade till att han var klar med sitt klädombyte, innan jag serverade maten. Han hade tagit en dusch, luktade gott och såg fräsch ut. Jag hällde upp vinet och när vi skulle skåla visste jag inte vad någon av oss skulle säga, men till slut klämde jag fram, ”*för oss*”, och höjde glaset. Magnus lyfte sitt glas, tittade på mig, och satte ner glaset igen.

Middagens samtal handlade om allt från hur det hade gått på tipset, till hur han hade haft det på jobbet. Jag dukade av, satte fram kaffekoppar, konjakskupor, under tiden satt Magnus och rökte en cigarett. På något sätt fick jag en känsla av att nånting var fel, men jag visste inte vad. Jag hällde upp kaffet och Magnus lät de dyra dropparna falla ner i konjakskuporna. Fortfarande hade han inte sagt ett enda vettigt ord. Inte ett enda ord om att detta var vår tvåårsdag, bara det var egendomligt. Jag fick känslan av att sitta i ett mörkt rum och inte våga tända belysningen av risk för att det som skulle synliggöras, var något man inte ville se. Jag läppjade på konjaken och tog en slurk kaffe. Sedan tröttnade jag på att vänta på ett svar.

– Magnus, vad är det? Du har väntat hela kvällen på att säga något. Vad är det du vill?

Jag trodde nog att jag var förberedd på alla svar, men det här var det sista svaret jag hade väntat mig. Magnus satte ner sitt konjaksglas, tittade ner på bordet, och började leka med teskeden.

– Jag vet inte riktigt hur jag ska förklara det här, började han trevande.

Min irritation kom smygande och jag var inte alls på humör för att underlätta något för honom. Tyst avvaktade jag svaret.

– Du vet att jag tycker du är det finaste jag vet, fortsatte han med blicken fortfarande fäst i bordet.

Jag kände hur jag stelnade, men fortfarande tänkte jag inte säga något.

– Det har hänt något som jag inte kan rå på, sa han tyst. Jag tänker flytta från dig och jag har redan skaffat en ny lägenhet.

När han sagt den meningen lyfte han blicken och fäste den på mig.

Jag kände hur min mun öppnades och stängdes ett flertal gånger innan jag fick luft. De första sekunderna kom jag inte på något vettigt alls. Vad skulle jag säga? Jag tog ett stadigt tag i bordet, som för att kontrollera att det var verklighet och att jag inte befann mig i en dröm.

– Men du älskar ju mig, pep jag fram med hes röst.

– Jag har älskat dig, sa han, men nu tycker jag bara om dig som människa.

Han undvek min genomborrande blick.

– Vad menar du? Tycker om mig som människa! Svara mig, skrek jag.

Jag kände hur all min instinkt till försvar hade vaknat. Vad hade hänt? Varför gjorde han det här på vår tvåårsdag? Ville han straffa mig?

– Men snälla Helena var inte så melodramatisk! Du har väl inte precis dyrkat mig, eller hur, sa han och tittade på mig.

Jag visste det! Han ville straffa mig för att inte jag hade gett honom samma kärlek som han hade gett mig. Magnus skakade fram en cigarett ur sitt paket och tände den.

– Ingenting som du säger eller gör kommer att ändra på mitt beslut, bara så att du vet, sa han och blåste samtidigt ut lågan på tändstickan.

För mig var det en nonchalant gest och jag ilsknade till.

– Menar du på fullt allvar att du har varit totalt likgiltig inför alla mina operationer? Vill du helt plötsligt inte ha några barn? Du som alltid sagt hur gärna du vill bli pappa igen!

Min röst hade åkt upp en oktav, det sista tjöt jag fram och kände hur tårarna hotade tränga sig fram.

– Jag kan bara säga att jag är ledsen över allt det här, men nu är det som det är, och ingenting kan ändra på det, sa han och ryckte på axlarna.

Jag kände det som om jag ville slå honom! Hoppa över bordet, ta en av ljusstakarna och drämma till honom i huvudet. Hur kunde han? Här satt vi och firade vår tvåårsdag och han serverade förödelse på tallrikarna. Jag grep tag i konjaksflaskan, hällde upp en rejäl mängd i mitt glas och tog med mig det in i badrummet. Jag låste dörren och satte mig på toalettstolen. Jag kände hur tårarna strömmade nerför mina kinder. Var jag så omöjlig att leva med? Var det för att allt kretsade kring att bli-med-barn? Var det frågan om barn som förstörde allting? Jag öppnade dörren och gick ut i vardagsrummet. Magnus satt och tittade på TV! Jag satte mig mittemot och försökte få honom att titta på mig, men han undvek min blick.

– Har du träffat någon annan, undrade jag och konstigt nog var det inte förrän jag ställde frågan som tanken hade slagit mig.

– Ja, det har jag, svarade han lugnt.

När jag fick svaret tappade jag nästan glaset. Utan ett ord reste jag mig ur soffan och gick ut i köket. Där stod flaskan med konjak. Den följde med mig in i badrummet och återigen låste jag dörren. Den salta smaken av tårar som rann ner i munnen, blandades med konjak. Jag stirrade på telefonen som satt på väggen vid sidan av toalettstolen. Jag hade skrattat vid tillfället som Magnus hade satt upp den och hade tyckt att det var fånigt med en telefon i badrummet, men nu var den en väg ut. Jag lyfte luren och hörde signalen som förkunnade att jag bara behövde trycka in de rätta siffrorna. Signalen ljöd en lång stund innan jag förmådde mig att slå siffrorna. Jag hörde signalerna gå fram och hörde att någon lyfte på luren. Jag lyssnade på den välbekanta rösten och tårarna strömmade.

– Hallå Helena, vad står på? Vad har hänt?

Jörgens röst var orolig och jag kände hur tårarna rann nerför mina kinder.

– Magnus vill inte ha mig längre, hackade jag fram mellan gråtattackerna. Han vill flytta! Han har hittat en annan!

Jag satt på det kalla golvet i badrummet, bredvid mig på toalettlocket stod konjaksglaset, mellan mina ben låg flaskan, och jag försökte förklara för Jörgen vad som hade hänt.

– Är jag verkligen så besvärlig att leva med, frågade jag.

– Du är kanske inte den lättaste, men inte heller den svåraste, sa Jörgen och tröstade mig.

– Vad är det som är fel, undrade jag uppgivet.

– Jag vet inte, men han kanske känner sig pressad av din önskan om att få barn, sa Jörgen.

– Gjorde du det, replikerade jag.

Det blev tyst i luren, jag höll den hårt och väntade.

– Ja, ibland kändes det meningslöst att prata med dig, för du var fast besluten att det enda som gällde var att skaffa barn, sa han tyst.

Efter de orden kände jag tomhet. Hade jag verkligen stött bort Jörgen på grund av min längtan efter barn? Jag tog en stor klunk konjak och det sved i halsen. Jag frågade Jörgen om hur han mådde, hur livet var just nu och undvek att nämna ordet barn. Det sista han sa var att jag inte skulle oroa mig. Förr eller senare skulle jag träffa någon som ville ha barn lika hett som jag. Jag lade på luren, lutade mig mot den kalla kakelväggen, och funderade på om det här verkligen var det jag ville med mitt liv? Hur länge skulle jag leta efter någon som ville ha barn? Var det inte kärlek som skulle komma först? Var det inte kärlek och en trygg famn att vila i som borde vara det allra viktigaste i ett förhållande? Jag satt på golvet i badrummet och gav mig själv ett löfte. Om det kom en ny man in i mitt liv skulle han vare sig ha barn eller vilja ha barn, för jag orkade inte längre. Jag bestämde mig för att ge upp tanken på barn och skaffa mig ett liv! Med de orden på läpparna vinglade jag ut i köket, ställde glaset och flaskan på köksbordet, gick rakt in i sovrummet och lade mig i sängen.

*

Morgonen därpå vaknade jag med huvudvärk. Jag stapplade ut i badrummet och fick syn på min spegelbild. Usch, som jag såg ut! Svullna rödgråtna ögon och klumpar av mascara i ögonfransarna, men Magnus var inte hemma och ärligt talat saknade jag honom inte! Jag klev i badkaret och lät vattnet rinna över mitt ansikte. Efter duschen frotterade jag mig hårt och fick ansiktet fullt med frottéludd. Jag fann det ganska meningslöst att sätta på mascara på svullna ögon. Det var knappt att jag kunde se ögonfransarna. Jag gick ut i köket och ställde mig vid fönstret. Regnet vräkte ner och de hårda dropparna trummade på fönsterblecket. Ljudet överröstade mina tankar och jag gick in och satte mig i soffan i vardagsrummet. Jag kunde fortfarande höra regnet, men nu som ett bakgrundsorl. Jaha, tänkte jag, nu var jag ensam, men det kändes inte alls på samma sätt som när det tog slut mellan Jörgen och mig. På något underligt vis tyckte jag att det var tur att Magnus och jag aldrig hade fått barn tillsammans. Baksmällan hade fått dubbel effekt. I allt ont finns det något gott, som en del brukar påstå. Även om inte alla skulle hålla med mig om det, tänkte jag. Jag satte på en kanna kaffe och bredde mig en skorpa. Idag var det söndag och jag var ledig. Plötsligt slog det mig! Magnus och jag hade samma arbetsplats! Paniken grep tag i mig, det sista jag ville göra var att springa på honom och hans nya tjej på måndag, men hur skulle jag få tag på ett nytt jobb på en söndag? Dessutom hade jag minst en månads uppsägning, men jag kanske kunde ta ut uppsägningstiden i semester, tänkte jag desperat. Jag drog fram telefonen och slog numret till Gunvor.

– Adam mitt i maten!

Alltid när Adam svarade blev jag full i skratt. Han hade alltid olika varianter på hur man kunde svara i en telefon. Jag hejade på honom och pratade några ord, men jag ville inte berätta om vad som hade hänt. Jag ville ta det med Gunvor, sedan kunde hon föra det vidare.

– Hej Helena, vad gör du i det roliga vädret?

– Packar Magnus kläder och hjälper honom att flytta, sa jag och tog ett djupt andetag.

– Vad säger du, ropade Gunvor. Vad har hänt? Är ni ovänner?

– Ja, vänner är inte ordet som passar in just nu, sa jag.

I korta ordalag berättade jag för Gunvor vad som hade hänt.
– Om du vill kommer jag över och håller dig sällskap, sa hon.
– Tack, men jag vet inte när Magnus kommer tillbaka och är du här blir det nog ansträngt, sa jag och försökte låta bli att låta lika ynklig som jag kände mig.
Just nu kände mig oerhört ensam, men jag ville inte att Gunvor skulle höra det.
– Men lova att du ringer mig om du känner dig det minsta ensam, då kommer jag på en gång, sa hon med bestämd röst.
– Jag lovar, svarade jag och vi avslutade samtalet med att önska varandra en trevlig söndag, så trevlig den nu kunde bli under omständigheterna.

När Magnus kom hem höll jag på att dammsuga och kände inte för att prata. Jag hejade på honom och fortsatte med min städning. Han gick in i köket och jag hörde hur han stökade i köksskåpen. Kanske får han inte mat hos den nya, tänkte jag elakt. Plötsligt ropade han på mig, men jag låtsades inte höra utan fortsatte envist med att dammsuga. Då tryckte han på knappen, dammsugaren dog och det blev alldeles tyst.
– Vad är det, frågade jag.
– Tycker du inte att det finns en del praktiska saker som vi bör diskutera? Till exempel vad jag ska ta med mig och när jag kan flytta, sa Magnus.
– Det finns det säkert, sa jag buttert.
– Jag kan berätta för dig att jag har tagit ut två veckors semester och informerat Axel om vad som har hänt. För jag antar att du vill undvika att fortsätta jobba på samma arbetsplats som jag.
Jag kände hur ilskan kom smygande. Hur tror han att det kändes att få reda på att ens chef var informerad om ”vår” situation? Axel kanske till och med hade fått reda på det före mig? Jag struntade

i att kommentera vad som nyss hade sagts, utan nickade bara i samförstånd. Vi satte oss vid köksbordet och Magnus radade upp alla praktiska detaljer. Jag yttrade inte ett enda ord under tiden.

– Det verkar som om att vi skulle vara överens, eller hur, frågade Magnus.

– Jag har i alla fall ingenting att invända, sa jag och tittade ut genom fönstret.

Det hade slutat att regna. Det skulle bli skönt när allt det här var över, tänkte jag.

Magnus reste sig upp och gick ut ur köket, tog sin jacka, nickade kort, och jag hörde ytterdörren slå igen bakom honom. Det kanske inte skulle bli så dumt att vara ensam, tänkte jag och tände en cigarett. Under mitt vuxna liv hade jag bara bott ensam i några månader. Framförallt skulle det bli nyttigt att slå barntankarna ur hågen. Jag bestämde mig för att köpa tidningen. På söndagar brukar det finnas gott om platsannonser.

*

På måndagen när jag kom till jobbet var Axel fylld av sympati över min situation och klappade mig på ryggen.

– Jag förstår att du vill se dig om efter ett nytt jobb, sa han. Vill du ta ut uppsägningen i semester går det också bra.

Alla var så fyllda av förståelse att det gjorde mig spyfärdig. Min enda tanke var, hur länge hade de vetat om det? Jag hade aldrig frågat Magnus hur länge han hade haft sitt nya förhållande, men med tanke på alla dessa ”fulla av förståelse ansikten” kanske det var längre än vad jag hade inbillat mig. Vid lunchtid gick jag in till Axel och sa att jag ville gå hem för resten av dagen. Det var inga problem och han nästan föste ut mig genom dörren. Jag talade om för honom att jag hade hittat ett intressant arbete, som jag tänkte söka. Axel lovade mig utmärkta rekommendationer och skulle personligen skriva ut mitt betyg. Med de orden i ryggen promenerade jag ut från min arbetsplats och gick för att träffa min nye chef, som jag redan samma förmiddag hade ringt och bestämt en tid med.

Jag hade tur och fick jobbet. Lönen var lägre men i gengäld fick jag en tjänstebil och det var praktiskt för min del. På mitt nya jobb blev jag bekant med en ny tjej. Hon hette Maria, var trettiosju år och hade varken man eller barn. Allt oftare gick vi två ut och roade oss. Maria var lättsam och rolig att umgås med. En dag när jag satt vid mitt skrivbord, slog hon sig ner.

– Vad säger du om att åka till Spanien med mig, frågade hon.

– Vad menar du att jag ska säga, undrade jag förvånat.

– Vi skulle faktiskt dela rum och har bara arbetat tillsammans i tre månader. Du kanske skulle uppleva det som besvärligt, sa hon.

– Det skulle inte spela mig någon roll, sa jag och menade det.

Under de tre månaderna som vi hade jobbat ihop, hade jag uppskattat hennes sällskap.

– Vad säger du om att ta lunchen till att beställa resan, frågade Maria.

– Det tycker jag låter som en utmärkt idé, sa jag.

Min ekonomi skulle bli ansträngd men om jag berättade det för mamma skulle hon säkert lämna ett litet bidrag. Efter att Magnus hade lämnat mig hade både mamma och min styvfar varit mer än villiga att hjälpa mig. Naturligtvis tyckte de synd om mig och naturligtvis ville de inte låtsas om det. Jag slutade hamra på min skrivmaskin en stund och lutade mig tillbaka i stolen. Det skulle bli riktigt skönt att byta miljö i några veckor.

På kvällen ringde jag till Gunvor och berättade om resan vi hade beställt.

– Det behöver du Helena, sa hon. Du har haft det jobbigt och två veckor med sol och bad kommer att göra dig gott. Du kanske hittar din drömprins, vem vet!

– Tack du, men jag har inga planer på att hitta någon drömprins, sa jag. Det är nog bara att inse att det inte finns några drömprinsar.

– Säg inte det, sa Gunvor med skratt i rösten. Man vet aldrig vad som kan hända och du ska inte vara negativ! Det är inte likt dig Helena.

– Jag är inte negativ, men det där med karlar har jag lagt på hyllan för ett tag, svarade jag bestämt.

– Men du vill väl inte leva ensam för resten av ditt liv, frågade Gunvor oroligt. Jag menar, bara för att Magnus var en skitstövel betyder inte det att alla karlar är av samma virke.

– Nej, jag tror inte att alla karlar är skitstövlar, men just nu vill jag inte tänka på att träffa någon. Just nu vill jag bara ha lugn och ro, ingenting annat, sa jag.

– Jag hoppas i varje fall att du träffar någon så småningom, eftersom jag inte tycker att du passar att vara ensam. Du är den pyssliga sorten som behöver ha någon att pyssla om, sa Gunvor.

– Så småningom kommer jag säkert att träffa någon och du kommer att vara den första att få reda på det, sa jag för att lugna henne.

*

Maria och jag kom ner till vår lägenhet på Mallorca, som vi hade bokat. Vi åt gott och drack billigt, mycket billigare än vad man var van vid hemma i Sverige. Jag köpte mig flera par skor i skinn, vilket också var som att handla på reornas rea. Eftersom vi var där i slutet av september var det inte mycket folk och det passade oss förträffligt. Ingen trängsel på gatorna eller badstranden. Tack och lov snubblade varken Maria eller jag över några karlar. Visst blev vi utbjudna, men vi tackade alltid nej. Ingen av oss var i behov av manligt sällskap. En kväll satt vi på altanen, i sällskap av syrsor och ljumma vindar, och delade en flaska vin. Jag berättade öppenhjärtigt om vad som hade hänt mig i mitt liv och hon hade en ganska tråkig historia att berätta. Hon hade varit sammanboende med en man i tio år och för två år sedan hade han avlidit i cancer. Jag blev bestört när hon pratade om det och såg tårarna blänka i hennes ögon.

– Jag saknar honom fortfarande, sa hon. Ibland när jag går ut på stan och ser någon som påminner om Harald, tar hjärtat ett skutt i bröstet. Då får jag plötsligt för mig att han fortfarande finns någonstans i min närhet.

– Varför skaffade ni inte några barn, frågade jag nyfiket.

– Vi reste mycket på grund av hans jobb och vi tyckte inte att det kändes rätt att släpa på barn runt halva jordklotet. Jag ville helt enkelt inte sitta ensam med ett barn och vänta på att Harald skulle komma hem. Ibland var vi borta i perioder om sex månader. Vid ett tillfälle arbetade han i Saudiarabien i över ett år och sedan var det dags för USA. Därför blev det aldrig några barn, sa Maria med sorg i rösten. Vi tyckte alltid att vi hade gott om tid, men tiden hann ifatt oss. Det blir inte alltid som man har tänkt sig, men livet måste gå vidare.

Maria reste sig upp ur stolen och ställde sig vid balustraden och tittade upp mot den stjärnbeströdda himlen. Den kvällen pratade vi om alla våra drömmar och förhoppningar. Maria hade gett upp tanken på att bli med barn, men att leva ensam tilltalade henne inte. Däremot var hon inte villig att leta efter en livskamrat. Den dagen det händer så händer det, resonerade hon och jag kunde bara hålla med.

*

Samma dag jag kom hem ringde jag upp Gunvor. Hon blev glad över att höra min röst och tackade för kortet som jag hade skickat.

– Nå, träffade ni några snyggingar, frågade hon hoppfullt.

– Inte en endaste en, svarade jag sanningsenligt.

Eftersom jag inte hade letat efter någon, hade jag inte heller lagt märke till någon.

– Så synd, jag hade hoppats få höra alla snuskiga detaljer, sa hon med skratt i rösten.

Jag instämde i skrattet, men försäkrade henne att vi hade varit mycket ordentliga i fjorton dagar. Jag kunde inte bjuda på en endaste skandal.

– På tal om något helt annat, Adam och jag har anmält oss till en buggkurs. Vill du hänga med?

– Men jag har ingen danspartner, sa jag.

– Det behöver du inte ha, sa Gunvor.

– Nu vet jag vad du är ute efter! Du vill att jag ska springa rakt i armarna på en ny karl, som kan dansa, sa jag.

Det var inte svårt att dra på munnen när jag hörde hennes försäkringar om att så inte var fallet. Absolut inte sa hon, men jag trodde henne inte. Jag kapitulerade inför hennes övertalning. Det skulle kanske bli roligt att lära sig bugga.

– Okej, anmäl mig också. Men jag tänker inte göra mer än att lära mig dansa! När börjar spektaklet?

– Den sjunde januari nästa år och kostar fyrahundra kronor per termin, sa Gunvor.

– När inbetalningskortet kommer är det bara att säga till, svarade jag.

Jag hade lagt på luren och började småskratta för mig själv. Antagligen tänkte inte Gunvor ge upp förrän jag hade en ny karl. Hon var verkligen otrolig! Men samtidigt blev jag varm i hjärtat när jag tänkte på hur mycket energi hon lade ner för att jag skulle bli lycklig. För henne var det inte bara tomma fraser, de betydde verkligen något. Gunvor var en riktig vän.

Julen försvann i ett huj och så även nyårsafton. För första gången på många år firade jag båda högtider med mamma och min styvfar. De uppförde sig som hönsmammor båda två och visste inte hur väl de ville.

– Ta en kaka till Helena, du ser väldigt mager ut, sa mamma och bjöd mig kakfatet.

Jag hade gått ner sex kilo sedan Magnus och jag gått skilda vägar, men det var inte något som fick mig att se mager ut, förklarade jag för tredje gången.

Tids nog träffar du någon ska du se, sa mamma och för andra gången inom loppet av tio minuter, log jag och nickade. Ha inte för bråttom den här gången, sa min styvfar och även den här gången nickade jag och log. Jag lovade högt och tydligt att den här gången skulle jag inte flytta ihop med någon man inom några månader efter första träffen. Det verkade lugna dem.

Jag började se fram emot buggkursen. Mina kunskaper i dans sträckte sig till att stå på ett dansgolv och skaka till discomusik, därför skulle det bli roligt att få lära sig något nytt. Många gånger hade jag med avundsjuka blickar tittat på buggande par och önskat att jag hade kunnat dansa lika bra. Nu hade jag fått chansen. Gunvor bestämde att vi skulle träffas utanför lokalen en halvtimma innan och det kändes skönt att inte behöva stå ensam och vänta. Vi stod och väntade tätt intill varandra och trots att Gunvor höll Adam hårt under armen såg han nervös ut.

Vi var över femtio personer som väntade på dansläraren och sorlet var öronbedövande när alla pratade i munnen på varandra. Plötsligt tystnade sorlet längst bak i ledet för att sakta men säkert spridas till oss. Jag sträckte på mig så gott det gick för att se vad det var som fick alla att tystna. Jag hörde en dov röst allra längst fram, men såg ingen. Jag knuffade lätt på Gunvor och frågade om hon kunde se någon.

– Nej, men jag misstänker att det är vår lärare som står där framme och snart måste han komma i den här riktningen eftersom vi står framför dörrarna, sa hon.

Plötsligt delade sig hopen av människor och mellan dem trängde sig en kortvuxen man. Han var klädd i en grön polotröja, beige byxor och ett par krämfärgade loafers. Det såg ut att vara en bekväm klädsel att dansa i, tänkte jag. Själv hade jag inte haft en aning om vad som var passande buggkläder och Gunvor hade föreslagit pumps, kort klockad kjol och en jumper. Jag tog henne på orden och tittade man utöver gruppen danssugna var de flesta tjejer klädda i något liknande. Läraren stod med ryggen mot mig när han låste upp och jag noterade att han var huvudet kortare än jag. Vi trängde oss in och försökte ställa upp oss så ledigt som möjligt enligt hans order. Han presenterade sig som Jonas och berättade att det här med dans var hans extraknäck.

Först skulle vi dela upp oss efter kön. Killarna placerades på höger sida och kvinnorna på vänster. Sedan räknade han oss. Det blev ett överskott på åtta tjejer. Han plockade ut en av dem och började långsamt visa stegen vi skulle lära oss. Hur vi skulle hålla varandra och så vidare. Allt som allt pågick danslektionen i en timma och jag var rejält svettig när den började lida mot sitt slut. Han tackade oss för en trevlig kväll och hälsade oss välkomna tillbaka med orden; Träna nu duktigt hemma på det ni lärt er, så ses vi nästa vecka, samma tid, samma plats!

Vi hade tagit med oss våra ytterkläder och stövlar in i salen och nu letade vi efter dem. Efter mycket om och men hittade vi våra saker och tog oss ut. Mina pumps låg tryggt i en plastpåse när vi kom ut i den kyliga vinterkvällen.

– Det här var jätteroligt, sa Adam. Vad tyckte du Helena?

– Jag måste erkänna att jag hade hur kul som helst, sa jag.

– När vi har tagit fem eller sex lektioner kanske vi skulle ta och praktisera våra kunskaper ute i dom riktiga dansmiljöerna. Vad tycker ni om det, frågade Gunvor.

– Javisst, räkna in mig, sa jag.

– Mig med, sa Adam och lade armen om Gunvor.

I sakta mak promenerade vi i riktning hemåt.

*

Vid fjärde kurstillfället blev jag uppbjuden av en man som jag inte hade sett tidigare. Det var möjligt att han hade varit med från början, men vi var så många att det var orimligt att hålla reda på alla. När vi hade buggat klart kände jag mig tvungen att fråga.

– Ursäkta, det här är säkert en dum fråga, men har du varit här tidigare?

Han skrattade när han hörde min fråga och tog tag i mig när musiken började spela igen. Vi flängde runt på dansgolvet och hela tiden hade han ett leende på läpparna. Fortfarande hade han inte besvärat sig med att svara på min fråga, tänkte jag surt. Under tiden som vi virvlade runt passade jag på att studera hans utseende. Mörkbrunt tjockt hår, mörkblå ögon med havsdjup och ett väldigt charmigt leende. När han skrattade förhöjdes charmen av nålfina rynkor kring ögonen. Mest tyckte jag om hans röst, den var mörk och sensuell. Han var minst en decimeter längre än jag och väldigt bred över axlarna, även det var attraktivt. Men vad höll jag på med? Var jag inte riktigt klok? Nu var jag på väg att intressera mig för en ny karl! Det var bara åtta månader sedan som jag hade burit ut Magnus kläder! Dansen var slut och han överlämnade mig till tjejsidan, tackade för dansen, och gick sin väg. Jag var så tankspridd att jag inte kom mig för att fråga efter hans namn. Jag såg honom bara en gång till under danslektionen och då var han i full färd med att dansa med en annan tjej. Det som gjorde mig lite besviken var att han skrattade lika mycket med henne som han hade gjort med mig. Jag ryckte på axlarna, varför i himmelens namn skulle han inte få ha roligt med någon annan? Nu fick jag ta och skärpa mig, sa jag till mig själv i bestämd ton. Tydligen hade jag pratat högt för Gunvor, som stod bredvid, undrade vad jag mumlade om. Jag låtsades som jag inte förstod och tack och lov insisterade hon inte.

Varje gång vi gick till buggkursen tittade jag efter honom, men det dröjde ända fram till april månad innan jag såg honom igen. Plötsligt stod han framför mig med sitt sköna leende och frågade om jag ville dansa. Om jag ville! Jag kände att jag blev nervös bara av att vara i hans närhet. Under tiden som vi dansade vågade jag inte titta på honom. Men han verkade inte lägga märke till det, utan dansade precis lika bra som första gången vi hade träffats. Däremot snubblade jag ideligen på mina fötter och trampade honom på tårna vid flertalet tillfällen. Rodnaden kröp upp i mitt ansikte. Samtidigt som jag ville att dansen skulle ta slut, ville jag inte att den skulle ta slut. En ambivalent och ovanlig situation för mig. Under tiden som vi dansade hade jag inte sagt ett enda ord och när dansen tog slut blev jag alldeles mållös när jag hörde att han ville träffa mig.

– Va! Vill du? Jag menar, var då? När sa du?

Han tittade allvarligt på mig och ställde frågan en gång till.

– Jag skulle vilja att du och jag tog en kopp kaffe på söndag, kan du det?

– Ja tack, det vill jag gärna, klämde jag ur mig till sist. Var ska vi träffas?

– Vad säger du om Björngårdsvillan i Slottsskogen? Blir det bra om vi säger klockan tolv?

– Javisst, det passar utmärkt, svarade jag, fortfarande vimmelkantig av både dansen och hans närhet.

– Jamen, då säger vi det! Vi syns, hejdå, sa han och var försvunnen.

Det var Gunvor som fick mig att återvända till verkligheten. Hon skakade i mig för att jag skulle reagera.

– Mår du inte bra Helena? Du verkar alldeles väck!

– Jag har just blivit utbjuden och tackat ja, sa jag och såg knappt hennes händer, som viftade framför mina ögon.

– Du har blivit utbjuden och tackat ja, ropade Gunvor förtjust. Av vem? Är han här, frågade hon och tittade åt alla håll. Vad heter han?

Jösses! Jag hade inte ens frågat efter hans namn och han hade inte frågat efter mitt heller. Jag började skratta högt. Gunvor tittade undrande på mig.

– Vad är det Helena, varför skrattar du?

– För att jag inte vet vad han heter och han har ingen aning om vad jag heter heller, svarade jag skrattande.

Hon stirrade på mig med en blick som uttryckte sig fullkomligt glasklart.

– Du menar väl inte på fullt allvar att du tänker träffa en karl som du inte ens vet namnet på, sa Gunvor allvarligt.

– Jo, faktiskt så tänker jag göra det. Jag vet att det inte låter riktigt klokt, men han verkade fullkomligt normal, inte alls typen som lemlästar eller våldtar, svarade jag roat.

– Men jag tycker det verkar skumt att han inte sa sitt namn. Han kanske är gift! Såg du om han hade någon ring på fingret, frågade Gunvor irriterat.

– Ärligt talat hade jag inte en tanke på att titta efter en ring.

Jag blev aningen nervös vid tanken på att han kanske redan var gift men slog genast bort tanken.

– I vilket fall som helst tänker jag träffa honom på söndag, i fullt dagsljus på Björngårdsvillan, och jag tänker inte ta med mig honom hem. Det behöver du inte oroa dig för i alla fall, sa jag bestämt.

Gunvor verkade lugnad med tanke på att mötet skulle ske mitt på ljusa dagen och på en offentlig plats.

– Glöm inte bort att ringa mig efter träffen, sa hon och hade sin vanliga nyfikenhet i rösten.

Vi kramade om varandra och jag lovade att ringa henne på söndag kväll. När jag kom hem satte jag mig och glodde på TV:n, men kunde inte koncentrera mig. Tankarna var upptagna med hur det skulle bli på söndag.

*

Jag tittade ideligen på klockan och nu var hon kvart i tolv. Jag ville vara ute i god tid för att kunna se honom komma gående uppför stigen som ledde till Björngårdsvillan. Jag inbillade mig att det skulle ge mig något slags övertag. När han var på väg emot mig kände jag omedelbart igen honom. Jag började vinka glatt och han vinkade tillbaka. Han ställde sig framför mig och jag vågade inte titta på honom, utan lät blicken vandra över omgivningarna, som om jag inte hade sett dem förut! Jag bestämde mig för att gå före honom in på Björngårdsvillan. Vi tog varsin plastbricka, fyllde på med kaffe och bulle, och hittade en sittplats. Han slog sig ner framför mig och jag var såld! Totalt såld på mannen som jag inte ens hade ett namn på! Nu förstod jag vad " kärlek vid första ögonkastet" hade för innebörd. Jag hade hört andra som drabbats, men aldrig någonsin kommit på tanken att det skulle drabba mig. Jag kunde se hur hans läppar rörde sig, men jag hörde inte ett ord. Mitt hjärtas bultande överröstade hans ord, han plockade fram ett fotografi ur sin plånbok och överräckte det till mig. Det var ett fotografi på hans dotter! Jag stirrade på fotot och sa; *"vilken söt flicka"* och hade alldeles glömt bort löftet jag hade gett mig själv. Löftet att jag inte skulle träffa en man som hade barn, att jag inte längre skulle bry mig om jag blev med barn eller inte. Allt var som bortblåst ur minnet. Det kändes som om det lilla förstånd jag ägde hade glömts kvar på trappan på väg till Björngårdsvillan. Jag kanske skulle ringa till stadens hittegodsavdelning och höra om någon vänlig själ hade hittat mitt förnuft och lämnat in det till förvaring. Jag satt och log så stort att jag trodde mitt ansikte skulle spricka från öra till öra.

– Förresten vi har glömt en sak! Jag heter Krister Mattson, sa han och sträckte fram sin hand.

– Jag heter Helena Hilmarsson, sa jag och tog hans hand.

Han berättade att han var egen företagare. Det var en liten datafirma med tre anställda. Eftersom datorer inte var ett område där jag kände mig hemma var jag glad när vi övergick till att prata om fritidsintressen. Han spelade golf och hade en segelbåt! Det här började bra tänkte jag, som aldrig hade spelat golf och seglat en endaste gång. I halv storm hade den seglatsen varit en skräckupplevelse, där jag hade klängt mig fast kring masten nere i kajutan. Jag förstod ganska snabbt att han inte var typen, som satt och stickade, målade tavlor eller läste böcker. Du milde, det var inte mycket vi hade gemensamt, men plötsligt kände jag att golf och segling var två saker som jag gärna ville lära mig mer om. Lära honom att sticka kunde jag göra vid ett annat tillfälle!

– Vad skulle du säga om att följa med mig ut på en segeltur nästa lördag? Bara över dagen, eftersom du inte har seglat förut, sa Krister.

– Det vore jättespännande, men du måste ha överseende med mina uttryck om rep och segel, svarade jag glatt.

– Jag lär dig gärna mer om du vill, sa Krister och tog min hand.

Min kropp skälvde och jag drog tillbaka min hand. Han tittade nyfiket på min reaktion. Vi skildes åt, han pussade mig mjukt på munnen och sa att han skulle ringa mig under veckan. Jag såg fram emot det. Min blick följde hans ryggtavla när han vandrade iväg. Jag kände ett glädjerus i kroppen och nynnade glatt hela vägen hem.

*

Innan jag ringde till Gunvor satte jag mig vid köksbordet och grunnade på vad som hade hänt för bara några timmar sedan. Jag funderade på fotografiet av dottern som Krister hade visat mig. Hon hade sett väldigt rar ut, det skulle säkert inte bli några problem, tänkte jag positivt. Jag kände mig upprymd och slog numret till Gunvor.

– Hej, det är Helena nyss hemkommen från Björngårdsvillan utan en skråma, skrattade jag.

– Nå, hur gick det, utropade Gunvor.

– Det var underbart och jag gick ner för räkning. Vad säger du om det, frågade jag och hörde Gunvor tjoa i luren.

– Va, gick du ner för räkning! Det hade jag aldrig kunnat föreställa mig, sa hon.

– Nej, inte jag heller. Jag har hört talas om det, men att jag skulle bli kär vid första ögonkastet hade jag aldrig kunnat föreställa mig, sa jag och lutade mig mot spegeln och manade fram bilden av Krister.

– Hallå! Vart tog du vägen, ropade Gunvor.

– Jag är kvar, svarade jag drömmande.

– Skönt att höra, ett tag trodde jag att du hade svimmat, sa Gunvor med skratt i rösten. När ska ni träffas igen?

– Nu på lördag och då ska han lära mig att segla, sa jag.

– Det låter härligt! Har han varit gift, frågade Gunvor.

Frågan överrumplade mig och svaret bubblade ur mig.

– Bara varit sambo och så har han en dotter på tio år!

– Har han barn! Men du minns väl vad som hände förra gången, sa Gunvor och lät rädd.
– Hon är ju tio år och är säkert glad för att hennes pappa träffat en ny kvinna, sa jag och försvarade redan hans dotter.
– Varför skulle dottern vara glad för att hennes pappa träffar en ny kvinna, frågade Gunvor.
– Först och främst var flickan bara tre år när dom gick skilda vägar och dessutom har Kristers före detta sambo en ny man sedan flera år tillbaka, svarade jag bestämt.
– Vad skulle göra det här barnet annorlunda mot andra barn, undrade Gunvor. Du vet lika bra som jag att alla barn är svartsjuka på deras föräldrars nya partners. Dom är alltid rädda för att deras mamma eller pappa ska glömma bort deras existens när dom träffar någon ny. Tror du verkligen att Kristers dotter skulle reagera annorlunda, frågade Gunvor och lät trött i rösten.
Jag hade inte tänkt alls, men det ville jag inte erkänna. Blev jag tvungen att tänka över situationen var det inte i negativa termer när det gällde hans dotter. Eftersom mamman hade en ny man och de inte hade några gemensamma barn, behövde inte dottern konkurrera med andra barn. Hon var ensam om all uppmärksamhet. Bara det borde göra det enklare, tyckte jag och fann det logiskt. Men just nu var det inte dottern som upptog mina tankar utan det var den kommande segelturen på lördag. Tids nog skulle jag träffa dottern och till dess hade säkert allt ordnat sig till det bästa, tänkte jag positivt.
Jag passade på att fråga Gunvor om segling. Hon var mycket segelkunnig, om jag jämförde våra kunskaper. Det kanske skulle imponera på Krister att jag inte var helt bortkommen på båten. Allt som Gunvor berättade om segelbåtar kunde inte få plats i mitt huvud och tanken på att sitta med en fusklapp när vinden tjöt om öronen var inte angenäm. Hade jag tur kanske något fastnade

i huvudet. Efter att jag lagt på luren, ringde det omedelbart igen! Jag kastade mig på telefonen och hoppades att det skulle vara Krister, men det var mamma. Hon påpekade att jag lät konstig, som hon uttryckte det, men jag avslöjade ingenting. I det här läget var allt alldeles för skört och nytt. Om jag berättade skulle hon säkert bli bestört och komma med hundra förmaningar. Jag låtsades att det var en förkylning på gång och kom undan med löftet att jag skulle dricka varmt honungsvatten med citron och vitlöksklyftor.

*

Jag vaknade på lördagsmorgonen och solen sken in genom mitt fönster. Det bådade gott! Jag trallade på låten, " En sjöman älskar havets våg" under tiden som jag gjorde mig i ordning. Klockan var halv åtta och det var en timma kvar innan Krister skulle ringa på dörren. Jag bestämde mig för att avstå från smink. Av erfarenhet visste jag att när det blåste fick jag tårar i ögonen och med det rann mascaran. Jag inbillade mig att det skulle blåsa en del om man seglade, även om det verkade lugnt innan man gick ut till havs. Punktligt klockan halv nio ringde det på dörrklockan. Jag öppnade dörren och framför mig stod han iförd ledig klädsel och med ett leende på läpparna..

– Hej Krister, kom in, jag är inte riktigt klar ännu, sa jag och gick före honom in i vardagsrummet.

Jag gick fram till min bag som jag hade ställt på golvet och låtsades rota runt bland kläderna. Egentligen var jag redan klar med packningen, men jag ville att han skulle komma in i min hemmiljö. Då kanske han inte längre skulle vara så säker i sitt beteende. Han gick fram och slog sig ner i min soffa.

– Får jag lov att röka här, frågade han.
– Javisst, du kan ta askfatet som står bakom dig vid blomkrukan, sa jag snabbt.
Han tittade nyfiket på mig, fortfarande med ett leende i mungipan. Plötsligt kände jag mig osäker inför hans granskande blickar. Jag kom på att jag inte hade något smink i ansiktet och att det var första gången han såg mig utan makeup. Var det därför han stirrade? Jag ursäktade mig för ett ögonblick och rusade in i badrummet. Jag synade noga mitt ansikte, men övertalade mig själv att det inte var hela världen om mina ögon var osminkade. Visserligen såg de tröttare ut än vanligt, men märkte han verkligen det? Eller var det något som jag inbillade mig? Jag kom ut från badrummet och han gick runt och tittade på mina tavlor.
– Har du målat några av dom här, frågade han och gjorde en svepande gest över rummet.
– Bara den lilla med solnedgången, svarade jag blygt.
Han gick omedelbart fram och lutade sig mot tavlan.
– Man ska inte titta på en tavla så nära, sa jag och drog honom försiktigt i armen.
– Jaså, det ska man inte, sa han och vände sig mot mig.
Han tog mig i sin famn och tittade mig djupt in i ögonen. Jag vågade inte ens andas. Jag såg hur hans ansikte närmade sig och jag slöt ögonen. Hans läppar slöt sig om min mun och jag svävade fritt. Jag var tyngdlös och åtrån spred sig blixtsnabbt i min kropp. Han släppte taget om mig och tog det flera sekunder innan jag kunde tänka klart. Helst av allt skulle jag vilja att han slet av mig kläderna och bar in mig i sovrummet, men jag fick ge mig till tåls, han skulle få ta det i den takten han ville. Han gick fram till min väska, tog den med en hand och sträckte ut den andra handen till mig.
–Är du klar Helena? För i så fall tycker jag att vi åker nu, sa

han.

Egentligen hade jag stor lust att säga nej. Vi kan väl stanna hemma och älska istället, men jag ville inte framstå som påflugen. Jag nickade och tog hans hand.

*

Segelbåten låg förtöjd i Björlanda båthamn. Där fanns båtar i olika storlekar som låg och guppade sida vid sida i takt med vågorna. Vi kånkade på flytvästar och annan utrustning som var nödvändig. Det här skulle bli den första segelturen för i år förklarade Krister. Han hade precis fått i båten för säsongen. Jag hoppade ombord, gick ner i ruffen och såg mig nyfiket omkring. Först tittade jag på spisen. Den var upphängd med stänger. Jag petade på den och den gungade. Samma sak med ugnen. Alla skåp hade skjutdörrar. Matplatsen bestod av ett bord, som man kunde fälla ihop och då blev det inte bredare än en ledstång på en rulltrappa. Bordet var ihåligt och där förvarades vinet som vi hade köpt. Under sofforna fanns utrymme för att förvara kläder och skor. Det fanns också en toalett ombord. Det var otroligt välplanerat på en så liten yta. Tänk om arkitekter skulle låta sig inspireras av hur båtar byggdes, så mycket bättre lägenhetsytor skulle kunna utnyttjas! Bredvid spisen fanns kylskåpet, där jag lade ner maten som vi hade tänkt tillaga när vi kom fram. Jag hade ingen aning om vart vi skulle segla, men eftersom Krister hade seglat i nio år, var jag övertygad om att han visste vägen. Långsamt, med motorn på, tuffade vi ut ur hamnen och det var en skön känsla. Krister tyckte att vi skulle vänta med att sätta segel tills vi kommit ut en bit på havet och under tiden, som han gjorde klart för segel, fick jag sköta rodret.

På sin väg upp i masten fladdrade och slog seglet i vinden och jag höll andan. Jag tyckte det var ett skrämmande ljud. Plötsligt var seglet på plats. Krister stängde av motorn och vi gled fram över havet. Tystnaden och vinden som förde oss fram var en helt ny upplevelse för mig. Jag tittade mig förundrat omkring. Än var det inte många som hade sjösatt sina båtar, men vi mötte en och annan segelbåt. Framför mig hade jag en fantastisk vy. Havet som fräste och skummade kring båten, solen som sken och värmde oss i ansiktet, måsarna som flög högt uppe bland molntussarna, tillsammans blev det en härlig lyckokänsla och jag njöt av den i fulla drag. Vi seglade i tre timmar innan Krister började planera för var vi skulle lägga till. Han tog fram ett sjökort och pekade ut platsen för mig. För min del kunde han lika gärna ha pekat ut Kina, men jag höll god min, nickade och tittade ut över skären.

Jag stod i fören med tampen i handen och mitt hjärta slog nervöst. Instruktionen från Krister var; Hoppa bara iland med tampen! Jag hoppade bara iland, slog i ena tån i berget, det gjorde jätteont, men jag låtsades inte om det, utan skuttade hurtigt upp på den hala klippan med tampen i handen. Jag drog i tampen för allt vad jag var värd. Ju närmre land båten kom, desto mindre hopp skulle Krister tvingas göra. Han hoppade iland, slog i en kil i klippan och surrade fast båten. Jag hoppade ombord igen och hörde att Krister ropade; Släng ut fendrarna!

Med skräckslagen blick tittade jag på honom och undrade vad i all världen fanns det ombord på båten som skulle slängas i vattnet? Fendrarna visade sig vara tjocka gummikuddar som skulle skydda båtarna från att skava mot varandra. Man knöt fast dem runt relingen på båten och lät dem hänga på utsidan, tills det var dags att segla vidare.

Vi hjälptes åt att tillaga maten, drack ett par glas vin och det blev en underbar middag. Jag erbjöd mig att ta hand om disken och Krister tackade ja utan större protester. Jag stod vid diskbaljan och sköljde tallrikarna när jag plötsligt kände hans armar omkring mig. Jag slutade med disken och bara njöt av hans beröring. Han tog diskborsten ur min hand och lade den på bänken, vände mig om och våra läppar möttes i en kyss. Han smekte mina bröst utanpå tröjan och trots de tjocka kläderna kände jag värmen från hans händer. Han förde mig mot förpiken till kojerna. Mjukt lade han ner mig på kojen och började dra av mig tröjan. Vi hjälptes åt att ta av varandras kläder och min kropp värkte av längtan. Kristers andhämtning blev tyngre och jag förstod att han upplevde samma känsla. Vi utforskade varann, rullade runt och använde våra händer som stöttor mot båtens skrov för att hålla oss kvar i kojen. Svetten rann från våra kroppar och vi flämtade tungt efteråt. Jag låg på rygg och tittade upp i den lilla ventilen i rufftaket. Vilken tur att ingen hade stått däruppe och kikat ner under tiden! Jag vände mig mot Krister och smekte sakta hans bröst. Han tog tag i min hand och förde den mot sina mjuka läppar. Tysta låg vi och tittade på varandra. Till slut reste sig Krister på armbågen och undrade om jag skulle vilja ha en kopp kaffe. Det skulle smaka himmelskt, svarade jag, och han gick ut i kabyssen för att koka upp vatten. Jag gick in i den lilla toaletten, tog tag i duschslangen, satte mig på toalettstolen och duschade mig i underlivet. Vattnet var iskallt! Vilken tur att jag inte hade använt duschlangen före, tänkte jag, när strålen träffade mitt underliv som drog ihop sig som en snigel i sitt skal. Då hade det inte blivit mycket till älskog, tänkte jag och fnittrade högt.

Krister satte fram kaffemuggar och hällde på kaffepulver, under tiden betraktade jag hans muskulösa, håriga underarmar och rös av vällust. Han tittade på mig och undrade om jag frös.

Mitt svar blev att det gjorde jag väl på sätt och vis, men inte som han trodde. Det svaret blev han antagligen inte klokare på! Vi seglade tillbaka till hamnen och jag ville inte att dagen skulle ta slut. Krister körde mig hem men ville inte följa med upp på en kopp kaffe. Han var tvungen att åka förbi företaget, det låg en del jobb och väntade, som han uttryckte det. Jag blev besviken och tydligen lade han märke till det och sa; Var inte ledsen, jag ringer dig imorgon och då kanske vi kan äta lunch tillsammans. Det gjorde mig genast på bättre humör och vi kramade om varandra.

Naturligtvis ringde jag Gunvor direkt när jag kom innanför dörren. Jag ville mer än gärna berätta och hon ville gärna höra. Som vanligt spenderade vi en timma i telefon. När vi hade lagt på undrade jag vad hennes familj egentligen tyckte om att hon tillbringade timmar med att pladdra i en tingest av plast.

*

Efter tre månaders bekantskap började det närma sig semestertider och än hade jag inte fått lov att träffa Kristers dotter Anna. Jag ville inte fråga eller tjata om det utan lät honom välja rätt tillfälle. Även om jag hade hoppats på att få frågan. Istället undrade han om jag ville följa med ut och segla med en av hans vänner. Min första tanke var att det skulle bli trångt med tre vuxna i samma båt, men sedan kom jag snabbt fram till, att det inte spelade någon roll, bara jag fick vara tillsammans med Krister. Hans kompis hette Martin, kallades Molle och var en toppenkille. Rolig, underhållande och lättsam. Molle var en påhittig typ. Roliga historier flödade och när det gällde att hjälpa till i hushållsarbetet skötte han sig perfekt. En del kvällar satt vi och spelade kort, andra gånger var vi ute och promenerade i olika hamnar. Molle visade också stor förståelse för våra kärleksstunder. Efter att vi hade ätit middag på en restaurang och satt i båten och drack kaffe, kunde han plötsligt säga att han ville studera omgivningarna på egen hand.

Vi hade även tur med vädret. På en hel vecka regnade det bara en enda dag och det var den dagen som Molle skulle åka hem. I en av småbåtshamnarna följde vi honom till bussen och precis när vi hade vinkat av honom, släppte himlen ner ett vattenfall över oss och när vi kom tillbaka till båten var vi genomblöta. Kläderna åkte av och vi frotterade oss varma med var sin frottéhandduk. Tog på oss mjukisoveraller och satte levande ljus på bordet. Det var en av de mysigaste kvällarna vi hade ombord.

Krister berättade att under alla år som han hade varit ute och seglat, hade han alltid haft ansvaret för båten. Nu började han tröttna och funderade på att sälja den till nästa sommar. Jag tyckte det var tråkigt att höra, men samtidigt förstod jag honom. Det första året vi var ihop fick jag i alla fall tre härliga veckor ombord tillsammans med Krister.

*

Äntligen kom dagen jag skulle träffa, Anna, Kristers dotter. Han hade berättat en del om henne och jag fick uppfattningen att det var en söt, men ganska bortskämd flicka. Den inställningen behöll jag för mig själv. Jag hade redan förstått att frånskilda föräldrar, mer eller mindre, alltid led av dåligt samvete när det gällde deras barn. Det resulterade ofta i att när de umgicks med sina barn skulle allt vara så roligt som möjligt. Inte göra barnet olyckligt, var parollen. Barnet har redan upplevt en massa tråkigheter i samband med skilsmässan, kunde vara ett av försvarstalen.

Tillfället Krister hade valt för mig och Anna att lära känna varandra, var en fest tillsammans med andra familjer och deras barn. Det lät bra tyckte jag. Det kunde ha blivit ansträngt om det bara varit vi tre. Krister bestämde att jag först skulle åka hem till honom och sedan skulle vi alla tre, gemensamt åka till festen. Jag stod utanför hans dörr för att ringa på och mitt hjärta pickade oroligt. Krister öppnade dörren och släppte in mig. Jag hängde av mig min tröja. Vi befann oss i slutet av juli månad och ute var det varmt och skönt. Anna satt på en stol i köket och gjorde ingen ansats att vare sig titta eller hälsa på mig. Jag tog några steg in i köket och hälsade på henne. Hon rörde sig inte utan stirrade envist ner i bordet. Jag kände mig rådvill och tittade på Krister, men han var inte till någon hjälp. Jag hade ingen större erfarenhet av andras barn, om man bortsåg från Gunvors söner, men i hennes familj var jag inte en inkräktare. Med Anna kammade jag noll poäng. Hon var totalt oåtkomlig. På alla sätt markerade hon att ”pappa är min”. Från Kristers lägenhet promenerade vi till busshållplatsen och jag fick inte ens tillåtelse att gå bredvid honom. Kom jag för nära började Anna omedelbart att gnälla. Jag fick helt enkelt gå några steg bakom, då upphörde gnällandet. Det var inte vad jag hade hoppats men jag hade inget att välja på.

Vi anlände till en trevåningsvilla med en barnvänlig och rymlig trädgård. I huset bodde en familj med två barn. Under loppet av en halvtimma anlände fler familjer och jag träffade nya ansikten. Personerna var goda vänner till Krister och Anna och alla var trevliga mot mig. Ett enda problem uppstod under kvällen och det var Anna. Hon var inte ett problem för mig, utan för Krister. Hans vänner uppmuntrade mig och påpekade ideligen att det inte var mitt fel. Problemet hade uppstått, oberoende av vilken kvinna Krister än hade tagit med sig. Det uttalandet var inte till någon större tröst för mig. Men med hjälp av Kristers vänner lyckades kvällen trots allt bli trevlig. Krister däremot var i stort sett fullt upptagen hela kvällen med att resonera med Anna. Jag såg inte till honom förrän festen hade pågått i flera timmar. Plötsligt stod han framför mig och bjöd upp till vår första dans. I samma sekund kom Anna rusande in i rummet, kastade sig ner på golvet och kröp upp i vardagsrummets hörn, skrek och tjöt att hon ville gå hem. Jag kände mig mycket illa till mods och ville inte fortsätta dansen, men Krister ville inte sluta dansa med mig. Under hela kvällen hade han enbart ägnat sig åt Anna, nu ville han dansa med mig och det fick hon finna sig i, sa han med övertygelse. Men för mig var det omöjligt att dansa och samtidigt se hur den lilla flickan satt i ett hörn och grät. Jag stannade upp och förklarade för Krister att dansen fick vänta till en annan gång.

Jag fixade en taxi som skulle ta mig hem. Jag satt i taxin, fem meter längre bort stod Krister och tittade på mig. Hans dotter hängde som fastklistrad kring benen på honom. Åsynen av dem fick mig att känna en stor sorg. Istället för att sitta i en taxi och vara på väg bort hade jag velat slänga mig om halsen på honom och säga att vi kommer att klara av det här. Samtidigt var jag arg på mig själv för att jag inte hade lyssnat till min röst, som hade varnat mig för frånskilda pappor med barn. Hade det inte varit för att Krister redan lagt beslag på mitt hjärta, hade jag redan sagt tack och adjö vid första träffen, men jag var hopplöst förälskad och tänkte inte ge upp! Det tog många år innan jag nådde fram till Anna och dessa år var fyllda med gräl, ilska, besvikelser och hårda ord. Jag tänker inte här och nu, gå in på när eller varför, kort och gott tillhör det nu historia.

Efter att Krister och jag umgåtts i ett år flyttade vi ihop. Vi informerade alla om vad som var på gång, och alla inklusive min mamma, blev besvikna. De tyckte att jag hade alldeles för bråttom! Men jag var vuxen och man lär sig sällan av andras misstag, oavsett hur många förmaningar man får, däremot förhoppningsvis av sina egna. Så småningom började jag återigen att längta efter barn och orsaken till min längtan var Krister och Anna. Hon var hos oss ett flertal tillfällen och när jag såg deras närhet till varandra fick jag ett hugg i hjärtat. De satt och pratade om hur det hade varit när Krister och Annas mamma hade varit tillsammans. Hon ställde frågor om hur det hade gått till när hon föddes, vilket påminde mig om att samma frågor hade jag också ställt till mina föräldrar. När hon ropade "pappa" påmindes jag varje gång om att ordet "mamma" aldrig skulle användas till mig. Jag radade upp frågor till mig själv; *"Vem ska ropa mamma till mig? Vem ska ställa frågor om sin födsel till mig? Vem kommer att krypa upp i mitt knä, slå armarna om min hals och viska, jag älskar dig mamma?"* Ångesten över att förbli barnlös slog och hamrade i min kropp. Jag hade en vånda som inte gick att beskriva. Hur skulle Krister förstå att på grund av att han hade barn ville jag också uppleva glädjen i att få barn.

I början av vår bekantskap hade jag uttryckligen sagt till Krister att jag inte ville ha barn. Att jag vid den tidpunkten hade haft den känslan var egentligen inte alls konstigt. År av undersökningar, temptagningar, operationer, remisser, krav på perfekta ägglossningar, vilka tider som passade bäst för befruktning och alla föreskrifter om hur och när man skulle göra det hade styrt mitt liv och jag var dödstrött på det! Jag hade helt enkelt känt en stark önskan att få leva ett normalt sexliv, fjärran från alla tempkurvor och hormonbehandlingar. Allt detta hade jag uppnått när jag mötte Krister, men samtidigt hade umgänget med hans dotter återuppväckt min önskan om att bli med barn.

Jag tog upp ämnet en kväll efter att vi avnjutit en god måltid. Ganska besynnerligt egentligen, hur jag alltid tog upp svåra saker i samband med en god middag. Antagligen är det lättare att fånga en tiger när den är mätt och belåten. Jag inledde min mening med att fråga om han skulle vilja bli pappa igen. Han såg allmänt förvirrad ut och jag kunde inte klandra honom. Var det någons fel att förvirringen var total, var det mitt.

– Men jag trodde inte att du ville ha barn, sa han osäkert.

– Det var så, men i ärlighetens namn måste jag berätta att jag har ångrat mig, sa jag.

Jag försökte inte ge mig på att förklara varför det var hans dotter som hade förändrat min syn på saken. Det hade antagligen ställt till med än större förvirring. Istället berättade jag om alla mina undersökningar och allt som hade förpestat min tillvaro de senaste tio åren av mitt liv och hans ögon blev större och större. Han bad att jag skulle ta en sak i taget för han hängde inte med i alla de medicinska termerna som jag lärt mig genom åren. Jag berättade i timmar. Jag kunde ha hållit på i veckor om han inte hade stoppat mig. Efter en lång diskussion kom vi i alla fall överens om att vi skulle försöka. Krister berättade att ett år innan han träffade mig, hade han varit tillsammans med en kvinna som hade blivit gravid, men hon hade fått missfall. På det viset fick jag reda på att Krister, inte för så länge sedan, hade varit nära att bli pappa och det lugnade mig.

*

Vid något tillfälle hade jag i förbifarten pratat, lite lätt, om att jag ville studera och tillfället kom när jag blev uppsagd på grund av arbetsbrist. Krister tyckte att det var en bra idé och sporrade mig. Det var inte det enklaste att sätta sig i en skolbänk efter så många år och inte blev ekonomin bättre av det heller. Jag trodde att jag var berättigad till vuxenstudiestöd, men det var bara ensamstående med barn som kunde få ekonomiskt stöd. Just då fick jag en idé om att starta upp ett bolag som leasade ut barn! Kvinnan på vuxenstudiestödsnämnden som jag pratade med, uppskattade inte alls mitt förslag. Jag tvingades ta studielån och det tärde hårt på ekonomin. Talesättet att det inte är svårt att höja sin standard men däremot att sänka den, instämde jag i till fullo. Samma år Krister fyllde fyrtio, firade jag min trettiotvå års dag. Jag hade kommit överens med Kristers vänner att de skulle ringa på strax efter klockan tolv, natten till hans födelsedag. Han blev väldigt överraskad och glad. Det var en bland de roligaste födelsedagar jag varit med om. Tiden gick och nu hade vi varit tillsammans i två år. Det var inte på något sätt akut med att få barn, eftersom det fortfarande var en termin kvar av min utbildning, men oron började sakta gnaga inom mig. Jag visste inte om jag, mentalt och fysiskt, skulle orka en vända till utan att det lyckades!

Vi flyttade ihop och hade valt att bosätta oss i Kristers lägenhet. Den låg en bra bit utanför Göteborg och eftersom min ekonomi inte tillät mig att ha en bil, åkte jag kommunalt. Att åka kommunalt innebär att man har starka ben och ett starkt hjärta. Jag hade ett byte mellan buss och spårvagn och gissa om jag sprang. Till detta kom alla förseningar och proppfulla bussar. Detta tärde på min entusiasm att i princip alltid komma till lektionen med hjärtat i halsgropen. Hade det gått att undvika? Ja, om jag hade tyckt att det var okej att anlända innan de ens hade låst upp skoldörrarna. Jag började prata med Krister om att jag skulle söka mig ett sommarjobb. Varje morgon startade jag med att läsa Göteborgs-Postens platsannonser. Till slut fick jag napp. Stena Line behövde folk över sommaren och jag ringde upp för att anmäla mitt intresse. Mötet med den personalansvarige var fyllt av nervositet från min sida. Jag rökte en cigarett under intervjun, men kunde lätt ha tömt hela paketet. Jag berättade om mötet för Krister och han var övertygad om att jag skulle få jobbet. Vem vill inte höra ett sådant påstående?

Veckan efter mitt möte med Stena Line låg ett brev och väntade på mig efter skolan. Jag kastade mig över brevet och slet upp det. Jobbet var mitt! Det enda som krävdes var en hälsoundersökning och jag var frisk, så mycket visste jag redan. Jag dansade runt i lägenheten och slängde mig på telefonen och ringde Krister. Han blev jätteglad för min skull och sa att det här firar vi med att åka in till stan och äta middag. Jag klev in i duschen och under tiden, som vattnet strilade över mig, funderade jag över mitt nya jobb. Innerst inne hoppades jag att jobbet skulle vara längre än över sommaren. Jag hade ingen lust att traggla vidare på komvux. Det gav mig inget! Plötsligt kände jag hur min självkänsla kom tillbaka. Det var kolossalt viktigt att ha ett arbete, kanske inte vad som helst, men ett arbete stärkte ens självförtroende och hade man dessutom valt det själv, kände man sig privilegierad.

Mina första resor som praktikant blev roligare än jag hade räknat med. Det var otroligt stimulerande att stå i informationen och möta alla förväntansfulla resenärer med eller utan barn. Hjälpa dem tillrätta på båten, dela ut kartor över Europa och försöka göra allt som gör en resa till ett äventyr. Sommarjobbet led mot sitt slut, jag fick frågan jag hade hoppats på och naturligtvis tackade jag ja till att stanna kvar. Tiden gick och jag trivdes utmärkt med mitt nya arbete, som förutom hög lön, diverse förmåner också innehöll en hel del ledighet.

Semestertiderna började närma sig sitt slut och Krister pratade om vad vi skulle göra nästa sommar. Båten var redan såld och vi var sugna på att köpa en sommarstuga. En morgon i slutet av juli satt Krister och läste Göteborgs Posten. Han ropade på mig och pekade på en liten annons under rubriken tomter säljes. Det var en tomt med havsutsikt, belägen på Tjörn. Krister ringde till mäklaren och fick en vägbeskrivning. Sagt och gjort, vi satte oss i bilen och åkte iväg. Vi trodde knappt våra ögon när vi kom fram! Vi bara stirrade, tog flera varv runt tomten, för att se om den verkligen var äkta och inte skulle försvinna under tiden som vi stod där. Utsikten var helt fantastisk, havet låg framför våra fötter. Hand i hand stod vi på tomten och kunde inte se oss mätta. Innan vi återvände till bilen gick Krister en sista gång fram till skylten, där det stod ”till salu”, som för att konstatera att den var äkta. Vi kom hem och Krister ringde till mäklaren och förhörde sig om vad tomten skulle kosta, fanns det byggnadstillstånd och annat roligt som man måste ha enligt svensk lag för att sätta bo. Vi slog till och Krister var helt stirrig i flera veckor efter att vi skrivit på kontraktet. Men jag hade full förståelse för hans nervositet. Det var en stor affär och då var inte ens huset på plats. Året därpå, under hela våren var Krister ständigt upptagen med den byråkratiska djungeln. Det var ansökan om byggnadstillstånd, möte med hälsovårdsnämnden och ansökningsblanketter för än det ena och än det andra. Rörläggare, snickare, murare och allt annat hantverksfolk som behövdes för att det skulle bli ett beboligt hus. När vi startade bygget hade vi en pärm innehållande ett papper. Ett år senare hade vi samlat dokument, som fick pärmen att väga flera kilo. Vi kom överens om att Krister skulle sköta allt det praktiska med husbygget, annars skulle vi säkert röra till det för varandra. Så småningom började bygget mer likna ett hus. Vi planerade inredningen tillsammans, men ingen av oss nämnde ordet barnkammare. Än hade vi inte diskuterat barnfrågan på allvar. Vi hade kommit överens om att ta tag i frågan när huset var på plats. Men just nu fanns det varken tid eller ork över att ens försöka göra barn.

Från morgon till kväll var det ett evinnerligt spikande, borrande och bärande på plankor, gipsväggar med mera. Krister hann knappt lägga huvudet på kudden innan jag hörde hans snarkande. Dyrt blev det också, varje spik kostade pengar. Hösten kom, och huset var i alla fall i det stadiet, att vi kunde ställa in några få möbler. I slutet av september var vi båda trötta och panka. Efter några månader kunde vi konstatera att det skulle bli svårt att få ekonomin att gå ihop, med både en lägenhet och en stuga, men Krister ville vänta med att ta det slutgiltiga beslutet, där vi skulle tvingas välja antingen eller. Vi kom överens att kämpa med ekonomin ett tag till.

*

Eftersom jag bodde ombord på båten under mina arbetspass, kunde jag inte påstå att det skulle göra mig särskilt ledsen att bo i huset på Tjörn året runt. Men för Kristers del skulle det vintertid bli kusligt att komma hem till ett hus i mörker. Huset var beläget i ett fritidshusområde och var glest befolkat på vintern. Ingen gatubelysning lyste upp området på nätterna. Jag försökte peppa honom så gott det gick, pratade om den fantastiska havsutsikten och den underbara tystnaden som rådde, om fågelkvittret på våren och om att få vara nära naturen. Inte för att jag trodde att han lyssnade på mina vackra och långa utläggningar, utan det var snarare checkhäftet som sjöng sin sorgsna melodi, varje gång det var dags för utbetalningar. Då skrek det inte bara i checkhäftet utan även i Krister. Melodin var nere i moll när Krister sa att vi skulle börja förbereda oss för att flytta till Tjörn. Inombords var jag överlycklig över beslutet men inför Krister var jag tvungen att hålla god min. Det syntes på honom att han inte var fullt lika glad över flytten som jag. Mitt största argument, som jag höll tyst om, var att jag var övertygad om att det var lättare att bli med barn i den här lugna och harmoniska miljön. Dessutom intalade jag mig att det här var sista gången, på väldigt länge, som jag skulle stå med flyttkartonger upp till knäna.

Samtidigt som vi flyttade in i huset på Tjörn passade jag på att beställa ett besök hos läkaren och fick en tid i augusti. Den här gången hade jag bestämt mig för att slå näven i bordet, om det skulle bli nödvändigt. Jag var frustrerad över min tomma livmoder. Nu satt jag i väntrummet en solig augustidag och väntade på min tur. Sköterskan hämtade mig och visade mig in till läkaren. Han satt och bläddrade i min journal. I min ensamhet hade jag föreberett mig och vässat klorna. Jag slog mig ner i stolen och väntade på att han skulle upphöra med sitt bläddrande.

– Hej Helena, det var bra att du kom. Bara för några dagar sedan diskuterade vi ditt fall och vi kom fram till att det vore dags för något radikalt. Vad säger du om det, frågade han, lade huvudet på sned och tittade leende in i mina ögon.

Jag kom helt av mig i mitt väl förberedda anförande. Det enda jag lyckades pressa fram var ett; Jaså!

– Ja, vi tycker att det har gått lång tid och det vore bra om vi hjälpte er att bli med barn, sa doktor Fredriksson.

Min förvirrade hjärna repade sig och snart var jag på alerten. Jag andades ut. Det var skönt att de hade förstått dilemmat med Krister och mig redan när jag berättade om det på telefon. Istället för att ifrågasätta, varför jag inte blev med barn tillsammans med honom, var de villiga att starta upp fertilitetsutredningen omedelbart. Det var härliga ord i mina öron.

– Hur hade ni tänkt er att gå tillväga, undrade jag.

Han lutade sig tillbaka, lade den ena benet över det andra, innan han började sin berättelse.

– Har du hört talas om en metod som heter GIFT?

Jag stirrade på honom och skakade på huvudet.

– Det är en förkortning på Gamete Intra Fallopian-Transfer. Om det nu gör dig klokare, sa han och skrattade kort.

– Nej, det gör mig inte ett dugg klokare, sa jag.

– Det är en metod som har tillkommit på senare tid, för behandling vid oförklarlig barnlöshet och vid endometrios. Tillvägagångssättet är likt det vi kallar IVF, provrörsbarn, men istället för att befrukta och odla äggen i provrör för man in ägg och spermier direkt in i äggledaren under pågående titthålsoperation, laparoskopi, sa han. Vi har kommit fram till att det kunde vara något som passar dig eftersom dina äggledare är fullt funktionsdugliga, så vitt vi vet, men för att vi ska vara på den säkra sidan vill vi gärna göra en laparoskopi på dig någon gång i vinter. Är det sedan så att du är fullt frisk sätter vi igång med en behandling av GIFT omedelbart efter laparoskopin. Vad tycker du om det, frågade han och tittade noga på mig.

För mig var svaret redan alldeles kristallklart. Jag ville bli med barn, hur det medicinskt skulle gå till, var mindre viktigt för min del.

– Jag vill gärna pröva GIFT, svarade jag bestämt.

– Bra, då sätter jag upp dig för en tid någon gång i vinter och när dom har en plats får du ett brev om när det blir av, sa doktor Fredriksson och reste sig upp från sin stol.

Jag förstod att min tid var ute och lika bra var det. Mitt huvud var fullt av allt jag hade fått höra. Jag kunde inte komma hem fort nog för att berätta de glada nyheterna för Krister. På kvällen när vi satt och drack kaffe tyckte Krister, precis som jag, att det var skönt att de tog tag i det på ett radikalt sätt.

– Är det bara att vänta på ett besked när dom kan ta in dig, frågade Krister.

– Ja, och vad jag förstår kan det bli i november eller december, sa jag.

– Har vi tur kanske vi sitter med en liten redan nästa år då, sa Krister hoppfullt.

Jag svarade aldrig på frågan, utan lutade mig drömmande tillbaka i stolen, och såg framför mig hur magen skulle växa. Krister tog mig tillbaka till verkligheten.

– Nå, vad tror du? Tror du att det kan bli så, frågade han.

– Visst, mumlade jag och återvände till mina drömmars värld.

*

I september kom brevet som förkunnade vilken dag det var dags. Jag hade fått en tid för laparoskopi den fjärde december. Jag darrade av upphetsning när jag höll brevet i mina händer. Nu äntligen skulle det hända något som förändrade hela mitt liv! Med varje del av min kropp kände jag att det var dags för mig att bli mamma. Att försöket skulle lyckas, tog jag för självklart. Under tiden som vi hade väntat på besked hade jag bestämt mig för att återuppta min stickning. Eftersom jag alltid hade stickat massor av tröjor, halsdukar och babykläder, tyckte jag att det kunde vara roligt att producera i stor skala. Det bestämdes att jag skulle investera i en stickmaskin. Det får bli min julklapp till dig, sa Krister, och jag blev jätteglad. Det var inte en billig investering. Den kostade tjugotusen kronor, men då ingår det en utbildning på fem dagar sa kvinnan, som jag pratade med i telefon, och presenterade sig som Dagny. Hennes företag hade haft en annons i tidningen, Idé Journalen. Jag nappade på erbjudandet och bokade in en tid. Eftersom operationen skulle utföras den fjärde december, och det bara tog några dagar att återhämta sig, kunde jag komma den tionde december om det var okej för deras del. Det var inga problem, svarade damen i luren, påpekade att jag skulle ta med mig rejäla vinterskor och varma kläder. Efter ankomsten skulle jag bli inkvarterad hos en äldre dam några hundra meter bort. Detta för att de hade ont om plats i sitt hus. Jag tyckte att det skulle bli spännande. Enligt tidningen bodde paret i ett vackert sekelskifteshus, var mycket duktiga och framgångsrika på stickmaskiner, och det lät lovande.

En dag innan jag skulle gå på ett av mina arbetspass ringde

telefonen. Det var Gunvor. Vi hade inte talats vid på evigheter. Under samtalets gång fick jag en idé och var snabb att fråga henne om vad hon tyckte om den.

– Vad säger du om att följa med mig ombord på båten?

– Hur menar du? Är du ledig då, frågade hon förvånat.

– Nej, jag jobbar som vanligt till elva på kvällen, men under dom timmarna, som jag arbetar i informationen, tar mina arbetskamrater hand om dig. Vad det gäller sovplats, har jag en bäddsoffa i min hytt, så det blir inga problem, sa jag.

– Ja, men jobbar inte dina jobbarkompisar samtidigt som du, undrade hon.

– Jag tänkte mera på dom som jobbar i restaurangen. Förresten tror jag att du kan ta hand om dig själv i några timmar, eller hur, frågade jag glatt.

– Men vem betalar för mig, resan menar jag, stammade Gunvor.

– Vi har fina förmåner, som bland annat fria resor. Jag löser en tur och returbiljett och lägger den till dig i informationen i land. Där plockar du upp den och kommer ombord, sa jag. Nå, vad tycker du?

– Klart jag följer med, sa Gunvor bestämt. Jag ska bara titta i min almanacka när jag är ledig.

Jag hörde hur hon bläddrade fram och tillbaka och lyfte luren igen.

– Om det går bra för dig, kan jag följa med den tjugonionde november, sa hon.

Jag hade mitt schema framför mig och såg att det skulle passa perfekt.

– Det går alldeles utmärkt, svarade jag. Vi spikar det!

Jag berättade för Gunvor om mitt läkarbesök, det jag kom ihåg, och hon tyckte också att det lät spännande. Nu kanske det äntligen händer något, sa hon och lät lika förväntansfull som jag kände mig. Ett enda datum snurrade i mitt huvud och det var den fjärde december.

I mitten av november satt jag och tittade i almanackan. När skulle jag ha min mens? Det var alltid lika besvärligt att få den ombord, med tanke på mina smärtor. Jag räknade ut att den antagligen skulle komma den nittonde eller tjugonde och typiskt nog var jag ombord. Jag suckade tungt, det var inte annat än att gardera sig med värktabletter. Jag stoppade ner burken i necessären. Den tjugonde fick jag svaga mensvärkar, men ingen riktig menstruation. Det blev den tjugoandre, mensen hade fortfarande inte kommit och jag blev fundersam. Visserligen hade jag ont emellanåt, men det var inga riktiga mensvärkar. De kände jag väl igen efter alla dessa år. Jag ringde till Krister från båten och berättade vad jag misstänkte. Han tyckte att jag skulle lugna ner mig. Det här var inte första gången jag inbillade mig att jag var med barn. Det hade han visserligen väldigt rätt i, men det var definitivt första gången som mensen hade gått fyra dagar över tiden. Fast å andra sidan kunde det vara som Krister sa till mig; Du kan ha räknat fel, eller hur?

Jag gick av båten den tjugotredje och mensen hade fortfarande inte visat sig. Det kändes som om något var på gång. Fyra dagar senare, den tjugosjunde, gick jag ombord för ett nytt arbetspass. Fortfarande hade ingen mens uppenbarat sig och jag var väldigt nervös. Både Krister och jag tyckte att mina bröst hade vuxit och när jag klämde på dem var de väldigt ömma. Gunvor kom ombord den tjugonionde, mensen hade fortfarande inte kommit och när jag berättade om det, syntes glädjetårar i hennes ögon.

– Var försiktig nu, förmanade hon mig.

Jag berättade att det ömmade ovanligt mycket i brösten och fram tills nu hade inte enda droppe blod visat sig. Hennes ögon lyste av glädje under tiden som jag pratade och det kändes riktigt skönt att ha en vän som Gunvor. Antagligen skulle jag bli tvungen att ta kontakt med sjukhuset när jag gick av den trettionde, eftersom jag ville ge min operationstid till någon annan hoppfullt väntade kvinna. På samma gång kunde de ta ett graviditetstest på sjukhuset och konstatera om jag var med barn eller inte. Innan jag gick av båten ringde jag till avdelningen, berättade om min situation för sköterskan och fick en tid till den första december.

Jag hade gått upp tidigt på morgonen, inte tömt blåsan och var nu alarmerande kissnödig. Sköterskan gav mig en pappersmugg som jag tog med mig in på toaletten. Den skulle ställas i en lucka bakom toalettstolen. Jag hade haft rosafärgade flytningar i två dagar men ingen mens berättade jag för sköterskan. Det var ingenting att oroa sig för så länge som det inte började blöda rejält sa hon och tillade att det var många graviditeter som började på det viset. Det tog bara fem minuter från att jag hade lämnat urinprovet till att sköterskan kom ut från expeditionen. Jag började sakta gå emot henne i den långa korridoren och redan från långt håll såg jag hur hon log med hela ansiktet. Jag blev alldeles varm i hela kroppen och min glädje i det här ögonblicket var obeskrivbar. Hon kramade och gratulerade mig och jag bara njöt. Jag rusade ner till telefonkiosken i vestibulen och rotade fram fyra enkronor, som jag hade lagt undan för att kunna ringa till Krister. Han svarade på första signalen.

– Hej, det är Helena. Jag vill bara tala om för dig att du ska bli pappa!

Jag hörde hur han drog in luft.

– Är det säkert? Menar du verkligen det? Hur vet du det?

Frågorna haglade över mig. För en gångs skull var det jag som fick lugna honom.

– Men om du blöder, sa Krister förskräckt. Vad säger dom om

det?

Jag berättade vad sköterskan sagt till mig och det lugnade honom. Jag hörde hur glad han blev över beskedet och jag fick tårar i ögonen.

– Jag är på väg hem och det skulle vara gott med kaffe, sa jag.

Krister mötte mig i dörren och gav mig en stor kram. Vi stod och höll om varandra i flera minuter innan vi sakta lösgjorde oss från varann. Han styrde mig i riktning mot köket och satte ner mig på en stol framför min kaffekopp. Jag hade med mig min handväska och började rota i den. Hittade mitt cigarettpaket, tände en cigarett och tog ett bloss innan jag tog en slurk av kaffet.

– Nu är det väl dags att sluta med det där, sa Krister och pekade på mina cigaretter.

Jag fick fruktansvärt dåligt samvete när han påminde mig och fimpade omedelbart. Sekunden senare tittade jag längtansfullt på den krossade fimpen och kastade ett öga på Krister.

– Du, jag kommer att ha väldigt svårt att bara sluta tvärt, sa jag urskuldande.

– Du minns väl vad du lovade, förmanade Krister mig strängt. Du sa att du skulle sluta röka om du blev med barn. Nu är du med barn och röker fortfarande.

Jag blev genast på defensiven och kom med alla möjliga ursäkter, som exempelvis att jag inte hade planerat sluta röka förrän jag skulle bli behandlad med GIFT, och nu blev jag överrumplad av att bli med barn på vanligt vis och så vidare. Diskussionen slutade med att jag lovade skärpa till mig och skulle se till att läkaren skrev ut nikotintuggummi så fort som möjligt. På kvällen när jag låg i sängen, klappade jag magen ömt och viskade att mamma skulle vara förnuftig och sluta att röka. Bara att kalla sig själv för mamma, gjorde att jag rös av glädje. Jag smakade på ordet flera gånger innan jag somnade, mycket lycklig.

Helgen innan stickmaskinskursen, var vi bjudna till goda vänner. De hade känt Krister i många år, innan jag kom in i bilden, och hade blivit mina vänner också. De hade redan ett barn, nu väntade Annika ytterligare ett, och vi tyckte det var jätteroligt. Detta betydde att vi skulle vara mammalediga samtidigt och vi såg fram emot det. Krister och jag hade kommit överens om att vi skulle komma till dem vid femtiden på lördag och nu var det torsdag morgon. Förmiddagen gick sin stilla gång. Jag satte på en tvättmaskin. Under tiden som den var i gång, slog jag mig ner vid köksbordet och läste vidare på min senast inköpta bok. Jag tömde maskinen, slängde in tvätten i tumlaren och passade på att gå på toaletten. Jag torkade mig, reste mig upp och tog tag i knoppen för att spola. När jag såg det röda blodet mot det vita porslinet i toalettstolen blev jag stel av fasa. Först ringde jag till Krister som lovade att komma hem på en gång, sedan ringde jag upp kvinnoklinikens akutmottagning och berättade om hela min situation.

Sköterskan var mycket tillmötesgående och bad oss komma till sjukhuset omedelbart. Vi hänvisades till ett väntrum, jag var supernervös och gick ut till rökrummet flera gånger. Läkaren kom ångade och vi följde båda med till undersökningsrummet. Läkaren förklarade att det inte var ovanligt att det blödde i början av en graviditet. Han frågade om jag hade smärtor och jag skakade på huvudet. Han ville göra ett ultraljud och jag gick in bakom ett draperi och bytte om. Jag frågade om det var okej att Krister också fick vara med och läkaren hade ingenting att invända mot det. Jag kröp upp i den kalla gynekologstolen, lade upp benen och väntade. Läkaren sa att det inte var säkert att man skulle kunna se något, eftersom det var så tidigt i graviditeten, men han ville göra ett försök. Han förde in den kalla plastöverdragna ultraljudstaven i min slida och började sökandet. Skärmen var placerad på min vänstra sida och jag följde noga varje rörelse. Plötsligt gjorde handen ett uppehåll i sina rörelser. Jag stirrade på skärmen och det gick att urskilja något som liknade en fostersäck! Läkaren stannade bilden, fixerade och förstorade den. Vilken apparatur det finns, tänkte jag förundrat. Han pekade ut vårt barn på skärmen! Det var inte stort men allt såg bra ut, sa han. Det var inte större än sexton millimeter, men det var ett barn! Krister kramade hårt min hand och jag kramade tillbaka. Läkaren drog ut ultraljudstaven och avlägsnade plastöverdraget. Jag upptäckte att det var alldeles blodigt och med ett darrande finger pekade jag på det.

– Men allt blodet, är det verkligen ofarligt, undrade jag ängsligt.

Istället för att svara på frågan tittade läkaren på oss och sa att vi skulle fortsätta diskussionen inne på hans kontor, efter att jag hade klätt på mig. Några minuter senare satt jag mittemot läkaren. Krister föredrog att stå och ställde sig bakom min stol.

– Ja, som jag förklarade för er tidigare är det många graviditeter som i begynnelsen blöder en aning. Däremot kan man inte påstå att det inte kan bli ett missfall, för det händer också ibland, sa han lugnt. För tillfället ser det bra ut i ert fall. Fostersäcken är rund och fin och det är ett gott tecken. Skulle säcken sjunka ihop, ja då får man befara att det kan vara ett missfall på gång. Men så är det inte i ert fall, ni kan åka hem och ta det lugnt. Du behöver inte överdriva i någon riktning, sa han och vände sig mot mig. Jag tycker att du ska vila och inte överanstränga dig på något sätt, sa han och klappade om mig.

Väl hemma gick jag och lade mig i soffan. Där låg jag praktiskt taget hela torsdagen och på kvällen drog vi en lättnadens suck. Jag hade slutat blöda! Jag hoppades av hela mitt hjärta att blödningarna inte skulle komma tillbaka. Lördag middag började jag fixa till mig för festen. Jag gick in i badrummet, klädde av mig och steg in i duschen. Det kändes skönt när det varma vattnet strilade över kroppen. Avslappnad klev jag ur duschen, tog tag i en frottéhandduk och började torka mig. Till min fasa såg jag att det droppade blod ur min slida. Som förhäxad stirrade jag på dropparna som samlades på det vita kakelgolvet. Stel av skräck började jag med att öppna munnen i ett försök att skrika på hjälp, i nästa andetag stängde jag munnen och skakade på huvudet. Krister skulle inte kunna stoppa blödningen hur mycket jag än skrek. Jag plockade fram en binda, stoppade den i trosorna, ryckte loss en bit toalettpapper och började torka upp blodet från badrumsgolvet. Jag fattade inte hur jag skulle lyckas förklara känslorna inom mig för Krister. Mina ögon noterade hur min hand svepte över blodet, men trots det såg jag inte vad jag gjorde. Min hjärna registrerade rörelserna, men var på samma gång förlamad. Jag slängde det blodiga toalettpapperet i toaletten och spolade. Lade ner toalettlocket och satte mig på ovanpå. Vad skulle jag säga? Hur skulle jag säga det? Jag stannade kvar i badrummet en lång stund. Till slut samlade jag ihop den lilla kraft jag hade kvar och gick ut ur badrummet. Jag hörde mig själv ropa på Krister, men kunde bara konstatera att det inte hördes ett ljud, för det var bara i mina tankar som ropet fanns. Jag harklade mig och ropade på honom. Det lät ynkligt och skorrande. Han kom ut från vardagsrummet, tittade på mig och stelnade vid min åsyn. Antagligen avspeglade sig mina känslor i mitt ansikte för det första han frågade var om jag hade börjat blöda. Jag nickade utan ord. Fortfarande kunde jag inte förmå mig att säga något.

– Du kanske borde ringa till akutavdelningen, sa Krister och tittade bekymrat på mig.

Utan ett ord gick jag fram till telefonen i köket och satte mig ner för att ringa.

– KK-akuten, syster Birgitta!

Jag presenterade mig och förklarade vad som höll på att hända. Hon frågade om jag har ätit något och jag svarade nej. Jag talade om att jag hade rökt en cigarett, men det var ingen fara svarade hon.

– Du kan komma upp vid fyratiden och då ska du vara beredd på att det kan bli tal om en skrapning, sa hon.

Sakta lade jag på luren och var fortfarande lamslagen. Jag berättade för Krister om samtalet och han bad om att få stanna hemma och invänta ett besked från mig.

– Javisst, kan du göra det, svarade jag, och kände det som jag befann mig i en annan världsdel.

Timmarna innan jag skulle sätta mig i bilen var outhärdliga. Varje halvtimma gick jag in i badrummet och hoppades på att blödningen skulle ha upphört, men varje gång blev jag besviken. Inom mig pågick ett vulkanutbrott, men utåt sett visade jag ingenting. Varje gång jag gick förbi vardagsrummet log jag ett skakigt leende mot Krister som satt och följde Tipsextra. Jag inbillade mig att han inte tittade på TV:n utan istället satt och våndades på sitt sätt. Vid tretiden tog jag på mig kappan och sa hejdå. Stegen till bilen kändes blytunga och kvalfyllda.

Plötsligt upptäckte jag att bilen stod utanför kvinnokliniken på Sahlgrenska sjukhus och jag hade ingen aning om hur det hade gått till. En rysning strömmade genom hela min kropp. Jag började leta efter en parkeringsplats, hittade en ledig plats efter två minuter, klev ur bilen och låste den. Jag stod stilla framför bilen och tittade upp mot avdelningens fönster. De hade ställt ut adventsljusstakar och meningen var att ljuset skulle skicka ut fridfulla signaler, men jag var inte mottaglig. Inom mig var det fullständigt kaos! Jag kastades mellan hopp och förtvivlan och klev in på kvinnokliniken akutavdelning. Det behagliga skenet av adventsljusstakarna dämpade trots allt för en kort stund mitt kaotiska sinne. Jag slog mig ner i en av sofforna och inväntade läkaren. Jag bläddrade förstrött i en av de gamla veckotidningarna, men jag fick inte ihop meningarnas betydelse. Antagligen hade han ropat ut mitt namn flera gånger, för när jag äntligen reagerade stod han framför mig i sina vita rock. Jag registrerade att det återigen var en obekant läkare, reste mig upp, följde med honom in på hans expedition, satte mig framför skrivbordet och väntade. Han tittade i min journal och konstaterade högt och tydligt att jag hade varit på avdelningen i förrgår. Jag nickade två gånger.

– Vill du vara så snäll och klä av dig så får vi göra ett ultraljud och se om det går att se något, sa han vänligt.

Jag reste mig upp, gick dit jag hade blivit anvisad, klädde av mig i ultrarapid, lade upp mig i gynekologstolen och tryckte händerna hårt över brösten. Den kalla staven fördes in och nu började jakten på fostersäcken. Jag höll andan och följde rörelserna på bildskärmen. Förmodligen såg jag det före honom. Istället för att ha formen av en ballong såg jag hur fostersäcken hade antagit formen av en pannkaka. Om jag hade varit en trollkarl med överjordiska krafter hade jag uttalat en formel som gjort den rund, men jag ägde inga övernaturliga egenskaper. Jag var bara en enkel människa. Läkaren tittade på mig och såg uppriktigt ledsen ut.

– Tyvärr Helena, det är ett missfall på gång och jag tycker inte att vi ska vänta, utan vi tar det med en gång.

Min enda fråga var;

– Hinner jag ringa ett samtal?

Det var som att ha fått en dödsdom, och på sätt och vis kändes det så, eftersom fostret hade dött.

– Självklart kan du ringa ett samtal, sa han, tog ut staven och slängde det blodiga plastöverdraget i papperskorgen. Han vände sig till sköterskan som hade stått och väntat. De pratade fackspråk. Det gällde min skrapning och att informera avdelningen om min övernattning. Jag klev ur stolen och klädde på mig med långsamma rörelser. Strax innan jag var färdig drogs draperiet åt sidan och en sköterska tittade in.

– När du är klar, kan du gå upp en våning. Däruppe tar dom hand om dig, sa hon med ett vänligt tonfall.

Med mödosamma steg gick jag upp till avdelningen som skulle ta hand om mig efter skrapningen. En äldre sköterska, som jag kände igen, kom mig till mötes. Hon visade mig till salen, där jag skulle ligga efter operationen. Jag bad om att få en tandborste, ett klädbyte och en tvål eftersom jag hade hunnit sminka mig. En minut senare låg tandborste, tandkräm, tvål och en patientskjorta på min säng. Jag gick ut i korridoren för att leta reda på en telefon för att ringa till Krister. Precis när jag lade handen på luren kom jag ihåg tillfället när jag hade ringt och berättat att han skulle bli pappa. Det kändes som evigheter sedan. Nu kom jag med nyheter dystrare och mörkare än kvällen utanför mitt sovrumsfönster. Precis som den gången, svarade han efter första signalen.

– Krister, tyvärr är det som vi trodde. Det är ett missfall på gång, viskade jag.

– Har doktorn sagt det, frågade han med kvävd röst.

– Ja, och dom vill skrapa mig med en gång, sa jag ynkligt.

– Gör det något om jag inte kommer, undrade Krister.

Först begrep jag inte vad han sa, men ganska snart trodde jag mig förstå vad han menade. Han orkade helt enkelt inte ta sig igenom ett missfall till. Det här påminde Krister alltför mycket om det som hade hänt med kvinnan han varit tillsammans med, innan vi träffades. Naturligtvis blev jag sårad, men stolt som jag var svarade jag;

– Nejdå, det gör ingenting, jag kommer hem imorgon.

När jag hade sagt den meningen kom en sköterska in i telefonhytten, drog mig i patientskjortan och talade om att de väntade på mig i operationssalen.

– Jag måste sluta nu Krister! Dom står och drar i mig, sa jag i en optimistisk ton utan att känna någon som helst optimism. Han lade på luren och jag tvingade tillbaka mina tårar. Mina tänder skallrade när jag rullades in på operationsavdelningen, men det var inte av köld. Precis innan jag tuppade av tittade jag på klockan, den var tjugo minuter över sex.

Samma läkare som hade skrapat mig, skrev ut mig på söndag förmiddag. Vi satt i samlingsrummet för patienterna. Jag, ensam i en soffa, han mittemot mig och bredvid honom satt en sköterska. Jag har träffat många läkare under mitt liv, men den här tog definitivt priset av att vara en nyttig idiot. Klädd i en alldeles för stor patientklänning, fruktansvärt ledsen och fortfarande i någon slags chock, hörde jag honom säga, att det vore en bra idé om jag väntade med att bli gravid i minst två månader efter ingreppet! Men skulle jag bli gravid tidigare vore det ingen katastrof. Risken för ett missfall var varken större eller mindre om jag valde att vänta! Jag hörde orden och kände mig stel och kall, som ett ihåligt träd. Läkaren hade inte bemödat sig med att läsa mer än högst en sida i min journal. Jag orkade inte lägga till ett enda ord. Jag nickade och lyckades till och med att pressa fram ett leende när han tog mig i handen och gick.

Det hade snöat under natten, men eftersom det inte var minusgrader hade det blivit slask. Jag promenerade till bilen, kände fukten tränga in och mina stövlar blev våta invändigt. Hela staden låg i ett dis och allt kunde ha varit en vanlig trist och grå söndag om jag inte hade mått så dåligt. Krister hade varit på festen igår och hittat sitt sätt att bedöva sin sorg. Jag hade blivit sövd och han hade sett till att bli sövd på sitt sätt. Krister låg fortfarande och sov när jag kom hem vid tiotiden. Jag gick fram till sängen och satte mig ner bredvid honom. Han vaknade av rörelsen och tittade på mig där jag satt. Sedan sträckte han ut armarna och tog mig i sin famn. Vi kramade om varandra utan ord. Jag lösgjorde mig först och frågade om han ville ha en kopp kaffe. Han nickade. Jag gick ut i köket och satte på kaffet sedan gick jag in i badrummet och tittade på min byst. Den var fortfarande gravid. Brösten hann inte med förändringarna lika snabbt som hjärnan, tänkte jag dystert. Jag betraktade min spegelbild, mörka ringar under ögonen och en gråaktig hy. Jag såg inte alls fräsch ut. Men det värsta kunde man inte se och det var hur jag såg ut inuti. För ett kort ögonblick satte jag mig ner på toalettstolen. Jag var ledsen, men kunde inte klämma fram en endaste tår. Det förvånade mig, men antagligen skulle det komma vid ett annat tillfälle. Krister knackade på dörren och jag reste mig upp och öppnade för honom.

– Hur är det, frågade han ömt och tog mig under hakan.

– Efter omständigheterna ganska bra, tror jag.

– Gud som jag ser ut, utropade han och drog händerna genom sitt rufsiga hår.

– Jag kan inte annat än hålla med dig, sa jag.

Krister såg verkligen bedrövlig ut och andedräkten kunde ha skrämt vettet ur en skunk. När han med en urskuldande min tog tag i dörrhandtaget för att stänga om sig, tog jag ett snabbt kliv ut ur badrummet.

– Du behöver inte se så skyldig ut för att du vill vara ensam därinne. Med tanke på hur du luktar är det nog ingen annan än du själv som står ut.

Jag gick ut i köket och dukade upp till frukost och när Krister kom ut från badrummet nyduschad, luktade han gott och såg fräsch ut. Jag väntade med att säga något tills vi ätit och satt med påtåren.

– Nå, hur var festen igår? Hade du roligt?

Jag visste att formuleringen var elak, men just då ville jag vara elak. För när jag satt på sjukhuset ensam med telefonluren i handen, hade jag känt mig allt annat än uppåt och nu ville jag ge igen. Jag var inte gjord av sten, även om jag utåt sett ansågs ha ett starkt psyke. Men det var som sagt utåt sett. Krister tittade förvånat på mig, som om han undrade över om han hade hört rätt. Eftersom jag inte ville ställa till med något bråk, formulerade jag om frågan.

– Hur var det på festen igår? Hur mådde Annika?

– Hon mådde fint och maten var god, svarade Krister förvirrat. Vad sa läkaren?

– Han tyckte att det skulle vara en bra idé om vi inte blev med barn med en gång, utan väntade några månader, sa jag med trött röst.

– Jag menar mera om varför du fick missfall, sa Krister.

– Det vet dom ingenting om. Det kan vara en massa orsaker! Nästan var femte graviditet slutar i missfall enligt läkarna, sa jag.

– Kommer du att få reda på om det var något fel på fostret, frågade Krister.

– Det har jag faktiskt inte frågat om! Det vet jag inte, sa jag förvånat. Varför vill du veta det?

– Det kan ju vara mina spermier som gör att det blir missfall, eftersom detta är andra gången, sa Krister.

– Jag tror inte att du ska tänka på det viset, sa jag uppriktigt, Bara för att vi är två kvinnor som har fått missfall, betyder inte att det är fel på dig. Du har ju en dotter! Vem vet det kanske inte dröjer så länge till innan jag är med barn igen, sa jag hoppfullt. Många säger att det är lättare att bli med barn efter en skrapning. Då är man ren och fin inuti och ägget kan lättare få fäste. Jag vet inte om det är sant, men man kan alltid hoppas, eller hur, sa jag och tittade på Krister med bedjan i blicken.

Jag sträckte ut min hand, lade den på hans och tryckte den lätt, som för att visa att vi inte, just nu, skulle fördjupa eller bekymra oss för det här.

*

Jag hade ett helt annat problem på halsen och det var min stickmaskinskurs. Meningen var att jag skulle vara uppe i Uppsala dagen därpå för att lära mig hur en stickmaskin fungerade. Men det var inte precis något jag ville sysselsätta mig med under rådande omständigheter. Jag bestämde mig för att ringa till Dagny och skjuta upp kursen ett tag. Strax innan jag lyfte luren sa Krister att det kanske vore bra för mig att byta miljö. Om jag ringde upp och förklarade för paret vad som hade hänt skulle de säkert förstå och låta mig komma en dag senare. Jag funderade en kort stund och kom fram till att det som Krister hade sagt kanske inte alls var så dumt. Ett miljöombyte var kanske exakt vad jag behövde. Jag ringde upp Dagny och undrade om det gick bra att komma en dag senare.

– Javisst, det blir ju du som förlorar en kursdag, sa hon, beklagade missfallet och hoppades att det skulle gå bättre nästa gång.

Jag gick aldrig in på detaljer om vår barnlöshet utan lät Dagny tro att vi var ett fullkomligt normalt par som försökte få barn. Återigen påminde hon mig om att ta med varma kläder och riktigt rejäla skor, som hon uttryckte det.

Dagen därpå körde Krister mig till centralstationen och vinkade av mig. Jag lovade att ringa så fort jag hade kommit fram. Ibland var det ganska skönt att åka tåg och den här gången var det extra skönt eftersom jag hade köpt biljetter till första klass. Man kan inte anklaga SJ för att ha de bästa tågen i Europa, men i första klass är det i alla fall drägligt i jämförelse med andra klass.

Jag blev hämtad av Dagnys man, Einar, på centralen och sedan bar det av in i de djupa snötyngda skogarna. Jag kunde inte se mycket av skogen i mörkret, men kunde ana mig till hur vackert det skulle vara med snötäckta granar och höra det knarrade ljudet under fötterna när man gick på snön. En timma senare var vi framme. Jag skulle bli inkvarterad hos en äldre dam som hette Signe. Hon var strax över åttio och hade dålig syn. Signe var som en gammal mysig farmor eller mormor. Mjuk och rar till sättet och pratade en melodiös norrländska. Däremot var hennes hus en katastrof! Det såg ut som om att det skulle rasa ihop vilken sekund som helst och överallt luktade det mögel. På övervåningen, där det var meningen att jag skulle kampera, fanns en gammal säng. Sängen kom från en utdragssoffa, som garanterat var inköpt före andra världskriget!

Tack och lov att jag inte är lång, tänkte jag, och betraktade missmodigt eländet. Hade jag varit åtta centimeter längre hade mina fötter fått uppehålla sig utanför sängen. I det avlånga smala rummet fanns ett tvättställ med en föråldrad kran. En stråle för kallt och en stråle för varmt vatten. När man tvättade sig fick man antingen gåshud eller så blev man skållad! Signe bjöd in mig till att sitta i vardagsrummet och titta på TV, och jag var inte sen att tacka ja, för det var skönt med lite förströelse. Från en telefonkiosk på centralen hade jag ringt ett kort samtal hem till Krister. Bara för att tala om att jag hade kommit fram. Nu frågade jag Signe om det gick bra att få låna hennes telefon. Jag lovade naturligtvis att ersätta henne för samtalet. Dessvärre stod telefonen i vardagsrummet och det gick inte att prata ostört med Krister. Jag fick försöka prata mer vid ett annat tillfälle. Jag sade god natt till Signe, gick upp på övervåningen, kom in på min kammare och klädde av mig. Innan jag drog på mig nattlinnet ställde jag mig framför spegeln som hängde över handfatet. Den lilla lampan, som satt ovanför spegeln, sken svagt. Men även i det skumma ljuset kunde jag tydligt se de framträdande blodådrorna på mina bröst. Brösten både såg och kändes som om jag fortfarande var gravid. Sorgen över det förlorade barnet spred sig i min kropp, och jag kände en kyla som inte kunde förknippas med den i rummet. Jag satte mig på den antika sängen och när jag rörde mig, gnisslade den högljutt. Jag kunde inte ens lyfta handen för att ta tag i täcket, utan att det knakade i hela huset. Efter att försiktigt ha vänt mig ett flertal varv i sängen, lyckades jag till slut hitta en bekväm ställning och somnade.

Jag vaknade av att Signe stod och knackade utanför dörren. Jag ropade att jag var vaken och klev ur den gnisslande sängen. Tvättade mig i det iskalla vattnet, tog på mig tjocka strumpbyxor och drog jeansen över dem. Ovanpå jumpern tog jag på mig en tjock tröja av ull. Det borde räcka för att behålla värmen! Jag drog upp rullgardinen, det var beckmörkt och snön hade bildat ett mönster av stjärnor på fönstret. Det var ett snötäckt landskap så långt jag kunde se ut i mörkret. Jag gick ner från övervåningen till köket. Trappan knakade lika mycket som sängen. Undra just om det finns något i det här huset som inte knakar, tänkte jag elakt. Signe satt i kökssoffan och klappade sin katt. Jag hade träffat katten kvällen innan men tyvärr tillhör inte katter mina favoritdjur. Jag föredrar hundar, men ville inte såra Signe, utan gick fram, kelade med katten och höll ögonen på hans klor.

Hon frågade om jag kom ihåg vilken väg jag skulle gå för att komma till Dagnys och Einars hus. Jag nickade och mindes att han hade gett mig en kort vägbeskrivning och tyckte inte att det hade låtit alltför besvärligt att hitta dit. Jag hade blivit lovad en ficklampa och Signe gav mig den. Jag tog på mig min hellånga bläravspäls, svepte in mig i en stor sjal och gav mig ut i den tjugosjugradiga kylan. Gissa att det var kallt! Eftersom jag inte fick lov att röka vare sig hos Signe och Dagny passade jag på att röka en cigarett under vägen. Varje bloss jag drog ner i lungorna var som att andas i en frysbox. Jag antog att det var straffet för att man var rökare.

Det var ett helt vidunderligt landskap jag klev ut till. Runt omkring låg snön i meterhöga drivor, det var alldeles tyst, bortsett från mina knarrande steg och flåsande andhämtning. Ibland kände jag mig tvungen att stanna upp bara för att titta. Det var som ett sagoland och jag förväntade mig nästan att det skulle hoppa ut tomtar och troll bakom granarna. Jag närmade mig huset, såg att Dagny hade tänt belysningen utanför entrédörren, och i skenet från lampan gnistrade snön som om den vore täckt av diamanter. Jag klev upp på trappan, stampade av mig snön och knackade på dörren. Någon ropade ”kom in”, men eftersom ingen kom och öppnade, antog jag att det var min uppgift att kliva på. Jag steg in i förstugan, den lilla hallen, och försökte stampa av mig den resterande snön. Det var varmt och skönt i huset och Dagny var i full färd med att duka upp till frukost. Hon ville veta om jag hade sovit gott? Jag ljög och sa att jag hade sovit alldeles utmärkt.

Jag slog mig ner vid köksbordet och tittade ut över produkterna på bordet. Min blick gick på upptäcktsfärd och det var inga roliga matprodukter ögonen fick syn på. Mager torr ost, tunna skivor vitt torrt bröd, tunnbröd, lättmjölk och lättmargarin. Förklaringen visade sig vara enkel, Einar hade dåligt hjärta och det var viktigt att jaga kolesterol i det läget. Det kunde jag mycket väl förstå, men vem hade sagt att jag ville ge mig ut på kolesteroljakt tillsammans med dem! Mina blodvärden kanske inte var de allra bästa, men jag ville äta god mat!

Den största chocken fick jag när det var dags att besöka toaletten. Det fanns ingen toalett inomhus! Nu blev jag riktigt förbannad! Kunde de inte ha kläckt ur sig det när jag ringde och berättade om mitt missfall! Begrep de inte att jag var nyskrapad och därmed extremt känslig för infektioner i underlivet? Var hon totalt borta i huvudet? Nu tvingades jag att gå ut och sätta mig på en utomhustoalett i minus tjugosjugrader! Jag såg hur kisstrålen förvandlades till is, innan den ens hunnit rinna ner i hinken!
Jag beslutade mig för att enbart använda utedasset i nödfall, vid andra tillfällen promenerade jag över till Signes hus. Jag underrättade mitt kära värdpar om mitt beslut, och deras ansikten förmedlade ett uttryck, som om jag just hade berättat att jag slagit ihjäl katten! När jag var klar med mitt meddelande, informerade Dagny mig att jag under inga omständigheter fick lov att använda parfym, hon var allergisk. Med tanke på att det fanns minst tre katter som hårade ner varje liten vrå i huset, var det lustigt att hon inte var allergisk mot katter. Försökte man hitta en plats att sitta på, tvingades man lyfta bort en katt. Det var väl en himla tur att

inte jag var allergisk mot katter!

Efter ett antal timmar av så kallad undervisning var det dags för middag. Ja det må jag säga, jag är inte direkt kräsen när det gäller mat, men det här var långt under den horisonten. Jag skulle ha velat rekommendera dem en kurs i matlagning! Dagny hade tillverkat en smörgåstårta med allsköns vegetariska ingredienser. Trots att jag tog en pytteliten bit, åkte den berg-och-dalbana i min mage.

Den smakade vedervärdigt! Jag ville att tiden skulle gå fort så att jag kunde skynda mig hem till Signe. Tack och gode gud för tant Signe, säger jag. Hon bjöd på pepparkakor och bullar. Det smakade himmelskt efter den mattortyr jag upplevt i det andra köket. Naturligtvis berättade jag inte med ett enda ord vad jag tänkte om maten hos Dagny eller Einar. Men som tack för hjälpen, skickade jag Signe en stor handväska i julklapp. Hon hade sett min väska när jag kom och blev förtjust i den. Jag förstod att hon gärna skulle vilja ha en likadan. Egentligen borde jag ha skickat Dagny och Einar en kokbok!

Jag glömmer aldrig hur det var när jag skulle åka hem till Tjörn igen. Jag satt på tåget och väntade på att restaurangvagnen skulle öppnas. Gissa vem som stod först i kön? Jag nöjde mig inte med vad som helst, utan skulle ha det bästa som fanns på menyn! Pepparstek med rosépepparsås och en liten flaska Beaujolais Royal. Hade jag varit ensam i restaurangvagnen hade jag skrikit av lycka när jag satte tänderna i pepparsteken. För att inte tala om vilken underbar känsla det var att sätta ner fötterna på perrongen i Göteborg. Min styvfar och mamma plockade upp mig, eftersom Krister inte kunde komma ifrån. De skrattade högt när jag berättade för dem vad jag varit med om och nu kunde även jag instämma i skrattet. Men när jag hade befunnit mig mitt uppe i eländet, hade jag inte haft svårt att hålla mig för skratt. Nu i efterhand tycker jag att de borde ha varit mer upplysande om sin affärsverksamhet. Inte bara tjatat om att jag behövde rejäla skor och varma kläder. De kunde ha upplyst mig om sina tre hårande katter, sin hysteriska jakt på kolesterol och sin djupfrysta utomhustoalett. De kanske var duktiga på sina stickmaskiner, men eftersom jag retade mig på allt annat under tiden, lärde jag mig föga. Nu är jag inte tappad bakom en vagn utan klarar av att läsa en manual, därför lärde jag mig hur stickmaskinen fungerade. Men det var en dyr investering! Det enda positiva jag fick ut av den här resan, var att sorgen över mitt missfall stundtals lindrades. Anledningen var bland annat att jag var skitförbannad på deras urusla matlagning.

*

Krister och jag bestämde oss för att fira det nya året, 1991, ensamma. Tänk vad tiden går. Inte ens i min vildaste fantasi hade jag kunnat tro, att jag skulle vara barnlös, det året jag fyllde trettiofem! Jag drog mig till minnes ett tillfälle när jag hade varit tjugofyra år och sagt till mig själv, att innan jag fyllde tjugofem skulle jag vara med barn. Tidsperspektivet hade flyttats fram och nu sa jag att det gällde innan jag skulle fylla trettiosex. Tanken på att behöva flytta fram det till fyrtiofem, verkade i det här ögonblicket makabert. Då skulle Krister vara femtiotre och säkerligen inte speciellt glad över att ta på sig papparollen. Jag vet att det finns män som vill bli pappor trots hög ålder, men med tanke på hur mycket energi de små liven har, är det nog en god idé om man försöker få barn innan man når pensionsåldern.

Det kan inte vara roligt för barn som är tio år gamla, att ha en pappa som är sjuttio år eller äldre när de vill sparka boll, och pappans hjärta klappar ihop av ansträngning på grund av ålder! Visserligen kröp infarkterna ner i åldrarna på grund av rökning och annat, men ändå, tänkte jag dystert. Jag skakade av mig de trista tankarna och koncentrerade mig på vad vi skulle äta på nyårsafton. Jag hade bestämt att vi skulle ha oxfilé, potatisgratäng och grönsallad. Såsen skulle jag tillaga av gorgonzola och vinbärsgelé. Det visade sig bli en alldeles utmärkt kombination och vi smörjde våra krås.

Vi fyrade av våra raketer sekunderna efter att vi hörde tolvslaget på TV:n och vi var inte ensamma med att fira trots att vi bodde i ett fritidshusområde. Tillsammans med ett flertal familjer stod vi nu i mörkret och skrek ”Gott Nytt År” till varandra. Vi hade ingen snö som kunde lysa upp i vinternatten, men då raketerna for upp i himlen blev det i alla fall ljust under några minuter. Krister och jag satt uppe till klockan fem på morgonen och pratade. Han var fortfarande bekymrad över hur han skulle klara av att vara ensam i mörkret under vinterhalvåret, eftersom jag bodde ombord på båten under tre till fyra dygn. Vi pratade även om missfallet som nyligen hade kastat oss mellan hopp och förtvivlan. Krister berättade om hur lycklig han hade blivit när jag ringde och sa att han skulle bli pappa och hur förtvivlat ledsen han blev när jag ringde från akuten och berättade att de skulle skrapa mig. Jag sa att det kanske fanns en möjlighet att jag skulle kunna bli gravid igen, under våren eller sommaren, men innerst inne trodde jag inte på det.

Att efter alla dessa år plötsligt bli gravid utan läkarhjälp, tror jag berodde på att för första gången hade jag haft tankarna på annat håll. Beskedet från läkarna att de skulle hjälpa oss att bli med barn hade fått mig att börja planera för barnets födsel, eftersom jag hade varit övertygad om att försöket skulle lyckas. Som ett blixtnedslag stod det plötsligt klart för mig varför jag inte blev med barn. Det fanns inget medicinskt fel på mig, mitt fel satt i hjärnan! Hur skulle man bli botad från ett sådant fel? Det finns inga glöm-bort-bli-med-barn-piller. Min kropp kunde inte heller hjälpa mig, tvärtom. Den var snabb i vändningarna med att tala om när jag skulle få ägglossning eller när mensen var i antågande. Dessutom var jag alldeles för observant med allt som hände i min kropp. Att åka på en väldigt lång semester, kunde kanske ha varit till hjälp, men det fanns inga pengar. Allt som kvarstod var att vända sig till läkarna och be om hjälp.

*

I mitten av mars var jag på besök hos min läkare. Jag klev in på mottagningen, han reste sig ur stolen, kom mig till mötes och tog min hand i ett fast grepp.

– Först vill jag säga hur tråkigt det var att höra att du hade fått missfall, men samtidigt blev vi glada över att du blev gravid, sa han.

Jag såg minst sagt förvirrad ut efter den meningen, men han var snabb i sin förklaring.

– Jag menar att det var bra, att få veta att din kropp kan bli gravid, om vi nu bestämmer oss för något av dom alternativ till befruktning som finns att tillgå, sa han, satte ner mig i en stol, gick runt skrivbordet och slog sig ner framför mig.

Han plockade i en hög av papper som låg utspridda på bordet.

– Jag tycker att vi ska försöka göra dig med barn på vanligt sätt innan vi går vidare till mer avancerad teknik.

Jag nickade, men inombords var jag djupt besviken. Helst av allt ville jag att de omedelbart skulle sätta igång med något radikalt, istället för hormontabletter och en spruta för att lösgöra ägget inom trettiosex timmar. Men var det bestämt att de ville gå i den ordningen godtog jag det, eftersom jag var säker på att få all hjälp, som stod till buds, om inte det lyckades. Läkaren skrev ut ett recept på Clomivid och gav mig telefonnumret dit jag skulle ringa, när det blev dags att beställa tid för ultraljud.

– Hur många fler ägg än normalt kan det bli, frågade jag.

Han lutade sig tillbaka i fåtöljen och småskrattade.

– Tja, om du bara visste vad som hände en kvinna, sa han.

Nu blev jag idel öra, vad skulle han avslöja som var så otroligt?

– En av kvinnorna, som blev hormonbehandlad, fick tjugo ägg, sa han och lutade sig fram mot mig.

– Va, skrek jag och tappade hakan.

– Lugn Helena, du behöver inte vara orolig. Det kommer inte att hända dig, sa läkaren och viftade lugnande med handen.

Lättad pustade jag ut, men kunde inte låta bli att fnissa vid tanken på stackaren, som fick bära på tjugo ägg, vilken mardröm, tänkte jag.

Ultraljudet var till stor hjälp för att undersöka de hormonstimulerade äggstockarna. Med hjälp av ultraljudet kunde man mäta storleken på blåsorna med jämna mellanrum. När äggblåsorna hade nått en diameter på 18-20 millimeter var det dags för sprutan som frigjorde äggen. Vid det första besöket lämnade jag läkaren med ett recept på Clomivid och hade ingen aning om att stora och välutvecklade äggblåsor inte med automatik innehöll ägg. De kunde lika gärna enbart vara fyllda med vätska! Detta hade ett fåtal kvinnor efter en lång och tröstlös väntan bittert fått erfara. Innan jag lämnade avdelningen satte de upp mig på listan för en ny laparoskopi. De frågade om jag kunde komma med kort varsel och naturligtvis kunde jag det! Eftersom jag hade en del ledighet enligt mitt schema, kanske jag med lite tur kunde få en laparoskopiundersökning under en av de perioder som jag var ledig.

Jag hade varit rädd för att de skulle avvisa oss, eftersom jag hade blivit gravid utan deras hjälp. Men om de i god tid hade kläckt ur sig att de fortfarande var övertygade om att vi behövde hjälp, kunde jag ha sovit i lugn och ro, i många fler nätter. Jag blev så glad över beskedet att jag nästan ramlade omkull av lycka. Det kunde faktiskt betyda att jag trots allt skulle kunna bli gravid. Bara tanken på att få hjälp, var hjälp för oss.

*

I slutet av april ringde en sköterska och ville veta om jag kunde lägga in mig den tionde maj för en laparoskopi. Jag ringde upp min personalpurser och frågade om det fanns någon som kunde hoppa in för mig. Han meddelade att det inte var några problem och att jag i lugn och ro kunde koncentrera mig på min operation. Jag ringde tillbaka till sköterskan och lämnade klartecken. Allt detta gick så snabbt att jag inte ens hann tänka efter. Jag var mitt uppe i en storstädning hemma och satt på sängen i sovrummet med dammsugaren, liggande på golvet, framför mina fötter. Jag hade inte haft något block tillgängligt, när sköterskan ringde, utan hade kladdat ner uppgifterna på en gammal tidning, som låg och skräpade i nattduksbordet. Jag tittade på vad jag hade skrivit. Klockan 08.00 avdelning 71 den tionde maj.

Jag drog ut dammsugaren till köket och fortsatte att städa. Fortfarande begrep jag inte innebörden av det som hade hänt för ett par minuter sedan. Skulle de göra ett försök att göra mig med barn i samband med laparoskopin, eller ville de bara kontrollera mina äggledare? När Krister kom hem från jobbet och jag berättade för honom om samtalet, ställde han samma frågor. Men eftersom det led mot sommar, visste jag av erfarenhet att hjälp för att bli-med-barn, under sommaren eller på röda dagar, var omöjligt på grund av de små resurser som fanns för ändamålet. Som det såg ut just nu var det nog inte att tänka på att bli-med-barn förrän till hösten. Kanske skulle jag trots allt vara gravid innan jag fyllde trettiosex. Sist av allt är det hoppet som hoppar av! En viktig sak bestämde jag mig för och det var att sluta röka så fort jag fick veta datumet för den stora dagen. Den här gången ville jag satsa allt på ett lyckat försök! Det måste vara bättre att avstå från cigaretter under tiden som försöket pågick. Chansen att det tar sig borde vara större, tänkte jag. I vilket fall som helst hade jag allt att vinna och ingenting att förlora om jag slutade med mina giftpinnar.

Jag kom till avdelning 71 för en genomgång av hur operationen skulle gå till och fick reda på att narkosläkaren ville träffa oss patienter, innan operationen. Anledningen var att de skulle börja söva oss på ett nytt sätt. Det vanliga var att man kom till sjukhuset dagen innan, blev inskriven, låg kvar en dag efter operationen och blev utskriven på tredje dagen. Nu var det meningen att man skulle bli inskriven på operationsdagen och utskriven samma dag, på eftermiddagen. Det kallar jag effektivt! Narkosläkaren var en trevlig kvinna som i korta ordalag förklarade vad det hela skulle handla om. Hon tackade mig för att jag hade kommit och önskade mig lycka till. Morgonen den tionde skrevs jag in. Jag hade inte ätit något efter klockan nio kvällen och inte rökt efter midnatt. Vi var fyra stycken i samma sal och det var skönt för jag var orolig. De andra tre kvinnorna verkade ha träffats förut och sinsemellan diskuterade de livligt olika behandlingar. Nervös inför vad som skulle hända låg jag enbart och lyssnade på vad de hade att berätta. Kvinnan mittemot mig var i samspråk med sin sängkamrat och deras samtal handlade om en tredje kvinnas IVF-försök. I flera månader hade hon väntat på sitt första försök, behandlats med hormoner, och när hon hade undersökts med ultraljud visade det sig att hon hade nio äggblåsor. När det var dags att plocka äggen var alla nio äggblåsor tomma!

Nu stod kvinnan på ruta ett igen och var tvungen att vänta ända fram till september för att göra ett nytt försök. Jag kände omedelbart ett djupt medlidande med henne. Vilken chock att få reda på att äggblåsorna var tomma! Jag drog upp täcket över huvudet och tänkte på hur mycket vi egentligen stod ut med? Vi som längtade oss sjuka över att bli gravida och föda ett barn. Ingen som inte hade varit delaktig i vårt helvete kunde begripa vad vi utsatte oss för. Alla hormonsprutor, tempkurvor och operationer som vi gick igenom, men det jag tyckte var mest knäckande, var att älska på ett bestämt klockslag. Det kändes så falskt! Visst, jag kunde ta på mig strumpeband, sexiga trosor, parfymera mig, tillaga en god middag, men om syftet med hela föreställningen var att bli-med-barn kändes allt som en enda stor lögn. Jag undrar hur många det var som kände likadant? Det var som att vara sugen på en chokladpralin, stoppa den i munnen, och upptäcka att någon hade jäklats och lagt i peppar.

*

Efter operationen vaknade jag upp med ett lätt illamående. Jag tänkte tillbaka på vad som hade hänt. På operationsbordet hade jag fått en lugnande spruta och strax efteråt hade det kommit en man och tryckt en mask över mitt ansikte. Jag hade slagit undan masken och frågat vad han sysslade med. *"Jeg, gjör dette bare for at det skel bli lettere for deg å våkne opp etter operasjonen, sa han och log! Jaha och vem är du då, frågade jag, och vad är det som strömmar ut ur masken? Jeg er en narkoselege og det som strommer ut av masken er bare oksygen, svarade han muntert!*

Jag mindes, att jag hade varit alldeles för trött för att kommentera, att narkosläkaren som jag hade pratat med varit en kvinna och pratat svenska. Jag hade också kommit att tänka på historien om den norska räkan, som låg överst på ett lass med svenska räkor, slog sig för bröstet och skrek; *Jeg er en hummer!*

Med halva hjärnan avdomnad låg jag och undrade över varför jag plötsligt mådde illa, vilket jag aldrig tidigare gjort någon gång efter en operation. Den nya metoden kanske inte passade mig, tänkte jag och slumrade till. Jag hade sovit i fyra timmar när läkaren, som skulle skriva ut mig, kom för att hämta mig till sin expedition. Hon hjälpte mig ur sängen och jag hängde tungt i hennes armar. Precis när vi var framme vid dörren kände jag att det var dags att kräkas. Först såg läkaren förvirrad ut inför mitt uttalande, sedan började hon leda mig tillbaka till sängen, men dit ville inte jag. I det ögonblicket, kom det som tur var, in en sjuksköterska på salen. Hon tog mig under ena armen, släpade in mig till duschrummet i korridoren, som var utrustad med en toalett. Jag hann knappt in, slängde mig ner på knä, förrän jag kände hur magen vände sig in och ut. Läkaren försvann, antagligen tålde hon inte spyor! Jag kände att det inte fanns mer att få upp, reste mig på darrande ben och tvättade av mig i tvättstället. Den kvicktänkta sköterskan stod kvar beredd att ta hand om mig. Hon frågade om jag kände mig tillräckligt stark för att prata med läkaren, eller om jag hellre ville gå och lägga mig igen. Jag sa att jag ville tala med läkaren. Sköterskan hjälpte mig ända fram, placerade mig i en stol, vände och gick ut igen. Läkaren tittade nervöst på mig och frågade om det var säkert att jag inte mådde illa längre. Jag försäkrade henne om att illamåendet hade gått över eftersom jag hade fått möjligheten att kräkas! Läkaren harklade sig och inledde samtalet med att berätta, att inuti mig, var allt hur fint som helst. Jag drog en lättnades suck.

– Från och med nu blir det din ordinarie läkare som tar över, men som du säkert känner till stänger avdelning 71 under juni månad och är stängd fram till i början av september, sa läkaren.

Jag hade haft mina aningar och nu blev det bekräftat.

– Ja, jag kommer att höra av mig till hösten och beställa en tid, svarade jag.

Hon tog min hand, pumpade den upp och ner några gånger, och önskade mig en trevlig sommar. Jag önskade henne detsamma och vinglade tillbaka till min sal. Jag passade på att vila i ytterligare en timma innan min mamma, och styvfar, kom och hämtade mig. Krister hade tvingats iväg på en av sina affärsresor precis de dagarna som var tingade för min operation. Det var över sex mil att köra till Tjörn och den bilresan ville jag inte göra ensam i mitt tillstånd.

*

Under sommaren jobbade jag på som vanligt och hade tur med vädret när jag var ledig. Krister tog som vanligt semester under juli och tog tillfället att åka på golfturné med sina vänner. Jag hade också lärt mig att träffa en golfboll, men jag var långtifrån lika duktig som Krister. Vid enstaka tillfällen, när bollen kom både långt och i rätt riktning, blev jag alltid lika förvånad. Den här sommaren gick jag för första gången en hel golfrunda och vid hål arton var jag så trött att jag nästan kröp. Min kondition var urusel och rökningen bidrog inte till att göra den bättre. Jag satt på golfrestaurangen, klämde en lättöl, och mina ben skakade som av en lång och het natt. Jag var så trött av allt svingande att jag var tvungen att lyfta ölglaset med båda händer. Jag ska villigt erkänna att det är betydligt enklare att spela golf på data än i verkligheten. Det finns säkert många som tror att har man bara rätt kläder, och en tjusig golfbag, glider man enkelt runt banan och spelet går av sig självt. Jag måste tyvärr krossa de illusionerna och göra folk besvikna. Det är svårt och svettigt att träffa bollen, men när det fungerar är det jätteroligt med golf. Jag minns ett tillfälle när vi spelade på Gullbringa och befann oss på hål fyra. Krister tyckte att jag skulle ta i lite mer när jag svingade, tog fram sin golfklubba och demonstrerade. Jag tog i för kung och fosterland och, trot eller ej, bollen hamnade på green! Krister slängde sig skrattande ner i gräset när han såg slaget. Under hela sommaren försökte jag göra om bedriften, men det lyckades aldrig.

*

I slutet av juli satt jag på altanen, läste en bok och njöt av den vackra havsutsikten. Krister kom ut och satte sig bredvid mig. Han satt tyst och bara stirrade på mig. Förvånat lade jag ner boken i knäet.

– Är det något speciellt, eftersom du stirrar på mig, frågade jag.

– Nja, jag tänkte bara berätta att jag har funderat på att även bjuda Lennart och Annika på vår årliga kräftskiva, sa Krister i lätt ton.

Omedelbart begrep jag vad det var frågan om. Annika och jag hade varit gravida samtidigt och nu hade de fått en liten flicka. Den babyn påminde oss om missfallet som hade inträffat förra året i december.

– Har dom tänkt ta med sig flickan, frågade jag.

– Nej, det tror jag inte, sa Krister.

Vi hade gjort en överenskommelse med våra vänner när det gällde kräftskivan, ingen skulle ta med sig sina barn. Då gick det inte för sig att någon, plötsligt, släpade med sig sitt barn.

– Ja, men om dom inte ska ta med sig flickan behöver du väl inte oroa dig för min reaktion, sa jag.

– Det stämmer väl i och för sig, men jag vet hur du känner i vissa lägen när barn kommer på tal, sa Krister och tittade oroligt på mig.

Vad jag inte berättade för Krister var, att jag vid flera tillfällen hejdat mig från att inte köra av vägen i full fart, när jag råkat köra förbi Annikas arbetsplats. Varje gång jag såg hennes arbetsplats påmindes jag om vad hon, men inte jag, hade lyckats åstadkomma. Varje gång hade min knutna näve dunkat på min tomma livmoder och utropat hatfyllda ord över min värdelösa kropp. Dessa upplevelser var, under omständigheterna, en totalt onödig upplysning enligt min mening. Därför sa jag inte ett ord om dem. Eftersom det inte var kräftskiva förrän i slutet av augusti, och vi var inne i mitten av juli, hade jag gott om tid att förbereda mig. Under den här sommaren inträffade det många gånger att jag mådde riktigt dåligt. Vid de flesta av dessa tillfällen hade jag tagit min tillflykt ner till bryggan, tittat ut över ett magiskt hav, samtidigt som tårarna hade forsat nerför mina kinder.

En gång gick jag ner till stranden sent på kvällen. Vattnet var stilla, båtarna låg fastsurrade, gnisslade och guppade i skymningen. Efter att jag hade lyssnat på de knirkande båtarna, det stilla kluckandet och tårarna hade tagit slut, hade jag lugnat mig så pass att jag kunde gå tillbaka till huset igen. Jag öppnade dörren och smög mig in. Vardagsrummet låg i mörker men plötsligt fick jag syn på Krister som satt i soffan. Jag gick fram och sjönk ner vid hans fötter. Han satt tyst och sa ingenting. Jag kramade hans ben och viskade i mörkret;

– Jag behöver göra så här ibland. Det är inte ditt eller någon annans fel. Jag bara känner att det blir för mycket och då lossar jag på fördämningarna, sa jag.

Han strök mig sakta över håret.

– Helena, förstår du inte att jag blir orolig? Jag satt här och fick för mig att du hade kastat dig i havet, sa Krister och lät oroad.

– Jag har inga som helst planer på att ta livet av mig! Förresten är det alldeles för kallt i vattnet, sa jag glatt, som för att lätta upp stämningen.

– Det är inget att skämta om, sa Krister strängt.

– Förlåt mig, sa jag ynkligt.

Efter den meningen, drog Krister upp mig från golvet och tog mig i famnen. Jag satt i hans knä och tittade ut över havet. Månen hade dolts av mörka moln. Vid sådana här tillfällen ställde jag mig alltid frågan. Hur länge skulle vi orka?

*

Dagen för kräftskivan var inne och plötsligt var hela huset fullt med folk. Från att det inte skulle få följa med några barn, var de plötsligt fem stycken. Annika anlände med sin nyfödda lilla flicka, jag knöt ihop mina nerver och lade dem i en påse för förvaring. Jag trängde undan alla mina dystra tankar och var bara trevlig. Det lyckades mot alla odds. Jag blev själv förvånad över hur bra det gick. Jag klarade till och med av att vagga den lilla till sömns. Vi hade ställt in barnvagnsinsatsen i vårt sovrum, den enda rökfria platsen. Därinne stod jag, vaggade den lilla i mina armar, nynnade på en vaggvisa och lade ner den sovande flickan i insatsen. Under tiden satt Krister och de andra på altanen, festade och sjöng. Antagligen skulle det bli som vanligt. Killarna skulle sitta och sjunga, prata och invänta morgonen. Från vår altan kunde de följa båtarna i segeltävlingen Tjörn runt, som startade klockan åtta. De skulle sitta och beundra segelbåtarna fram till halv tio, stappla in till sina respektive, somna och vakna fram på eftermiddagen. Bakfulla och med huvudvärk! Med ett leende på mina läppar gick jag ut och anslöt mig till festen.

Alla gästerna hade åkt hem och först på kvällen, efter flera timmar, var jag klar med städningen. Men det var alltid skönt när jag var klar. Det hade varit en lyckad fest och alla såg fram emot nästa års Tjörn runt, i kombination med kräftor. Det var inte vad jag såg fram emot just då! Jag såg hellre fram emot att vårt barn skulle ligga i sin barnkammare vid den här tidpunkten nästa år och nerverna knöt sig inom mig. Jag torkade svetten ur pannan och ställde in skurhinken i badrummet. Konstigt att jag aldrig kan släppa tanken på att bli-med-barn, tänkte jag. Jag gick in i köket och satte på en kanna kaffe. Krister låg och sov i soffan och jag lät honom vara ifred. Under tiden som vattnet bubblade genom filtret ställde jag mig och beundrade vår underbara utsikt. Tänk vad fint det skulle vara för barn att växa upp i den här miljön. All denna sköna natur precis utanför dörren. Björken som stod till vänster om burspråket liksom bugade sig i vinden. Det var som om den hört mig och instämde i mina tankar. Jag gick för att hämta kaffet och min blick föll på almanackan som hängde på anslagstavlan i köket. I dag var det den artonde augusti. Om jag ringde till min avdelning i början av september kanske det fanns en möjlighet att få ett försök i oktober. Jag tog en penna, markerade datumet som var den första vardagen i september och skrev vad jag skulle göra den dagen. Precis när jag satte ner kaffekoppen på bordet i vardagsrummet vaknade Krister och kisade med ögonen mot mig.

– Vill du också ha en kopp? Det är alldeles färskt, sa jag.

– Mm, det skulle vara gott, mumlade Krister och började kravla sig upp i sittande ställning.

Vi drack kaffet under tystnad och beskådade hur himlen färgades rosaviolett av solen, som sakta avlägsnade sig för dagen.

*

Den tredje september ringde jag, beställde tid hos min läkare och fick tid den tjugofemte. Samtidigt ringde jag till fertilitetsavdelningen och meddelade dem att jag ville vara med på ett försök med GIFT, om det fanns plats. Sköterskan lämnade mig ensam i luren en stund och jag hörde henne prassla med papper.

– Jag ser att brevet, som vi skickade, har kommit tillbaka från Uddevalla. Överläkaren på KK skriver att du inte tillhör deras upptagningsområde, du tillhör Mölndal, sa sköterskan.

–Va! Vadå Mölndal, skrek jag. Jag bor för jössenam på Tjörn! Jaha, och vad gör vi nu då, frågade jag och suckade högt.

– Vi har skickat en förfrågan om remiss till Mölndal och vad jag kan se är brevet daterat den sjätte augusti, sa sköterskan.

– Hur lång tid ska det ta, normalt, innan ni får tillbaka den?

– Man vet faktiskt aldrig hur lång tid det tar i sådana här situationer, men av erfarenhet vet vi att dom inte är alltför snabba, sa sköterskan.

– Till vem har ni ställt er förfrågan, frågade jag.

– Tyvärr står det ingenting om det, men ring till Mölndals kvinnoklinik och hör om dom vet något. Skulle du få besked kan du ringa tillbaka till mig, sa sköterskan.

Jag slog upp de blå sidorna i telefonkatalogen och hittade numret till Mölndals sjukhus. Jag bad att få prata med någon på kvinnokliniken.

– Syster Anita, svarade en glad röst.

– Hej, mitt namn är Helena Hilmarsson och jag har just fått reda på att ni har en förfrågan om en remiss, liggande på er avdelning, sa jag.

– En remiss om vadå, undrade sköterskan.
– Det gäller GIFT, svarade jag och satte snabbt in henne i min situation.
Hon bad mig vänta kvar i luren under tiden som hon letade efter remissen. Fem minuter i en tyst telefon är en lång tid och som vanligt väntade jag tålmodigt.
– Vi tycker att du ska komma hit för ett besök, sa sköterskan med viss tveksamhet i rösten.
Tyst räknade jag till tre innan jag tog bladet från munnen.
– Ge mig en enda god anledning till varför det skulle vara nödvändigt, sa jag med ansträngd röst.
– Du har väl aldrig varit hos oss, frågade sköterskan.
– Nej, och inte har jag tänkt besöka er heller, svarade jag. Anledningen till att jag behöver en remiss är att jag har flyttat. På Sahlgrenska trodde dom att jag tillhörde Uddevalla, men det är fel, och det är därför ni har fått en remissförfrågan om mig. All behandling som jag har gjort och kommer att göra, blir på Sahlgrenska, och inte på Mölndal. Varför ska jag då komma till er för en undersökning?
– Men vi brukar inte skriva ut remisser till någon som vi aldrig har träffat, sa sköterskan.
Jag kände hur trött jag var på all den här förbannade byråkratin och att det saknades sunt förnuft, men visste att jag var tvungen att sansa mig.
– Vem är det som ska skriva ut remissen, frågade jag med behärskning i rösten.
– Jag vet inte. Jag har faktisk inte hittat något papper om dig, sa sköterskan.
– Du, vi gör så här, jag ringer tillbaka till min avdelning på Sahlgrenska och hör om inte dom kan få fram till vem brevet är adresserat och så återkommer jag.

Jag lade på luren och ringde återigen upp avdelning 71. Sköterskan hittade en kopia på brevet och jag fick reda på klinikchefens namn på Mölndals kvinnoklinik. Jag ringde ånyo Mölndal och fick tag i samma sköterska som jag talat med tidigare. Jag berättade för henne om min avdelning och bad henne försöka förstå, att tolv år är en lång tid och, att varje månad som går är dyrbar tid. Hon sa sig förstå vad jag syftade på och vi kom överens om att hon skulle ringa upp mig så fort hon visste vem av läkarna, som hade blivit tilldelad uppgiften att skriva ut min remiss. Det lät lovande i mina öron, jag lade på luren och väntade. Två timmar senare ringde hon upp.

– Nu vet vi vem som har skickat din remissförfrågan och läkaren ska skicka iväg den så fort som möjligt. Det är bara att vänta och hoppas att det inte tar alltför lång tid, sa sköterskan.

Jag tackade henne för all hjälp, lade på luren, ringde till avdelning 71 och berättade vad som var på gång. Sköterskan sa att det vore bra om jag slog dem en signal igen om två dagar. Jag berättade att jag skulle arbeta den femte, men vid första tillfället båten låg för ankar i Göteborg, kunde jag ringa till dem.

På fredagen den sjunde ringde jag upp kvinnokliniken i Mölndal och ville ha bekräftat att remissen var avsänd. Sköterskan gick och letade på läkarens bord, men kunde inte hitta något som avslöjade att remissen var skickad. Jag ringde upp avdelning 71 och frågade om de hade fått remissen. Svaret var nej! Nu blev jag riktigt förbannad. Jag slängde mig på telefonen, ringde upp Mölndals kvinnoklinik, och bad att få prata med läkaren, som var ansvarig för att den lilla papperslappen kom iväg. Jag blev upplyst om att läkaren var i tjänst, men att de inte visste var på sjukhuset hon befann sig. Tålmodigt förklarade jag, att om läkaren ville ställa frågor till mig, innan hon skickade remissen, var hon välkommen att ringa hem eller till min avdelning på Sahlgrenska, vilka mer än gärna skickade kopior på min journal, om hon ansåg sig behöva det. Jag hade nämligen frågat min avdelning om de kunde stå till tjänst och de var mer än villiga att hjälpa till.

Var det så att läkaren inte hade några frågor, men ändå tyckte att det var besvärligt att få iväg papperslappen, var det absolut inga problem för mig att komma och hämta den. Jag skulle gå av båten den elfte och kunde ta vägen om Mölndal och hämta remissen. Sköterskan avböjde min hjälp och lovade att de skulle få iväg remissen så snabbt som möjligt. Jag informerade henne att jag skulle ringa på morgonen den elfte bara för att försäkra mig om att den var på väg. Att det skulle ta en hel månad, bara för att få iväg den lilla papperslappen var rent löjeväckande, tyckte jag! Sköterskan lovade göra sitt allra bästa och vi lade på. På morgonen den elfte ringde jag upp Mölndals kvinnoklinik och nu visste alla vem jag var. Remissen var skickad!

Jag ringde upp min avdelning och underrättade dem om läget. Sköterskan skrattade åt min företagsamhet och undrade om jag ville arbeta som förste remissjagare! Alltför ofta låg remisser och samlade damm och det var ett av deras största problem. Jag suckade djupt efter att ha lagt på luren. Alla har vi våra små problem, tänkte jag, men nu var i alla fall remissen på plats. Det var dags för nästa steg i proceduren och det var att invänta ett recept utskrivet på hormontabletter. Jag skulle behandlas med tabletterna och slå en signal när jag fick min mens. Det var bara en liten sak till, vi vill att du och din man gör ett HIV-test, och att du även gör ett test för röda hund, hade sköterskan glatt påpekat. Javisst, hade jag svarat lika glatt, men efteråt visste jag inte vilket ben jag skulle stå på, så nervös blev jag. Hur skulle jag berätta det här för Krister? Vi hade pratat lite löst om att göra det, men att testa oss på riktigt för att få reda på om vi bar på ett dödligt virus hade vi slagit ifrån oss. Nu var vi tvungna! Du milde, hur skulle jag förklara det här? Jag tittade på klockan, såg att hon var strax efter tre och Krister skulle komma hem vid fyratiden. Jag letade reda på numret till vårdcentralen och ringde upp. Rösten i luren förkunnade att jag hade hamnat rätt och jag lade fram mitt ärende.

– Vi stänger vid femtiden, öppnar igen klockan sju i morgon bitti, och ni kan komma när ni vill, sa rösten.

Jag tackade för upplysningen, satte mig och inväntade Kristers hemkomst. Jag hörde hans bil på uppfarten och gick honom till mötes.

– Hej, mitt hjärta, sa jag och gav honom en kram.

– Hejsan, hur har du haft det idag, sa Krister, gick fram till köksbordet och började plocka med posten.

– Jo, tack, bara bra. Idag har jag både glada och dåliga nyheter, svarade jag och började fnittra nervöst.

– Vi kanske skulle börja med dom goda då, sa Krister frånvarande, eftersom han samtidigt bläddrade i kvällstidningen.

– Jo, dom goda nyheterna är att dom vill göra ett försök på mig i oktober och dom dåliga är att först måste vi göra ett HIV-test, sa jag och studerade noga Kristers reaktion.

Han slutade läsa och stirrade på mig utan att säga ett ord. Jag började åter fnittra nervöst inför hans blick. Fortfarande utan ett ord lät han blicken söka sig ner i tidningen. Lika bra att vänta med att säga något, tänkte jag. Han får tänka igenom det utan min hjälp. Till slut lade han ner tidningen framför sig.

– Helena, jag vill inte göra ett HIV-test, sa han med bestämd röst.

– Tro mig, jag förstår dig, men om vi inte gör testet får vi ingen hjälp, vilket jag också förstår, sa jag i lugn ton. Skulle det visa sig att någon av oss bär på HIV viruset är risken alltför stor att det kan överföras på barnet och då har det kostat samhället tusentals kronor. Men framförallt vill jag inte ens bli med barn om jag bär på HIV, svarade jag i en bestämd ton.

– Var skulle vi göra provet i så fall, frågade Krister.

– På vårdcentralen, jag har redan ringt och frågat, sa jag.

– Kan vi åka nu på en gång om vi vill, frågade Krister.

– Ja, det kan vi, sa jag och kände hur jag var på väg att få ett fnitteranfall igen.

Krister såg att det var skratt på gång och sa att det var typiskt mig att skratta när jag var nervös. Det kunde jag i viss mån hålla med om, men det var inte alltid jag skrattade när jag var nervös. Just nu tyckte jag att det var en del komik i hela den här historien. Ingen av oss hade någonsin kunnat tro att vi skulle göra ett HIV-test under de här omständigheterna, men vi lät inte tiden gå utan for iväg till vårdcentralen omedelbart. Under tiden som vi satt och väntade började vi fnissa båda två. En sköterska kallade in oss och vi kavlade upp ärmarna. Hon stack fint och det kändes inte ett dugg. Efteråt när vi satt i bilen på väg hem skämtade vi om beskedet som skulle komma med posten.

– Tänk dig att mina kompisar kommer förbi och frågar hur jag mår, sa Krister. Mitt svar blir att allt är negativt, utom HIV-testet, som är positivt!

Vi skrattade åt skämtet, men samtidigt fanns en underton av rädsla för vad som skulle hända om provet visade sig vara positivt. Nervositeten fanns inom oss ända tills att svaret anlände i ett brev, en vecka senare. Jag var ombord på båten och Krister fick den stora äran att öppna brevet. Det första Krister hade lagt märke till när han öppnade det vikta dokumentet, var krysset i rutan för HIV. När han såg krysset hade han känt hur allt blod försvann ner till fötterna. Han öppnade hela dokumentet, såg att krysset i rutan bara hade markerat vilket test det gällde, och förstod att provsvaret var negativt för oss båda. Krister hade dragit en djup suck av lättnad och varit tvungen att sätta sig ner för att lugna sina sprattlande nerver. Jag skrattade befriande när Krister berättade vad han gått igenom. Detta borde vi fira med en god middag och ett gott vin, sa jag, och det var precis vad vi gjorde. Krister skalade räkorna och jag gjorde i ordning sallad och kokade ris. Gräddsåsen kryddade vi med stark curry, lade i röd lök och grön paprika. Sist lade vi i räkorna. Det vita vinet kom från Eutin, en liten by i Tyskland och som avslutning gjorde vi oss varsin Irish Coffey. Vi blev runda under fötterna och satte oss i soffan för att titta på TV. Kristers hand lade sig runt mina axlar och började smeka mig i nacken. Jag kände hur jag började bli varm i hela kroppen. Våra händer stötte ihop i vår vandring över varandras kroppar. Vi älskade med varann på soffan, TV:n stod på i bakgrunden, men vi hörde inte ett ord av programmet utan var fullt upptagna med annat.

*

Den tjugofemte satt jag punktligt i väntrummet och väntade på min tur. Jag hade förberett mig på att få vänta en längre stund. Därför hade jag tagit med mig manuset till boken som du läser just nu, för att korrekturläsa och kanske fylla i lite här och där. Jag hann knappt få ur den ur påsen förrän det var min tur. Min läkare hälsade glatt på mig och jag satte mig ner mittemot honom. Först visade jag fotografier på vårt hus på Tjörn. Han blev speciellt förtjust i fotografierna som var tagna från vår altan på morgonen. Vattnet låg som en spegel och ett stort tankfartyg bröt sig genom havet. Jag stoppade tillbaka korten i påsen och han övergick till frågorna om mig.

– Har du fått receptet?

– Ja, och jag har hämtat ut allt från apoteket, sa jag. Nu är jag nyfiken på hur allt det här ska gå till.

– Först och främst undrar jag när du ska ha din menstruation nästa gång, frågade han.

– Det blir den femte oktober, sa jag.

Han tog fram almanackan och började räkna.

– Det blir perfekt. Du kan börja med nässprayen och vi kan sätta igång dig när vi vill.

Vid dessa ord började mitt hjärta att bulta hårt. Herregud, nu är vi nära, tänkte jag.

– Gör så här! När du har fått din mens ringer du hit och talar om det. Sedan sätter vi igång! Förhoppningsvis är ni inte så många som har mens samtidigt, men i och med att du börjar med hormonsprayen kan vi sätta igång dig när vi vill, sa han glatt och lutade sig tillbaka i stolen.

– Jag har ett problem, eftersom ni vill ha blodprov av mig varje dag och jag befinner mig i Kiel varannan dag, måste ni sjukskriva mig, sa jag.

– Visst! Vi fixar ett sjukintyg när det blir så dags, sa doktor Berglund.

– Det var skönt att höra. För det kan bli problem med att få en ersättare med kort varsel och på mitt schema har jag planerat in ett försök i oktober och ett i november, sa jag.

– Det låter jättebra, sa doktor Berglund.

Därmed tycktes vårt problem vara ur världen. Precis när jag var på väg att gå plockade jag fram manuset till boken ur påsen och visade det. Han blev både förvånad och glad. Jag påpekade för honom hur angeläget det var att få ett bra slut och det enda som accepterades, var att jag skulle bli med barn. Han klappade med handen på pärmen och lovade göra sitt allra bästa. Jag levererade ytterligare en nyhet innan jag gick. Jag hade slutat att röka! Nu var det nikotintuggummi som var min hjälp och det gick över förväntan. Jag ville satsa allt på att försöket skulle ha så bra förutsättningar som möjligt. Krister hade också slutat röka och gått över till snus istället. Doktor Berglund tog min hand, önskade mig lycka till och lovade än en gång att de skulle göra sitt allra bästa.

På min väg ut sprang jag på en kvinna i väntrummet som jag hade mött vid några tillfällen i samband med provtagningar. Vi satt och rodde i samma båt, så att säga. Jag tyckte om Carin och vi hade lätt för att prata med varandra och under några minuter stod vi och samtalade. Vi upptäckte att vi ungefär samtidigt skulle göra GIFT och stolt berättade jag, att jag hade slutat röka. Carin rodnade lätt och erkände att hon hade försökt sluta, men klarade inte av det. Däremot hade hon dragit ner på antalet cigaretter per dag. Istället för att bolma upp till tjugofem om dagen, blev det cirka tio stycken. Jag berömde henne, för jag visste hur svårt det var att sluta. Fortfarande var jag starkt beroende av nikotin, men nu fick jag giftet via magen istället för lungorna. Med lätta steg lämnade jag sjukhuset och för första gången såg jag fram emot att få min mens! Hemma berättade jag för Krister om vad som var på gång och han blev alldeles yr i huvudet av all information. Det bästa är att du istället bara talar om för mig när det är dags att ”leverera varorna”, som han uttryckte det.

Jag gick ombord lördagen den tjugonionde september och min personalpurser var inte ombord. Jag fick vänta tills på måndag med att berätta att jag var tvungen att vara sjukskriven två av de resor jag hade enligt schemat. Han frågade mig om jag inte kunde få tag på någon av mina kollegor och be dem hoppa in, men tyvärr fanns det ingen tillgänglig. Han lovade ordna en ersättare för mig, tyckte inte att jag skulle oroa mig, och avslutade samtalet med att önska mig lycka till.

Jag gick av båten den tredje oktober och kände tydligt att mensen var på gång. Symptomen gick inte att ta fel på! Värken tyngde i ljumskarna och jag hade kramp i låren. Nu var det bara att vänta på starten! Fjärde september var mensen i antågande, jag ringde och sjukskrev mig. Femte september kom menstruationen med full styrka. Glad och förväntansfull ringde jag upp avdelning 71. Sköterskan som svarade lät trevlig, men var inte en av de jag normalt brukade prata med.

– Nu har äntligen mensen kommit, sa jag, skrattade nervöst och inväntade hennes svar.

– Hur många dagar har du mellan menstruationerna, frågade hon.

– Det brukar vara trettioen eller trettiotvå, svarade jag.

Det blev tyst i luren och jag hörde hur hon räknade.

– Som jag ser det får vi hoppa över den här gången, sa hon.

Jag kände hur mitt andningsorgan kollapsade. Hon måste ha missuppfattat mig! Jag drog in luft och tog allt en vända till.

– Jag förstår precis vad du menar, men det gör ingen skillnad eftersom din ägglossning infaller på en helg, och då är det omöjligt för oss att göra något, svarade hon tålmodigt.

– Men jag pratade med doktor Berglund och han sa att det gick alldeles utmärkt om jag fick min mens den femte. Nu säger du att det inte går! Jag fattar ingenting, sa jag och min röst gick upp i falsett.

– Jag ska prata med doktor Fredriksson, men jag tror inte att det gör någon skillnad, sa sköterskan och lade ifrån sig luren.

Jag satt kvar och höll luren i ett krampaktigt grepp. Jag ville inte tro att det jag hade hört verkligen var sant. Hur kunde en läkare säga att det gick alldeles utmärkt och den andre säga att det inte gick?

– Nej, det var som jag trodde, sa sköterskan. Vi får vänta på ett bättre tillfälle.

– Då får ni faktiskt skriva ut p-piller så jag kan styra min mens! Annars kan det dröja månader innan mensen infaller på för er en passande vardag, sa jag med gnällig röst.

– Det kan vi göra om du kommer hit för ett personligt besök, svarade sköterskan.

Jag kände att jag var vansinnigt arg och samtidigt handlingsförlamad. Med trött röst tackade jag för informationen och lade på luren. Jag ville skrika och slänga saker i väggen. Jag ville ta bilen och köra den rakt in i en bergsvägg. Jag ville ta en stor kniv och köra den rakt i mitt hjärta. Jag ville en massa saker, men jag gjorde ingenting. Jag satt stel och stirrade på telefonen i fem minuter. Eftersom jag råkade befinna mig på Kristers arbetsplats var jag tvungen att behärska mig. Jag gick ut till honom och berättade om den tråkiga nyheten. Han blev också ledsen, men sedan blev han arg och undrade vem som skulle betala för ledigheten som jag hade tagit ut för ändamålet. Så långt hade jag inte tänkt i min sinnesförvirring. Vi skrev vårt arbetsschema själva och jag hade lagt in en längre ledighet, eftersom det var inarbetad tid fick jag betalt, men samtidigt drogs det vederlag för varje ledig dag.

Jag hade räknat med att de skulle sjukskriva mig under behandlingstiden. På det sättet skulle jag inte förlora min inkomst. Planeringen var viktig för att mina arbetskollegor inte skulle hamna i kläm i samband med mina sjukhusvistelser. Min personalpurser hade ringt in en extra medarbetare till mina ordinarie pass, allt för att doktor Berglund sagt att de måste ta blodprover varje dag. Samtidigt som jag pratade med Krister hade jag fickalmanackan i handen och räknade ut när min ägglossning skulle komma nästa gång. Enligt min beräkning skulle det inträffa den nittonde eller tjugonde november och det var en måndag eller tisdag, gudskelov! Jag ringde återigen upp avdelning 71, samma sjuksköterska svarade, jag berättade om min situation, dels om min förlorade arbetsinkomst och dels om min nästa ägglossning. Ännu en gång stod jag ensam med luren i örat. Ett par minuter senare hade hon talat med doktor Fredriksson, som lovade att skicka ett sjukintyg för de dagar som jag egentligen skulle ha arbetat. Dessutom skrev hon preliminärt in mig för veckorna 47 och 48. Jag tackade än en gång för hjälpen och lade på luren.

Jag försökte att andas långsamt och rytmiskt. Det här tjafsandet på telefon tröttade ut mig och gjorde mig förbannad! Med ett påklistrat leende på läpparna gick jag ut till Krister. Jag ville inte att han skulle bli mer ledsen än vad han redan var. Det räckte att en av oss stod vid avgrunden och kikade ner, än att båda stod och tryckte på varandra.

*

På kvällen ringde jag upp Gunvor, berättade om allt som hade hänt, och hon tröstade som hon alltid gjorde. På måndagen den nionde september kom det utlovade brevet från Sahlgrenska. Jag gick in i huset och rev upp kuvertet. Inuti låg inte ett sjukintyg, utan ett vanligt brev! I brevet stod, att på grund av ett missförstånd hade jag trott att mitt försök skulle bli den femte oktober, men nu hade de satt upp mig vecka 46 och 47 för ett försök. Jag kände hur ilskan bubblade inom mig och jag ringde upp avdelning 71. Nu var det en annan sköterska som svarade. Henne var jag bättre bekant med och hon hade arbetat en längre tid på fertilitetsavdelningen.

– Syster Greta, svarade hon.

– Hej, det är Helena. Jag skulle behöva din hjälp med en sak, sa jag.

– Javisst, vad kan jag göra för dig, frågade hon.

Jag berättade om mitt misslyckade försök, om min förlorade inkomst, att doktor Berglund hade sagt att den femte oktober var perfekt. Jag berättade allt och får till min stora förvåning höra henne säga exakt samma sak som doktor Berglund! Att när jag får min mens, den femte november, ska jag använda nässprayen, för då kan de styra min ägglossning!

Jag ber henne skriva ner instruktionerna och skicka mig brevet. Jag frågar om det är okej att arbeta under tiden som jag använder nässprayen och det är helt i sin ordning. När vi hade pratat färdigt kände jag en fullständig förvirring. Hur kunde två sjuksköterskor, som arbetade på samma arbetsplats, ha två helt olika uppfattningar om hur försöket skulle gå till?

*

Jag vaknade upp till ytterligare en rökfri dag och det kändes skönt. Det som inte var lika skönt, var att ställa sig på vågen. Den hade inga glädjande nyheter att förmedla. Jag ringde en av mina arbetskamrater och hörde med henne om hon hade lust att träna på gymmet. Vi bestämde en tid och när jag hade lagt på luren, tänkte jag att det var tur, att Monika också led av övervikt, annars hade det varit svårt att få med sig henne på ett träningspass. Efter träningen tog vi en fika. Vid bordet tände Monika en cigarett, jag kände suget, men stoppade lydigt in ett tuggummi och givetvis bet jag mig i kinden. Monika tittade på mig med sina ljusgråa ögon och vek undan sin långa hårman. Hårfärgen såg nästan svart ut i ljuset från bordslampan, men var mörkbrun. Hon log och tänderna lyste vita. Konstigt att de kunde vara så vita med tanke på att hon röker, tänkte jag.

– Hur går det med barnalstrandet, frågade hon.

– Jag trodde att jag stod vid mållinjen, men någon flyttade linjen, svarade jag torrt.

– Jaså, vad har hänt, frågade hon förvånat.

Jag berättade om det förvirrade läget och avlutade det hela med att säga, att nu väntar jag bara på att min mens ska hålla tidtabellen. Vi satt och småpratade ytterligare en stund, sedan kom tröttheten smygande, och eftersom det tar en timma att köra hem ville jag bryta upp. Vi promenerade till parkeringen vid Storan. Jag hade erbjudit mig att köra henne hem eftersom det var åt samma håll. I bilen satt jag och räknade dagarna som var kvar av min ledighet. Jag fick det till arton dagar. Det kommer att kosta massor av timmar, tänkte jag buttert. Visst var det skönt att vara ledig och vädret hade varit vackert, men det kändes urtrist att ha varit så här nära och nu få vänta igen. Egentligen borde jag ha vant mig vid att vänta, men ibland blev det bara för mycket.

*

Jag hörde telefonen, men kände inte för att svara. Den fortsatte envist att ringa. Till slut rullade jag över på Krister sänghalva och lyfte på luren.

– Det är Helena, sa jag med sömndrucken röst.

– Åh förlåt, väckte jag dig? Det var inte meningen. Det är Sisi!

– Hej Sisi! Nejdå, jag var nästan vaken, ljög jag.

– Du skulle inte vilja hoppa in och jobba, frågade hon.

– Jovisst, när då och för vem, undrade jag, satte mig upp i sängen och försökte kvickna till.

– Det är Maggan som har blivit sjuk och det gäller hela hennes pass, svarade Sisi.

– Jag tar det, svarade jag snabbt och tackade min lyckliga stjärna.

Vilken tur att Maggan hade blivit sjuk! Tur för mig, inte för henne, givetvis. Men nu skulle jag inte förlora så mycket vederlag som jag trodde från början. Dessutom var det alltid bättre att vara på jobbet och skingra sina tankar än att sitta hemma och grubbla. Väl ombord ville alla mina kollegor veta vad som hade hänt och jag berättade. De berömde mig för att jag hade slutat röka och inte trillat dit igen! Jag kände mig stolt trots att kjolen satt hårdare kring midjan än vad den hade gjort för några veckor sedan. Jag intalade mig själv att det var bättre att vara några kilo tyngre än att dra i sig den giftiga röken. Väl hemma igen, efter ett arbetspass på tre dagar, lagade vi till god mat och drack vin till maten. Varje gång jag lassade upp mat på tallriken glömde jag bort att tänka på kalorierna, men varje morgon när jag stod på vågen, kom jag ihåg vad jag inte borde ha ätit.

Jag tittade i almanackan, det var bara en vecka kvar tills mensen skulle komma. Jag läste än en gång igenom instruktionerna. Jag ville vara hundra procent säker på att allt skulle gå rätt till den här gången! Nässprayen hette Suprefact och den skulle sprayas en dos i varje näsborre sex gånger om dagen. Före och efter frukost, samma procedur med lunchen och middagen. Jag läste noga beskrivningen på hur man skulle sätta ihop flaskan med pumpen och hur den skulle användas. Efter femte genomgången kände jag mig säker på att jag förstod hur det skulle gå till. Nu var det bara att vänta på den helt plötsligt hett eftertraktade mensen!

Den påtalade sin ankomst redan den tredje november i form av smärtor och ett sjuhelvetes humör, men blödningarna dök inte upp förrän den fjärde november. Eftersom det var söndag kunde jag inte ringa till avdelningen utan fick ge mig till tåls till på måndag.

På måndagen vaknade jag upp till ett fantastiskt väder. Solen lyste från en klar himmel och luften var kall och uppfriskande. Vår nyplanterade lilla gran var täkt med ett tunt lager av frost och det såg ut som om någon strött ut strösocker på de späda barren. Havet var som en gigantisk spegel. Varje gång jag blickade ut över den fantastiska vyn skattade jag mig lycklig över att bo på en så underbar plats som den här. Jag gick ut på altanen, drog ner luft i mina numera rökfria lungor, och min blick kunde inte se sig mätt på utsikten. Det var en vy med ständig förändring. Kylan påminde om att det var november och inte juli. Jag kikade ner över altanräcket och rakt under blommade fortfarande våra gula rosor. Det var egentligen inte klokt, tänkte jag. Uppe i norra Sverige snöade det, men här på Tjörn blommade rosorna. Men visade almanackan november fick jag tro på det. Jag tog fram nässprayen och drog av en bit papper från hushållsrullen för att snyta mig. Det skulle man göra enligt instruktionerna. Jag snöt mig ljudligt och sprayade en gång i varje näsborre. Det kittlade i näsan.

Jag satt med kaffet framför mig när telefonen ringde, det var Gunvor. Vi hade inte träffats på länge och jag blev glad när hon sa att hon ville komma och hälsa på mig. Tjörn ligger inte precis på andra sidan gatan. Jag uträttade några ärenden innan hon kom och satte mig på altanen och inväntade hennes ankomst. På en del av altanen hade vi byggt ut ett tak, i taket hade vi infravärme, och med hjälp av den kunde man sitta ute i november. Vi kramade om varandra och hon slog sig ner i en av altanstolarna, men det dröjde inte många minuter innan hon tyckte att det var för kallt och hellre ville ta plats i köket. Under tiden gjorde jag i ordning smörgåsar och bar fram kaffet. Vid köksbordet kunde vi också njuta av utsikten och vi småpratade om allt möjligt. Plötsligt fick jag syn på att klockan var fem minuter över ett. Det var dags att ringa samtalet till avdelningen. Jag berättade för Gunvor vad det rörde sig om. Hon begrep direkt och fick en nyfiken blick i ögonen. Jag slog numret till Sahlgrenskas växel och kramade luren hårt. Det dröjde många signaler innan någon svarade.

– Sahlgrenska gomiddag, svarade en röst.

– Hej, jag skulle vilja ställa mig på kö till anknytning 3919, sa jag med överdrivet glad röst.

– Jaha, ett ögonblick, sa rösten och var borta i några sekunder. Ibland stod det redan någon i kön, och då tvingades man ringa upp igen, men den här gången hade jag tur och fick ställa mig i kön. Jag hörde hur det klickade i luren med jämna mellanrum. Efter några minuter kom signalerna jag väntat på.

– Fertilitetsavdelningen, går det bra att dröja, frågade en röst jag kände igen.

– Javisst, svarade jag hurtigt.

Rösten som tillhörde syster Greta kom tillbaka ett par minuter senare.

– Hej Helena Hilmarsson! Hur är det med dig då, undrade hon.

– Tack, det är bara bra med mig, sa jag.

Jag berättade att jag hade fått min mens och var inne på dag två med sprayen. Nu undrade jag vad som skulle hända. Hon frågade om mensintervallerna, efter svaret gick hon och tittade i sin almanacka. Hon kom tillbaka till telefonen och hade klara besked. Den nittonde var det dags för det första blodprovet som skulle avslöja hur mycket hormonhalten hade sjunkit och om den var tillräckligt låg. Jag tackade för mig och skrev upp tiden. Jag kände hur hjärtat slog snabbare efter att jag hade lagt på luren. Herregud, vi var snart framme vid målet! Jag kunde inte fatta det! Gunvor betraktade mig med stora ögon när jag berättade och hon lovade att hålla tummarna.

Klockradion brummade igång samtidigt med musik och en tjutande ton, och ute var det kolsvart. Jag lyckades få upp ögonen och kastade en hastig blick på siffrorna i urtavlan. Det stod 06.00 och det var alldeles för tidigt. Jag kravlade mig upp ur sängen, tittade avundsjukt på Krister som låg på rygg och sov med öppen mun. Den som ändå hade varit i hans ställe, tänkte jag. Det var kallt och jag svepte snabbt in mig i den tjocka och varma morgonrocken. Sedan snubblade jag in i badrummet och därinne var det hyfsat varmt. Sköterskan på avdelningen hade sagt att det gick bra att komma mellan halv åtta och åtta, men inte senare. Tiden för att köra från Tjörn till Sahlgrenska och att hitta en parkering hade jag beräknat till en timma. Jag slog mig ner vid köksbordet, drack mitt kaffe och lyckades tugga i mig en smörgås. Därefter satte jag på mig min vinterkappa, öppnade dörren och konstaterade snabbt att under natten hade min röda bil förvandlats till en vit! Den var helt täckt av frost. Blixtsnabbt funderade jag över var skrapan kunde vara och fastställde att jag hade tur, den låg kvar i handskfacket från i fjol. Nu var det bara att börja skrapa!

Det var vackert att se frosten ligga på marken och i träden. På grenarna satt frosten som små vita pärlor och vart man än tittade gnistrade det som av briljanter. Bilen var iskall inuti och mina tänder skallrade i tio minuter innan jag kände värmen strömma fram kring mina stelfrusna ben. Fyrtiofem minuter senare passerade jag genom Sahlgrenskas portar. Tack vare den arla morgonstunden var det knappt någon trafik och det gick lätt att hitta en parkeringsplats. Dessutom var det gratis att parkera före klockan åtta. Jag drog kappan tätare omkring mig, men frös lika mycket ändå. I morgon ska jag ta på mig min hellånga blårävspäls, tänkte jag muntert och skickade en sur tanke till alla pälsmotståndare. På sätt och vis kanske de hade rätt, för jag skulle aldrig köpa en päls som var tillverkad av ett utrotningshotat djur. Men min päls var inne på sitt elfte år och inte för en enda sekund tänkte jag avstå från värmen som den gav mig.

Jag kom upp på avdelningen och före mig i kön satt det redan flera kvinnor. En av dem var Carin. Jag hälsade och kände omedelbart på hennes andedräkt att hon nyss släckt en cigarett. Det fanns ingen ledig plats i hennes närhet, jag grep tag i en stol och satte mig vid ett av fönstren. Det var första gången jag var här och hade ingen aning om hur det gick till. Efter en timma kom en sköterska fram till mig och frågade efter min nummerlapp.

– Vilken nummerlapp, undrade jag nervöst.

Först var jag övertygad om att mitt misstag skulle knuffa ner mig sist i kön, men jag hade tur. Däremot skulle jag ta en lapp i morgon bitti, fylla i mitt namn, födelsenummer, vilken avdelning jag tillhörde, dagens datum och namnet på provet, som var östradiol. Därefter kunde jag inta en stol och vänta på min tur. Den gulliga sköterskan förklarade allt detta med ett leende, och i mitt stilla sinne undrade jag, hur många gånger hon hade tvingats upprepa det här. Nu fattade jag hur det kändes att ställa dumma frågor istället för att leta efter informationen som väggarna var tapetserade med. Efter att jag hade lämnat mitt blod och var på väg ut genom dörrarna såg jag nummerlappsapparaten och anslagstavlor med tydlig information om hur man skulle bete sig. Som vanligt hade jag haft för bråttom!

Innan jag hann ut, fick sköterskan tag i mig och talade om att jag skulle ringa till avdelningen efter klockan ett, för att få svar på hur behandlingen skulle fortgå.

Istället för att åka hem tog jag en sväng till Kristers arbete. Han hade tid över och föreslog att vi skulle ta en tur till möbelaffären. Kanske hitta en soffgrupp som skulle passa till övervåningen. Tiden gick och när vi kom tillbaka var klockan efter två. Jag ringde upp avdelningen, stod i kö en stund, men fick så småningom veta att hormonhalten var låg, och det var precis vad den skulle vara. Det var ju bra, tänkte jag och andades ut. Sköterskan upplyste mig också om, att när jag kom dagen därpå för att ta blodprov, var det dags för ett ultraljud på eftermiddagen. De ville se om det fanns cystor omkring äggstockarna. Jag berättade för Krister och undrade om han kunde ta sig tid att följa med och se hur det gick till. Han funderade en stund och bestämde sig sedan för att han väldigt gärna ville se vad som inträffade, innan han skulle leverera varorna, som vi skämtsamt kallade spermierna.

*

Dagen därpå klev in på avdelning 71, flera kvinnor satt och väntade i olika väntrum. Krister tittade sig förvånat omkring.

– Är detta avdelningen enbart för barnlösa eller tillhör väntrummen fler avdelningar, frågade Krister.

– Nej, nu för tiden är avdelning 71 enbart till för oss med samma problem, det vill säga barnlöshet och här behandlas både män och kvinnor. Här är vi ett par, svarade jag viskande.
Vi slog oss ner i väntrummet och Krister satte sig mittemot mig. Jag gestikulerade och pekade på en tavla som satt bakom honom på väggen. Han reste sig upp och började läsa. Jag följde honom med blicken. Jag var intresserad av att se hur han skulle reagera, när han kom till partiet som handlade om mannen. Avsnittet där stod det att mannen ofta kände sig utanför. Krister pekade på just det stycket, tittade på mig och satte sig ner bredvid mig.

– Det var intressant att läsa om det. Jag har faktiskt ofta haft känslan av att vara utanför, sa Krister.

– Du är inte ensam om det! Antagligen är det vanligare än vad man tror, sa jag. Eftersom det är vi kvinnor som i dom flesta fall går på olika behandlingar, är det oftast vi som pratar och ventilerar våra problem, men egentligen behöver ni det lika mycket som vi, sa jag till Krister under tiden som jag läste vidare på planschen.

På ett ställe under ”önskemål” stod det psykologhjälp och det höll jag med om. På lång sikt skulle det garanterat ha sparat stora kvantiteter skattepengar om det hade funnits en eller ett par psykologer knutna till avdelningen. Om man fick hjälp med att bearbeta IVF, GIFT eller ZIFT-försök skulle de lyckade försöken öka i antal och på sikt spara pengar, tänkte jag. Det var på grund av begränsade resurser, som läkarna var tvungna att i förväg tala om för patienterna hur många försök de skulle få. Ibland bara ett eller två försök och som mest tre. En del par blev fruktansvärt nervösa inför den vetskapen. Men de lustiga beslutfattarna hade antagligen små hjärnor och därför var det kortsiktig planering som gällde. Den dagen de skulle tänka tio år framåt skulle antagligen deras hjärnor rinna ut genom öronen. Förklaringen kommer att stå dagen efter med svarta bokstäver på första sidan på Sveriges alla tidningar; ”Våra beslutfattare tänkte så hårt och länge igår kväll, att deras hjärnor smälte i hettans stund”. Visst är det elakt tänkt, men i stunder som den här, när jag sitter på avdelningen, väntar och begrundar fakta kan jag inte låta bli att vara elak, och förresten är jag inte helt ute och cyklar med mina påståenden.

Sköterskan tittade fram i dörröppningen och ropade mitt namn. Jag vände mig om, tittade på Krister, och sedan vände jag tillbaka blicken. Hon fattade direkt och visade oss in till ultraljudsrummet. Jag kände inte igen mig och sköterskan förklarade att rummet hade renoverats. Jag hänvisades till ett omklädningsrum som var en kombinerad toalett. Omklädd och klar klev jag ut och fick syn på Krister, som satt på en stol bredvid skrivbordet. Mina ögon blev som tefat samtidigt som jag gjorde mig beredd att stiga upp i gynekologstolen. Bredvid den satt, för första gången, en kvinnlig läkare som skulle ta hand om ultraljudet. I det dunkla rummet hjälpte sköterskan mig att sätta fötterna rätt. Ljuset i rummet påminde om en månklar natt. Det enda som lyste upp rummet var ultraljudsskärmen. Jag lade mig tillrätta i gynekologstolen, läkaren tog fram staven och förde in den i min slida. Sedan började stavvandringen. Jag måste ju säga att för att vara kvinna var hon väldigt okänslig i nyporna. Jag hade alltid inbillat mig att en kvinnlig gynekolog skulle vara mjuk i händerna. Hon om någon borde veta hur det kändes att ha en kall inplastad stav i slidan, men jag konstaterade snabbt att jag hade haft fel. Hon var ruskigt hårdhänt! Jag grimaserade vid några tillfällen, men hon var upptagen med att studera skärmen och märkte ingenting. Vid ett tillfälle mötte jag Kristers blick och han såg på mig att det gjorde ont. Hon fastställde att allt såg bra ut och talade om att det var dags för sprutan. Sköterskan, som skulle ge mig sprutan, fanns i ett annat rum. Jag fick klä på mig och ställa mig i kön igen. Under tiden började Krister fnittra. Jag tittade förvånat på honom.

– Vad skrattar du åt, undrade jag.

– Jag kom att tänka på en rolig grej, svarade han med uppdragna mungipor.

– Invig mig i det roliga, sa jag otåligt.

– Inte här! Vi tar det sedan när vi har kommit ut, sa Krister.

– Okej, svarade jag och glömde bort det.

Efter min undersökning började jag prata med Krister om den nya metoden som läkaren hade berättat om. Metodens namn var EIFT och innebar att äggen plockades ut ur mina äggstockar och befruktades utanför kroppen. Ett dygn senare fördes de tillbaka, via en slang, in i livmodern till äggledaren. Det som oroade mig var slangen som skulle föras in i livmodern. Vilket i sin tur påminde mig om, för att få fram min livmodertapp behövdes en tång och den smärtan var något jag aldrig skulle glömma. Det blev min tur, jag drog ner jeansen och blottade min rumpa. Stående med jeansen hängande vid knäna, fick jag min första spruta Pergonal och vi lämnade avdelningen.

Vi var på väg till parkeringen och Krister började skratta högt. Jag stannade upp i min vandring och tittade förvånat på honom.
– Vad är det som är så roligt, undrade jag.
– Jag vet inte om du riktigt fattar, skrattade han och nästan kiknade.
– Om du kunde sluta att skratta för ett ögonblick så kanske jag får en chans att begripa, sa jag otåligt.
– Okej, okej, jag ska svara, sa han och fortsatte att skratta hysteriskt. När vi kom in i ultraljudsrummet... började han, och storknade av skrattanfallet.
– Vad var det som var så lustigt därinne, undrade jag förvånat.
– Det roliga var lukten, klämde han fram.
– Lukten, replikerade jag som ett eko.
– Ja, just precis lukten, sa Krister. Det som strömmade emot mig när jag kom in i rummet, var lukten av fler musar än vad jag känt i hela mitt liv.
– Musar, sa jag och upplevde mig själv som en papegoja.
– Ja, musar, fittor, slidor, underliv eller vad du vill kalla det, sa Krister och började skratta igen.

Jag stannade, glodde häpet på honom och försökte erinra mig om jag hade känt något av de dofter som han påstod hade funnits i rummet. Men i ärlighetens namn kunde jag inte komma ihåg några dofter. Trots det, tror jag att det fanns någonting i hans påstående. För varje gång som vi blev undersökta med den svarta staven var den överdragen med skyddsplast och efter varje undersökning slängdes plasten i en papperskorg, som troligen inte tömdes förrän vid arbetsdagens slut. Undra just hur många andra män som upplevt samma dofter när de steg in i rummet? Tänk att det ur en papperskorg strömmade ut kroppsdofter från Anna-

Bella, Rosie, Karina, Helena och många fler! Jag började fnittra högt vid tanken. Inte konstigt att Krister hade tyckt att det var lustigt!

Precis som antagligen sjuksköterskorna hade favoriter bland oss patienter, hade vi favoriter bland dem. Greta, som skulle ge mig sprutan den här kvällen var min favorit. Hon berättade för mig att det fanns en tjej på Tjörn som varje dag tog bussen till Göteborg. Skulle det vara möjligt för mig att prata med henne? Ni kanske skulle kunna samåka, föreslog Greta. Självklart ville jag ha sällskap i bilen! Med tanke på hur trött jag var om morgnarna hade det varit roligt att ha någon att prata med. Nästa morgon när jag kom för att lämna mitt blodprov, gick jag runt bland kvinnorna, och frågade vem det var som bodde på Tjörn.

Hon hette Eva och var lika pratglad som jag. I fortsättningen var det för det mesta vi två som åkte från Tjörn till Sahlgrenska. Varför vi inte alltid samåkte berodde på att ibland hade en av oss sovmorgon. Vid det tillfället fick man bara eftermiddagssprutan och ibland en ultraljudsundersökning. Under hela perioden använde jag nässpray och inväntade med spänning sista sprutan, Profasi. Allt eftersom tiden gick påminde min rumpa mer och mer om en nåldyna. Men vad gjorde väl det? Huvudsaken var att man blev med barn. Det skulle vara belöningen för allt det helvetiska man gick igenom.

Vid det första tillfället som Eva och jag samåkte och vi var på väg mot entrén, stannade hon och bad mig vänta.

– Jag ska bara betala i kassan, sa hon.

Jag kände hur mina ögon vidgades när jag hörde henne.

– Betala, sa jag. Det har inte jag gjort ännu!

– Men hur gör du med reseersättningen, frågade hon.
– Reseersättning, får man det också? Min fråga ekade mellan sjukhusväggarna.
– Ja, visste du inte det, sa Eva och tittade förvånat på mig.
– Nej, det hade jag ingen aning om. Jag får ringa till Försäkringskassan när jag kommer hem, sa jag.
Nya saker dök upp hela tiden och det var rena karusellen i mitt huvud. Det bästa jag kunde göra var att sätta mig hemma i lugn och ro och försöka reda ut allt, tänkte jag.

Jag ringde upp Försäkringskassan och frågade om reseersättningen. De upplyste mig om att jag skulle spara kvittona och lämna dem i kassan tillsammans med en berättelse om hur resorna gick till. Eftersom jag för det mesta åkte två gånger om dagen till Sahlgrenska, en gång på morgonen för att lämna blod och en gång på eftermiddagen för att få en spruta, blev den sammanlagda färdvägen tjugofyra mil. Det skulle trots allt bli några kronor tillbaka.

Eva och jag hade inte gjort många resor tillsammans förrän det var dags för hennes slutspruta. Jag önskade henne lycka till! Den tjugofemte november på eftermiddagen, fick jag veta att det antagligen skulle bli dags för mig i slutet av veckan därpå. Dessutom skulle jag få sovmorgon över hela helgen. Det enda jag behövde göra var att ta med mig ampullerna, gå till akutavdelning 62, och be sköterskorna om hjälp med eftermiddagssprutorna på lördagen och söndagen. Det var en overklig känsla att segla in på avdelningen, se alla lidande patienter som suttit i timmar i väntan på att få hjälp, hiva upp asken med Pergonal och svischa ut från avdelningen fem minuter senare. Hittills hade allt gått som på räls. Alla inblandade i projektet kunde sin sak. Eftersom avdelning 71 var stängd på kvällar och helger, ryckte andra avdelningar in och erbjöd sin hjälp. Även det hade fungerat problemfritt. Ibland fick jag en underlig känsla av att jag deltog i en pjäs, att regissören alldeles strax skulle komma fram bakom ett draperi och ropa "bryt", vilket skulle resultera i att jag fick börja om från början igen! Tack och lov att det inte var en pjäs.

Den påföljande måndagen fick jag den bästa nyheten jag någonsin hade fått. Läkarna hade bestämt sig för att göra ett IVF-försök. De berättade att de hade gått igenom min journal och upptäckt att en av mina äggledare kunde ha en svag förträngning, som de uttryckte det. Eftersom de vid GIFT återplacerade ägg och spermier vid ingången till äggledarna, kunde det finnas en möjlighet att det skulle bli ett utomkvedshavandeskap, och det var inte något de ville riskera när vi hade kommit så här långt i behandlingen. Jag kunde inte annat än hålla med dem.

Den eftermiddagen satt Krister på övervåningen och tittade på TV. Det formligen bubblade av glädje inom mig när jag överröste honom med den senaste informationen. Krister fattade fortfarande inte mycket av IVF, men sa att det blir nog jättebra. Jag log och förstod att det inte var det lättaste att begripa. Jag hade varit med i många år och slukat allt som fanns om barnlöshet. Krister å andra sidan tyckte inte att det var roligt att läsa faktaböcker och överlät det åt mig.

På tisdag kväll berättade sköterskan, att såsom min hormonkurva såg ut just nu, skulle det bli äggplockning på lördag eller söndag.

– Lördag! Brukar ni arbeta på helgerna också, frågade jag förvånat. Det hade jag ingen aning om.

– Det händer, trots att vi försöker styra plockningen till vardagar, men ibland får vi ta till helgerna, sa Greta.

Ampullerna med Pergonal stod på bänken och jag tittade på när hon drog upp det i sprutspetsen. Usch, vad jag avskydde att få sprutor, tänkte jag, drog ner byxorna och ställde mig med tyngden på höger ben, eftersom hon skulle ge mig sprutan på vänster sida.

– När vet ni om det blir lördag eller söndag, frågade jag.

– Det vet vi i morgon eftermiddag, sa hon och stack in nålen i min vänstra skinka.

Jag ryckte till, det gjorde inte ont, men det kändes. Jag drog på mig byxorna och mina tankar gick till morgondagen och vad den skulle ha i beredskap för oss.

Onsdag eftermiddag satt vi ett helt gäng tjejer och väntade på att bli undersökta med ultraljud. Vi hade riktigt roligt i väntrummet. Om en utomstående hade förirrat sig in på avdelningen, hade personen nog tvivlat på att denne befann sig på ett sjukhus. I stolar och soffor, som stod uppradade utmed väggarna, satt vi och skrattade som gamla väninnor på en klassträff. På kort tid hade några av oss lärt känna varandra, visserligen ytligt, men eftersom vi delade samma problem var det enklare att närma sig varandra. Det blev min tur och hjärtat hoppade över ett slag. Idag skulle jag få reda på om det blev äggplockning till helgen. Jag kände mig väldigt öm i sidorna och visste att de hade lokaliserat ett flertal blåsor.

Till min glädje fick jag reda på att jag skulle få slutsprutan nästa dags kväll klockan tio och att det var avdelning 66 som skulle bistå med den. Fredagen den elfte november skulle jag komma på ultraljud klockan halv fem. Det drog ihop sig både utanför och innanför min kropp. För första gången under hela behandlingstiden blev jag riktigt rädd. Min smärttröskel var, skulle man lätt kunna säga, under golvnivå. På fredagens sista ultraljudsundersökning pladdrade jag nervöst och sa att jag ville ha alla former av smärtlindring som fanns att få. Alla log och försäkrade mig att jag inte behövde vara orolig. Jag skulle vara totalt borta och inte känna någonting!

Fredag kväll satt Krister och jag och tittade på TV. Ingen av oss kunde koncentrera sig på vad som förevisades. Vi var nervösa inför morgondagen. Jag för smärtan och Krister för sin leverans av varorna. De hade skickat med mig två plaströr eftersom Krister skulle lämna spermier både lördag och söndag. Jag tittade på de små, runda och hårda rören. Igår hade vi försökt lokalisera var någonstans det fanns en bra plats att sitta och leverera på. Det enda som erbjöds killarna var toaletterna. Bara tänk tanken att gå upp klockan sex på morgonen, åka till sjukhuset med ett plaströr i fickan, smyga in på en av toaletterna och plocka fram plaströret. Dessutom ville läkaren helst inte att det skulle rinna sperma utmed väggarna i plaströret. Med andra ord gällde det att vara träffsäker! Just då var jag glad över att vara kvinnan. Under tiden som Krister letade efter en ledig toalett, lades jag i en säng och fick en insomningstablett. Jag vaknade av att läkaren kom flåsande in i rummet tillsammans med sköterskan. Jag tittade mig yrvaket omkring och upptäckte att det var dagsljust i rummet. Munnen kändes klibbig och torr.

– Vad är klockan, viskade jag.

– Klockan är halv tio och vi är sena, pustade läkaren. Kristers spermier visade sig inte vara så bra som vi trodde och vi fick tänka om!

Jag spärrade upp ögonen och kände hur magen knöt sig av nervositet.

– Vad händer nu då? Går det inte att göra nåt, frågade jag och kände förtvivlan.

– Jodå, oroa dig inte. Det var bara det att vi inte hade räknat med att dom skulle vara dåliga, sa läkaren lugnande.

Samtidigt som vår konversation pågick, drogs min säng ut från sjuksalen till korridoren. Ytterligare en sjuksköterska kom och hjälpte till med sängen. I det ögonblicket kom jag på att jag kände mig alldeles för pigg.

– Hallå, hallå, hojtade jag i farten och viftade med armarna. Jag är alldeles för pigg, kraxade jag. Jag behöver mer lugnande. Kan jag få det?

Ett ansikte dök upp intill mitt. Det var en av de snälla sköterskorna. Hon tittade på mig och klappade mig lugnande på armen.

– Så fort vi kommer in på operationssalen ska du få mera, sa hon.

Jag nickade tacksamt för svaret.

De hade satt en nål på min hand och när vi kom in i operationsrummet sprutade sköterskan in något medel och det verkade så gott som omedelbart. De lyfte upp mig i gynekologstolen och satte fast mina ben med remmar. Något kallt föremål sattes in i min slida och höll den öppen. Jag hade svårt att fästa blicken på vad som hände mellan mina ben, men kände hur det stack till. Sedan kom läkarens röst; ”Sug”!

På höger sida lutade sig en person över mig, hämtade röret som var fyllt med äggblåsans vätska och gick iväg med raska steg. Några sekunder senare hörde jag en ihålig stämma säga; ”Ägg”! Varför rösten var ihålig förstod jag först när jag såg en högtalare utplacerad i taket. Någon förmedlade kontakten utifrån rummet. Proceduren fortsatte, under tiden tuppade jag av och vaknade i sjukhussalen en timma senare. Jag mådde allt annat än bra. Mina händer trevade försiktigt över magen och den var mycket öm. Det visade sig att jag hade haft över tjugo ägg! Plötsligt kom jag ihåg en viss läkares ord om att det ”bara” hade hänt en gång tidigare. Nu var vi två kvinnor som hade haft över tjugo ägg och plötsligt klingade läkarens lugnande ord ihåligt.

Eftersom Krister inte hade någon möjlighet att hämta mig hade jag avtalat med en väninna om att köra mig hem. När jag i efterhand försöker komma ihåg hur jag tog mig ur sängen, fick på mig mina kläder och kom ut till hissen, är jag inte säker på hur det gick till. Uppenbarligen måste jag ha varit väldigt förvirrad för jag glömde kvar alla mina smycken på avdelningen!

Monika satt i bilen utanför entrén när jag kom vinglande. Jag lyckades krångla mig in i bilen, lutade mig tillbaka och pustade ut. Hon tittade oroligt på mig.

– Hur gick det? Gick det bra?

– Kan du gissa hur många ägg dom plockade ut, frågade jag.

– Nej, men du berättade att du hade en massa äggblåsor, sa Monika och lade i ettans växel.

– Dom plockade ut över tjugo ägg, sa jag med en suck.

Monika körde över en av Sahlgrenskas vägbulor och jag tog ett stadigt tag i handtaget i taket på bilen.

– Snälla Monika, kör försiktigt! Jag är ganska mörbultad, sa jag ynkligt.

Hon lättade på gaspedalen omedelbart.

– Vad kommer att hända nu, undrade hon.

– Nu ska äggen förhoppningsvis bli befruktade, dela sig ett visst antal gånger och sedan återplaceras i min livmoder på tisdag, sa jag.

Vi var ungefär halvvägs när jag bad Monika stanna bilen och jag klev ur. Först trodde jag att det var min gallgång som spökade. Gallblåsan hade jag opererat bort när jag var nitton år. Även om gallblåsan var avlägsnad hände det att gallgången då och då gav mig krampanfall och precis så kändes det just nu. Jag lutade mig mot bildörren och flämtade som en hund i 40 graders värme. Efter ett par minuter släppte illamåendet och yrseln och jag satte mig i bilen igen. Tack och lov följde Monika med hem. Utan henne hade jag inte klarat av mycket den dagen. Jag låg mest och vilade i soffan hela tiden. Jag berättade för Krister vad läkaren hade sagt om hans spermier och lugnade honom med att säga, att de trots allt hade lyckats ta vara på dem som var okej. Eftersom han skulle lämna ytterligare ett rör med spermier kanske de skulle visa sig vara bättre, sa jag till honom. Turen var på vår sida och andra omgången spermier visade sig vara betydligt livligare. Nu var det bara själva befruktningen och delningen av äggen kvar. Plötsligt blev jag vettskrämd. Vad skulle hända om äggen inte hade blivit befruktade? Tänk om det misslyckades när vi hade kommit så här långt! På måndag morgon kastade jag mig på telefonen och ringde upp avdelning 71. Det var syster Greta som svarade.

– Hej, det är Helena! Hur har det gått för mina ägg, frågade jag, höll andan och inväntade nervöst svaret.

– Tja, jag vet inte, spermierna hade tydligen inte varit så bra som dom borde, men jag kan ringa labbet om du dröjer kvar, sa hon.

– Ja, snälla vill du göra det, sa jag ansträngt.

– Vänta lite då!

Jag hörde hur hon lade ifrån sig luren och gick iväg. Sekunderna tickade iväg i en olidlig väntan.

– Du, dom säger att ett ägg har tagit sig i alla fall, sa hon glatt.

Jag andades ut i luren med en hörbar suck och syster Greta gav ifrån sig ett kort skratt.

– Jag hör att du är nervös, men försök att slappna av, sa hon lugnande.

– Jag ska försöka, sa jag, tackade och lade på luren.

Innan samtalet avslutades tyckte Greta att det var lika bra att Krister och jag kom upp till avdelningen dagen därpå vid tiotiden. Skulle det vara så att äggen hade delat sig och var klara för implantering, var det bättre att vi var på Sahlgrenska än på Tjörn.

På tisdag morgon stod vi i vestibulen på kvinnokliniken och väntade på att hissen skulle komma ner från fjärde våningen. Vid sidan om hissen, kom två sjuksköterskor från avdelning 71 gående nerför trapporna. De fick syn på oss och gratulerade till att fyra ägg hade blivit befruktade. Jag blev omtumlad av nyheten medan Krister blev halvt hysterisk av skräck. Han vände sig mot mig med en glasartad blick.

– Fyra ägg! Kan det bli fyra barn, frågade han med desperation i rösten.

Jag stannade till i mitt lyckorus och upprepade frågan tyst för mig själv. Kunde det bli fyrlingar?

– Ja, det kan bli fyra barn, svarade jag lugnt, men det händer inte speciellt ofta.

Krister verkade något lugnad av svaret, fast inte helt avslappnad, det märkte jag. Men jag var så lycklig att äggen överhuvudtaget hade tagit sig och blev det fyra barn, fick det väl bli fyra barn.

Sköterskorna som hade berättat den glada nyheten hade ingen aning om att vi inte hade fått besked ännu. Det vanligaste var att man ringde innan man kom till avdelningen för att få ett negativt eller positivt besked. Var svaret negativt blev man inte inkallad som vi hade blivit. Under tiden som hissen sakta tog oss upp till avdelningen var jag som berusad av lycka. Det fanns dock en smula smolk i bägaren och det var min rädsla för slangen som skulle föras in i livmodern. Jag var livrädd för tången de använde för att ta fram min livmodertapp. Därför gällde det att övertyga personalen om att jag behövde massor med smärtstillande och lugnande i samband med inplanteringen. För så vitt jag visste var det ingen som hade fått det. Jag blev lovad en spruta och med det lugnande beskedet kröp jag ner mellan lakanen. Krister satte sig på en stol bredvid sängen.

Efter en stund kom sköterskan in med två sprutor, den ena innehöll Profasi och den andra morfin. Naturligtvis glömde jag att tala om att morfin fick min gallgång att vrida sig som en spiral. Men eftersom jag var livrädd för all smärta, var det vid det här tillfället ointressant vad sprutan innehöll. Samtidigt som jag rullades ut ur salen var Krister tvungen att ringa ett samtal och jag såg hur han gick in i telefonhytten när sängen rullade förbi. Jag var naturligtvis säker på att Krister skulle få hjälp med att hitta mig när jag åkte ner till operationsavdelningen. De trädde på mig en skyddsmössa och lyfte över mig från sängen till gynekologstolen. Precis i det ögonblicket stormade Krister in och sa att det var nästan på håret att han hade missat alltihop! Mellan mina ben satt professor Berglund och gjorde i ordning sina instrument. Det kändes lugnande att möta hans ögon och känna hans varsamma händer. På vänster sida, snett bakom mig i taket, satt en 20 tums TV-skärm. Där skulle man kunna se när äggen lades tillbaka förklarade en av de andra läkarna för Krister. Han berättade också att de hade ett graderingssystem för äggen, från ett till fyra. Jag skulle få tillbaka ett ägg som var en två-poängare och tre stycken graderade till tre-poängare. Det lät bra, tyckte jag.

Krister satt på min högra sida och höll mig i handen hela

tiden. I början kramade jag handen stenhårt, men undan för undan slappnade jag av. Professor Berglund talade om för mig att slangen var inne och att vi nu kunde se hur den låg i min livmoder. Jag trodde inte att det var sant! Jag hade inte känt den minsta smärta och plötsligt kände jag mig urfånig. Men jag glömde snabbt min förlägenhet när vi tittade på skärmen och såg hur de vita prickarna svävade omkring. De vita prickarna var de fyra befruktade äggen. Du milde vad fantastisk läkarvetenskapen är!

Efteråt skulle jag vila i minst två timmar och därefter var det dags att åka hem. Under tiden som jag låg i sängen och tog det lugnt berättade Krister för mig hur det hade gått till när han levererade varorna. Klockan sex på morgonen hade han lyckats leta upp en olåst toalett i trapphuset på Sahlgrenska. Väl inne på toaletten och med huvudet fullt av tankar hade någon börjat slita och dra i handtaget. En röst utanför hade skrikit; Är det någon där? Krister hade harklat sig och svarat att det var upptaget. Jaha, då får jag väl städa den sedan, hade rösten utanför dörren svarat. Sittande på toalettstolen hade Krister hört hur kvinnan skrubbade med skurborsten utanför dörren. Där satt han och skulle leverera inom ett par minuter. Hur många män skulle frivilligt vilja utsätta sig för en sådan händelse?

Innan jag lämnade avdelningen fick jag med mig progesteronsuppar. De skulle föras in i ändtarmen två gånger per dag och är ett gulkroppshormon som förbereder graviditet. Det vanligaste är egentligen att man får sprutor. Men eftersom jag var överstimulerad och det märktes av att min buk såg ut som en ballong, behövde jag inte få sprutor med Profasi var tredje dag, som de flesta andra fick. När jag äntligen kom hem vilade jag i sängen resten av dagen.

*

Fem dagar senare vaggade jag omkring som en övergödd anka. Allt jag gjorde gick i ultrarapid och jag skrek vid minsta beröring av buken. Den var öm och jag hade svårt att andas. Nu vet jag hur det känns att vara höggravid, sa jag till min omgivning när de såg mig komma vaggande med en mage i storlek som en niomånaders graviditet. Till slut sa jag till Krister att det nog var lika bra att vi åkte in och lät läkaren ta sig en titt på mig. Krister körde mig till Sahlgrenska och sa att han skulle hämta upp mig hos min mamma och styvfar, eftersom jag skulle hälsa på dem efteråt. Jag blev omedelbart omhändertagen av doktor Fredriksson som tog med mig till ultraljudsundersökningsrummet. Allt såg bra ut med livmoderslemhinnan, däremot var en del av äggblåsorna jättestora och fyllda med vätska. Jag såg att mina äggstockar liknade jättelika granater. Efter undersökningen sa doktor Fredriksson att jag skulle vara försiktig och undvika stötar mot buken. Eftersom jag inte hade den minsta lust att bli inlagd lovade jag att vara försiktig. Blev jag inte illamående eller fick kraftig värk i trakterna av äggstockarna, var det ingen fara, tillade han. Men hade det inte blivit bättre, på återbesöket på måndag, fanns det inget annat att göra än att lägga in mig.

Jag tackade för mig, gick och ringde efter min styvfar. Han kom, hämtade mig och vi åkte hem till dem, drack kaffe och åt smörgås. Jag satt i deras soffa iklädd en mammaklänning och tvingades sitta brett isär med benen. Det var en mycket märklig känsla att sitta i den klänningen, veta att jag var gravid, och samtidigt veta att embryot bara var några millimeter stort. Om en vecka var det meningen att jag skulle återgå till mitt arbete. Undra vad de säger på Stena Line när jag redan nu ber att få låna en mammaklänning? Att jag skulle få på mig min brukliga uniform var nämligen en omöjlighet.

På måndagen gick jag de få stegen från huset till brevlådan. För varje steg kom ett kluckande ljud från min buk. Det lät som om jag hade en hink fylld med vatten gömd under klänningen. Omfånget hade visserligen gått ner, men var fortfarande på tok för stort för mina ordinarie kläder. Eftersom jag skulle lämna urinprov för graviditetstestet den tjugoförsta december sjukskrev doktor Fredriksson mig fram till annandag jul. Men började jag blöda innan dess, skulle jag kontakta avdelningen omedelbart.

Tisdag kväll kom jag plötsligt att tänka på en av mina väninnor, som jag inte hade pratat med på över ett år. Vi hade lärt känna varandra under den tiden som Jörgen och jag hade varit tillsammans. En av anledningarna till att jag ville prata med henne, var att hon hade gjort ett provrörsbarnsförsök med lyckat resultat. De hade fått en son. Den andra anledningen var att hon var väldigt lättsam och trevlig att samtala med. De hade åkt över till England för sitt provrörsförsök och betalat hela proceduren ur egen ficka. Det hade inte varit billigt, men hon hade inte vågat vänta på att den svenska byråkratin skulle mala färdigt innan hennes åldersgräns var passé. Vi pratade med varandra i över en timma. Anita berättade hur nervös hon hade varit under perioden från att de befruktade äggen hade återinplanterats fram till att mensen var i antågande. Varje gång hon gick på toaletten hade hon både försiktigt och skräckslaget dragit ner byxorna och fruktat det hatade blodet. Jag förstod exakt vad hon menade. Den rädslan hade redan byggt bo inom mig. Varje gång det stack till i de nedre regionerna höll jag andan. Efter vårt samtal strosade jag runt i huset och beundrade den oavbrutet föränderliga utsikten. Det var med skräckblandad förväntan som jag längtade efter den tjugoförsta december och intalade mig varje minut, att mensen inte skulle dyka upp!

Jag hade inget speciellt på agendan utan fick för mig att åka in till Stenungstorg. Det är ett litet torg med mycket att titta på. Det finns en mängd olika boutiquer och orsaken är att det kommer många gäster på sommaren, både med båt och till sina sommarstugor på Tjörn och Orust. Jag tog bilen, susade över Tjörnbron och hittade snabbt en parkering. På torget kostade det ingenting att parkera och det fanns nästan alltid gott om plats. Först gick jag in på Apoteket och köpte mer Nicorette. Mina sluta-röka-tuggummin var på väg att ta slut och än så länge kändes det inte som att jag skulle klara mig utan. Nästa affär blev bokhandeln. Krister hade sett en annons i tidningen om att de sålde en dator som kunde översätta sammanlagt tio språk och eftersom hans dotter Anna nyligen hade börjat läsa tyska, kunde det vara en rolig julklapp. Men först ville jag se om de hade böcker som handlade om barnlöshet. Jag letade i hyllorna och hittade en med titeln " Varför får vi inte barn?" skriven av Professor Robert Winston. Särskilt kapitel 10 fångade mitt intresse, in-vitro-fertilisering-provrörsbefruktning. Med darrande händer började jag läsa ur boken. Eftersom jag stod inne i affären ville jag inte läsa alla raderna utan skummade texten. Min blick fastnade på ett ställe där stod, att ungefär efter tolv till fjorton dagar efter återföringen av de befruktade äggen börjar de flesta att blöda, det vill säga mensen gjorde sitt intåg. Snabbt räknade jag ut att jag var på dag elva. Exakt i det ögonblicket kände jag en dov smärta neråt ljumsken. Efter några sekunder upphörde smärtan och jag kunde åter andas normalt. Jag bestämde mig för att köpa boken och läsa den hemma i lugn och ro. Eftersom den var relativt nyskriven, utgiven 1986, kändes den ganska aktuell. Även om jag visste att läkarvetenskapen hade tagit ganska många kliv på fyra år. Boken visade sig vara mycket intressant och jag läste den i ett streck från pärm till pärm. Jag lade ifrån mig boken och började åter tänka på det lilla fröet som låg i min livmoder. Trots att jag är ateist, bad jag en bön om att det lilla embryot skulle hålla sig kvar.

*

Lördagen den femtonde december skulle vi hem till min mamma och styvfar på en liten julmiddag. Vi blev sena på grund av att Krister hade varit tvungen att jobba över. Jag var jättehungrig och kände hur det vattnades i munnen av alla läckerheter som mamma hade dukat upp och äntligen satte vi oss till bords. Jag mer eller mindre skyfflade i mig maten och käkarna arbetade för fullt. Med munnen full av mat stelnade jag plötsligt i mina rörelser. I de nedre regionerna spred sig en smärta som var alltför välbekant. Min aptit försvann som i ett trollslag och mina hjärtslag ökade i styrka. Jag visste inte riktigt vad eller hur jag skulle göra för att förmedla det till Krister. Maten växte i munnen och mina käkar rörde sig knappt. Jag stirrade på min julmust som stod framför mig på bordet och önskade mig bort till en annan planet. Tänk att få gå upp i rök vid ett sådant här tillfälle! Bara vakna upp på en badstrand någonstans, höra havets vågor fräsa på den torra stranden, och glömma allt som har med barn och IVF att göra. Jag hörde att mamma försökte prata med mig, återkom till verkligheten och den hatade smärtan som inte alls hade några planer på att försvinna. Jag svarade men mindes varken frågan eller svaret. Vid det första tillfället, när vi gick ut i köket för att fylla på våra tallrikar, skyndade jag mig att ta tag i Krister och viskade i örat på honom om vad jag trodde var på gång. Hans ansikte antog ett bekymrat utseende.

– Är du säker? Har mensen kommit, frågade han och spärrade upp ögonen.

– Det har inte kommit något blod ännu, men jag känner så väl igen smärtan, sa jag viskande.

– Ja, men då kanske det inte kommer någon mens trots allt, sa Krister hoppfullt.

– Nej, kanske inte. Vi får väl se, svarade jag undvikande.

*

På söndag morgon efter att jag tagit de fem stegen från sängen till badrummet ,och dragit ner trosorna, kom en blodliknande flytning. Mitt mod sjönk ner till fotsulorna. Det här var exakt vad jag inte ville se! Jag ringde Krister till arbetet, berättade om situationen, och han blev lika ledsen som jag. Ömheten i brösten hade avtagit märkbart. Det var inte heller ett gott tecken. Det här var så jobbigt! Jag hatade allt och alla i den här stunden. Vanmakten, paniken var total och nästan kvävde mig. Varför, varför, varför? Vad var det som gjorde att det inte fungerade på oss?

Jag ringde till Sahlgrenska och fick veta att doktor Fredriksson med team just nu var upptagna på operation. För en sekund såg jag framför mig hur det kändes att ligga där, att få tillbaka de befruktade äggen, och tårarna kröp fram i ögonvrån. Jag bad sköterskan att lämna ett meddelande när de var klara med sin patient; ”Helena har fått blödningar”! Efter samtalet gick jag raka vägen till barskåpet och hällde upp ett glas med whiskey! Jag ville sjunka ner i total medvetslöshet. Jag tog med mig glaset, satte mig framför burspråket och tittade ut. Jag vet inte hur länge jag satt och glodde rakt ut, men det kändes som evigheter. Jag föll i Kristers famn efter att han kommit hem från sitt arbete. Hans tårar blandade sig med mina. Vid femtiden var jag totalt slut och gick in och lade mig. En timma senare vaknade jag av att Krister stod lutad över mig och drog mig försiktigt i armen. Yrvaket tittade jag på honom.

– Vad sa du, mumlade jag.

– Doktor Fredriksson är i telefonen, han vill prata med dig, sa Krister.

– Jag tar det, svarade jag, och hävde mig över till den andra sidan av sängen där telefonen stod.

– Hej Helena, det är Lennart. Jag fick ditt meddelande av operationspersonalen. Hur mycket blöder du?

– Inte jättemycket, ännu, svarade jag ynkligt.

– Jaha, men är det här vad du brukar känna igen som din vanliga mens, undrade Lennart.

– Jag vet inte, svarade jag sanningsenligt.

Ingenting var egentligen som vanligt med alla hormontillskott som jag hade fått och fortfarande tog.

– Hm, ja, eftersom du inte fått riktiga blödningar ännu, kan det fortfarande finnas en chans. Det finns dom som fått relativt kraftiga blödningar, men ändå varit med barn, sa Lennart och försökte troligtvis inge mig hopp. Jag tycker att du kommer på fredag som vi har planerat, så får vi se hur det har artat sig. Vi håller tummarna, sa han avslutningsvis i en glad ton.

Jag tackade honom för att han hade ringt och lade på luren. Jag klev ur sängen och gick in på toaletten. Jag stirrade som förhäxad på blodet som lyste rött på det vita toalettpapperet. Jag spolade och ställde mig framför spegeln. Mina ögon var omgärdade av mörka ringar och hade sjunkit in i sina hålor. De fick mig att se ut som en trött S:t Bernhards hund. Jag suckade tungt för mig själv, gick ut och satte mig bredvid Krister som tittade på TV.

– Vad sa doktorn?

Med sorgsen blick tittade jag på Krister och återgav samtalet.

– Lyssna på mig Helena, sa han, reste sig upp och tog min hand. Vi ska försöka se positivt på det här. Om vi inte hade påbörjat det här hade vi aldrig tagit HIV-testet och fått reda på att det var negativt.

Krister stod böjd över mig när han yttrade detta. Jag stirrade upp i hans ansikte och tyckte inte att det var det roligaste jag hört. Det enda han ville, vilket jag mycket väl förstod, var att jag skulle dra på munnen, men jag kunde och orkade inte just då.

Måndagen kom och blödningarna ökade i styrka. Det kändes som om jag ville ta bilen, trampa ner gasen och köra av Tjörnbron! Jag vandrade runt som en zombie i huset. Jag tog bilen för att handla, satt i den och skrek ”Fan, fan, fan, i säkert fem minuter. Jag kunde inte tänka på något annat än det som rann ner i bindan mellan mina ben. Detta förbannade hatade blod!

På kvällen satt vi som stenstoder och glodde på dumburken. Det fanns inte alltför mycket att prata om och jag kände mig slutkörd.

*

Tisdag morgon tog blödningarna slut! Jag blev mycket förvånad, men trots det kände jag mig inte gravid längre. Jag tog en promenad runt i omgivningarna. Det kändes konstigt att tänka på att det skulle bli ytterligare en vår och sommar utan graviditet och barn. Det enda jag gick och väntade på var fredagen, som skulle bekräfta vad jag redan visste, att det inte var någon graviditet på gång. Samtidigt gick jag och funderade på om jag inte skulle ta och beställa en tårta och ta med mig till personalen på avdelning 71. Fredagen var den sista dagen de jobbade innan jul-och-nyårs-uppehållet. Det var trots allt en underbar personal som stöttade och gav vettig uppmuntran. Jag återvände till huset, ringde upp konditoriet på Stenungstorg och beställde en tårta för avhämtning på fredag förmiddag. Efter det ringde jag upp avdelningen och fick prata med Cecilia, en av sjuksköterskorna.

– Vänta lite Helena, så ska jag ta fram dina papper, sa hon.

Jag satte mig ner vid köksbordet och väntade. Jag hade berättat för henne om mina blödningar och förtvivlat undrat varför det inte fungerar för oss att bli med barn.

– Här har jag journalen, sa hon. Som du kanske minns var inte Kristers spermier så bra som vi trodde. Därför tycker vi att han ska lämna ett nytt prov. När du kommer på fredag får du med dig ett provrör och datumet när vi vill att han ska lämna det, sa Cecilia.

– Jaha, det låter bra, svarade jag och drog en suck av lättnad. Som jag kände det just nu ville jag inte göra något nytt IVF-försök på flera år. Jag lade på luren och under en kort stund fick jag en känsla av befrielse som spred sig i min kropp. Det var kanske egoistiskt tänkt från min sida, men jag tyckte det var skönt att de skulle fokusera på Krister istället för på mig. Kunde de förbättra Kristers spermier kanske vi till och med kunde göra barn på ett betydligare skönare sätt. För en liten stund kände jag hoppet och glädjen komma tillbaka. Jag klarade inte av att vänta utan ringde upp honom på en gång. Jag berättade vad syster Cecilia hade sagt och hur jag kände det.

– Du ska inte ha dåligt samvete för att du tycker det är skönt att slippa undan ett tag, sa Krister. Nu tycker jag att det känns som att dom tar tag i problemet från rätt håll. Du vet väl att jag hela tiden har tyckt att det var konstigt att dom nöjde sig med bara ett enda spermaprov.

– Ja, men det var ju ett bra prov, sa jag och protesterade svagt.

– Javisst, men alla andra prov som jag hade lämnat innan dess, hade varit allt annat än bra, replikerade Krister bestämt.

– Jag vet, men nu får vi väl se vad som händer, sa jag.

Vi sa hejdå och jag manade Krister att köra försiktigt eftersom det hade snöat och var halt.

*

Innan jag åkte upp till min avdelning på fredagen passade jag på att hämta upp tårtan på konditoriet på Stenungstorg. Den såg verkligen läcker ut! Jag kom upp på avdelningen men det fanns inte en människa inom synhåll. Jag var visserligen tidig, hade tänkt lämna tårtan, sedan gå och fika en stund, innan jag kom tillbaka. Jag knackade försiktigt på personalrummets dörr för därifrån hördes röster. Jag öppnade dörren och där satt en del av personalstyrkan. Jag räckte över tårtan till en av sköterskorna och förklarade att jag var tidig, men att jag skulle komma tillbaka om en timma. Alla tackade så väldigt mycket. Jag kom ut från avdelningen och tog trapporna istället för hissen. På väg ner till andra våningen sprang jag på professor Berglund. Han stannade till och munnen drogs upp i ett leende när han fick syn på mig.

– Hej, hur är det med dig då, undrade han nyfiket.

– Tyvärr inte så bra, svarade jag modfällt. Allt har ramlat ut!

När jag sa de orden kände jag mig nästan som en bov. Det var som om det var mitt fel att jag inte hade lyckats trots all deras hjälp. Löjlig tanke! Jag förklarade vad som hade hänt och då sa han till min häpnad, att exakt så som jag kände det hade det känts för en annan kvinna, och hon hade varit med barn! Precis som jag hade hon fått en blödning i tid för mensen och tappat ömheten i brösten. På henne hade de inte fått ett positivt graviditetstest förrän efter tre veckor! Stum och förvånad lyssnade jag på professor Berglund. I mina tankar tändes ett ljus, men en annan tanke försökte ideligen blåsa ut ljuset.

Efter vårt samtal, som avslutades med att vi önskade varandra God Jul och Gott Nytt År, gick jag vidare till huvudklinikens kafeteria. Jag tog en bit köttfärspaj och en julmust. Femtioen kronor tack, sa flickan som tog betalt i självserveringskassan. Det var vid sådana här tillfällen som man kom tillbaka till verkligheten med en stjärnsmäll! Himmel vilka priser! Nåja, pajen var god och även julmusten, men ändå. Efter att jag hade skrapat tallriken och druckit de sista dropparna julmust var klockan så pass mycket att det var dags att söka upp avdelning 71.

Jag kom upp på avdelningen, träffade syster Greta som tog hand om mitt urinprov. Jag fick sitta bredvid när hon testade det. Under tiden som minuterna tickade iväg, berättade jag om ett program som Krister och jag hade tittat på TV3 föregående kväll.

Programmet hette Fyrtioåtta timmar och den här gången hade de tagit upp problematiken kring infertilitet. Det hade filmats i USA och hade tagit upp alla tänkbara och otänkbara variationer på barnlöshet. De hade något som kallades surrogatmammor och som vid den här tidpunkten inte var tillåtet och fortfarande inte är tillåtet i Sverige. Programmet hade varit oerhört intressant, inte minst med tanke på vår situation. Syster Greta visade mig provet. Naturligtvis var jag inte gravid. Det var klart negativt! I väntan på ultraljudsundersökningen gick jag omkring i korridoren och tittade på bilderna som prydde väggarna. Mina tankar bombarderades av bilder på barn i olika situationer. Överallt på väggen fanns bilder på kvinnor tillsammans med barn, kvinnor utan barn och gravida kvinnor. Mina steg ekade lika tomt som jag visste att min livmoder var.

Doktor Fredriksson kallade in mig och tog sig en titt på mina äggstockar. Han ville se om de hade återhämtat sig från sin förstoring. De var fortfarande förstorade, men om en månad skulle jag vara helt återställd, trodde han. Jag hade klätt på mig, bytt rum och satte mig ner framför skrivbordet. Det var dags att ta upp problematiken kring Kristers spermaprov. Diskussionen avslutades med att doktor Fredriksson gav mig rådet att Krister skulle lämna in ett nytt prov efter nyår. Med lite hjälp kanske vi skulle kunna få barn på naturlig väg. Jag gjorde sällskap med syster Anna eftersom hon skulle överlämna provrören till mig. Hon ringde ner till spec-labbet för att höra vilken dag som skulle passa. Det blev den åttonde januari 1992. Dagen efter kunde vi ringa på telefontiden mellan ett och tre för att få höra vad som skulle hända därefter. Jag tackade för mig, önskade alla en trevlig helg. Jag körde hem till Tjörn med en känsla av hopp och förtvivlan. Hoppet var att kunna bli med barn på ett fullkomligt normalt och skönt sätt. Min förtvivlan var över att bära på en tom livmoder.

*

Jag klev ur bilen och pulsade fram till dörren och snön yrde kring mina ben. Strax innan jag klev in i huset, tittade jag ut över vår fantastiska underbara havsutsikt. Den gav mig ett sällsamt lugn. Solens sista flämtande strålar höll sig kvar ytterligare en stund över trädtopparna och gav dem ett guldskimrande sken. Jag stampade av mig snön innan jag gick in. Det var varmt och skönt i huset och eftersom jag älskade allt som stavades julpynt, var det en mysig känsla att gå runt och titta på adventsljusstakar, guldgröna girlanger och julstjärnor. Jag började så sakteliga att se fram emot julhelgen och det utan att vara alltför bedrövad över vårt första IVF-försök. Hade vi riktig tur för en gångs skull, kanske vi inte ens var i behov av ett andra försök! Vem vet, tänkte jag.

Senare på kvällen slog det mig plötsligt att nästan på dagen för ett år sedan hade vi också fått dåliga nyheter. Det var då jag hade fått missfall. Det verkade som om november och december var månader som inte betydde bra saker för oss. Jag försökte skaka av mig de dystra tankarna och istället tänka på julklappar och att inte behöva dricka alkoholfri glögg. Just nu var det bedövande vackert härute på Tjörn. Snön hade lagt sig i halvmeter höga drivor och en del snötyngda träd böjde sig ner och nuddade nästan marken. Det var ett sagolandskap och det gjorde mig på bättre humör. Fick vi behålla den här snön till jul skulle det vara första gången, på hur många år vet jag inte, som vi hade snö på självaste julaftonskvällen. Kanske, kanske skulle nästa år bli ett bättre och gladare år. Vem vet, vi kanske blir med barn!

*

Det nya året 1992 sjöngs in tillsammans med kyrkklockor och tutande båtar. Vi skålade med champagne, stod med våra funderingar på altanen och tittade på fyrverkerierna som lyste upp den svarta himlen. Den åttonde januari lämnade Krister in provet och redan dagen efter fick vi veta att det här provet inte hade varit bättre än det senaste. Karusellen drogs igång igen och vi hoppade på. Det hade bestämts att vi skulle få totalt tre IVF-försök. Tjörns kommun betalade och vi var tacksamma. Ett hade misslyckats, nu återstod två. Samma procedurer påbörjades med nässpray och sprutor, men den här gången samarbetade Stenungsunds kommun med Göteborgs och jag behövde inte åka in till Sahlgrenska för att få sprutorna. Istället åkte jag till Stenungsunds vårdcentral och sakta men säkert började jag få en rumpa som ånyo började anta utseendet av en nåldyna.

Tidpunkten för slutsprutan och äggplockningen började närma sig. Jag satt mittemot syster Greta, som räknade dagarna i almanackan.

– Det ser ut som att det kan bli efter påskhelgen, sa hon och log mot mig.

– Vad skönt, då kan jag äntligen sluta med nässprayen, sa jag.

– Sluta med nässprayen, vem har sagt det, frågade hon.

– Ingen, men det ska jag väl göra när jag får slutsprutan, sa jag.

– Hur gjorde du förra gången?

– Jag använde nässprayen tills dess att ni sa att jag skulle få slutsprutan.

– Men var det någon som sa till dig att sluta använda sprayen?

Jag satt tyst på stolen och tänkte efter. Jag hade läst instruktionerna om hur flaskan skulle monteras, men på papperet hade det inte stått ett ord om när jag skulle sluta använda nässprayen.

– Nej, som jag minns det var det ingen som sa nåt om när jag skulle lägga av med nässprayen, sa jag.

Syster Greta började skaka på huvudet och jag fattade ingenting.

– Nu förstår jag varför dina äggblåsor blev vätskefyllda förra gången, sa hon. Nässprayen fungerar som en avstängningsknapp på hypofysen. Under tiden som du använder den är du praktiskt taget i klimakteriet. Du får inga ägglossningar utan vi styr din menstruationscykel med sprutorna. När du slutade med sprayen vaknade hypofysen och började insöndra två hormoner till blodet FSH, Follikel- stimulerande hormon och produktionen av östrogen samt LH, Luteiniserande hormon som påverkar äggets mognad och framkallar ägglossning, samtidigt som vi behandlade dig med sprutor för att stimulera en konstgjord ägglossning, sa hon och tittade på mig med halvslutna ögon.

Jag lät informationen sakta sjunka in. Nu fattade jag varför jag hade varit som en övergödd ko. Det hade blivit kortslutning. Dubbelt av allt! Men vad jag inte begrep, var varför ingen sagt något om nässprayen. För hur jag än försökte minnas kom jag inte på, att någon enda ur teamet sagt, att det var viktigt att fortsätta med nässprayen tills de sa ifrån! Okej, tänkte jag, misstag gör vi alla. Vi är bara människor, inte maskiner, men den här gången skulle det gå rätt till!

Jag fick ett datum för äggplockningen, blev lovad samma procedur som senast och lämnade avdelningen.

Det var dags att vänta igen, nu på rätt datum för äggplockningen. En dag åkte jag ner till stan för att shoppa och råkade träffa Carin. Det var Carin som på samma tid som jag hade medicinerats inför det första provrörsbarnsförsöket. Plötsligt stod vi mittemot varandra utanför NK. Jag med munnen full av Nicorettetuggummi, sönderbitna kinder, och Carin med en cigarett i handen. Min blick vandrade över henne och plötsligt fick jag syn på en rejäl utbuktning under kappan. Hon var gravid! Under några sekunder gick massor av tankar genom mitt huvud, men till slut fick jag ihop anletsdragen och gratulerade henne. Det gjorde henne generad, tydliga röda fläckar på kinderna, och en flackande blick avslöjade hennes förlägenhet.

Hon frågade försynt hur det hade gått för mig och min rökning. Carin hade vid de tillfällen vi hade träffats, uttryckt ånger över att hon inte kunde låta bli giftpinnarna, trots att hon försökte bli med barn. Jag hade gett henne rådet att slappna av, samtidigt som jag själv ansåg mig vara jätteduktig som hade slutat och istället tuggade Nicorette. Vi stod och småpratade några minuter, hon slängde fimpen på marken och dödade den med skon. Jag följde fascinerat hennes rörelser och i mitt huvud fanns plötsligt bara ett ord, cigaretter! Vi önskade varandra lycka till och jag styrde mina steg in i köpcentret Arkaden. En trappa ner fanns en tobaksaffär. Dit var jag på väg med bestämda steg. Jag klev in, gick fram till disken och köpte ett paket cigaretter av mitt gamla märke. Slängde Nicoretten i papperskorgen på vägen ut och kände mig triumferande. Här hade jag offrat allt för att bli gravid, till och med slutat att röka! Vad hade jag fått för det? Nej, nu skulle jag leva som jag var van vid, det kanske fick mig att slappna av inför det andra försöket, tänkte jag. I mina tankar såg jag TV bilder från fattiga svältande kvinnor. De var så magra att man kunde räkna varje revben på deras kropp. Trots krig och svält lyckades de bli gravida, så det kunde inte hänga på om man rökte eller inte, tänkte jag och tände min första cigarett på månader. Efter första blosset blev jag alldeles yr i huvudet, men det smakade gott! Konstigt, alla säger alltid att de smakar skit om man har haft ett längre uppehåll, men det tyckte inte jag. Krister skulle säkert bli sur, men just nu orkade jag inte tänka på det också!

*

Allt blev precis som förra gången, än en gång plockades jag på över tjugo ägg! Men Kristers spermier visade sig vara sämre än väntat och därför använde de sig av en ny metod, mikroinjektion. Det betyder i klartext att sperman tvättas och med hjälp av mikroskop plockas de mest livskraftiga spermierna ut. Därefter sugs en enda spermie upp i en nål och den utvalda spermien injiceras i ägget. Tio ägg blev behandlade med mikroinjektion och tio med den traditionella provrörsmetoden. Av alla tjugo ägg lyckades endast tre ägg bli befruktade med mikroinjektion. De fördes in och en ny väntan påbörjades. Jag fick uppleva en enda positiv erfarenhet när jag fortsatte med nässprayen och det var, att mitt i behandlingen, gick jag ner fem kilo!

Men det var den enda positiva upplevelsen, annars uppenbarade sig samma väntan och ångest, som jag blivit alltför bekant med. Vi fick reda på att de tre återplanterade äggen var jättefina! Men vad hjälpte det? Inte ett dugg, det lilla livet som vi hade hoppats på, rann ut i formlösa blodklumpar.

Naturligtvis fick jag dåligt samvete över att jag hade börjat röka, men intalade mig samtidigt att det inte kunde vara orsaken, eftersom Carin hade lyckats bli gravid. Vi var tillbaka på ruta ett, men vi var psykiskt och fysiskt urlakade. Jag hade en tid hos Doktor Fredriksson veckan efter och han gjorde ett ultraljud.

– Ja, Helena allt ser bra ut, inga förstoringar på äggstockarna den här gången, sa han och lutade sig tillbaka i stolen.

Jag sa inget men kände hans frågande blick. Vad skulle jag säga? Jag harklade mig.

– Om vi nu skulle vilja göra det tredje och sista försöket, hur skulle det gå till, frågade jag.

– Som det ser ut just nu vore det bra om vi behandlade Krister först. Vi hade tänkt oss att skicka honom med en remiss till urologen på Mölndal. Det finns en skicklig läkare där, sa han.

– Med andra ord händer det ingenting förrän möjligen till hösten, eller kanske inte förrän nästa år, sa jag uppgivet.

– Vi tycker nog inte att det är någon större idé att du går igenom hela proceduren inför ett IVF-försök och allt faller på grund av Kristers spermier. Jag har förstått att du har haft det besvärligt, sa han och tittade på mig med vänliga ögon.

Det var nog bara förnamnet, jag upplevde ett helvete. Jag hade helt förlorat känslan av hur det var att fungera som en normal kvinna. Allt kretsade kring medicinska termer, provrör, olika tester och sjukhuslukt. Var fanns romantiken och den sexuella lusten? Allt sådant hade jag totalt tappat bort. Jag tackade för samtalet och sa att vi skulle höra av oss när Krister hade varit hos urologen i Mölndal.

På eftermiddagen berättade jag för Krister, om samtalet med doktor Fredriksson, och nu fick han ta ställning om hur han ville göra. Krister tittade bekymrat på mig.

– Jag tycker att vi ska vänta på att jag får en tid hos urologen innan vi går vidare, sa han. Det kanske kan ordna sig med lite kirurgisk hjälp.

Blixtsnabbt gick mina tankar till Jörgen och hur han hade pinat sig igenom en operation, allt för att jag skulle bli med barn. Var jag på väg mot en likadan katastrof? Jag vågade inte tala om för Krister vad jag tänkte, det skulle förhoppningsvis komma ett bättre tillfälle.

*

Året var 1993 och vi var inne i mitten av augusti. I barnfrågan hade det inte hänt ett smack. Allt var fortfarande en enda lång väntan. Sommaren hade vinkat adjö och det svenska folkhemmet hade sakta men säkert börjat rämna. Kris och ekonomisk katastrof var de vanligaste orden man kunde läsa om i tidningarna och jag hade redan blivit en av alla tusentals arbetslösa. Uppsagd på grund av arbetsbrist, som det brukar heta när personalen blir för dyr. För min egen del var jag inte speciellt orolig. Jag var ganska trött på mitt jobb. Det fanns inga möjligheter att avancera ombord på båten. Jag var anställd i informationen och där skulle jag få sitta och le tills käkarna stelnade, vilket de redan hade gjort på en del av mina kolleger. Det var inget att sträva efter och jag tog emot uppsägningen med förhoppningsfulla känslor. Istället för ett nytt jobb, fick jag som många andra gå på kurs på AMS och lära mig hur en dator fungerade. Det var inte fy skam, för genom den kunskapen öppnade sig en ny värld för mig.

Det som däremot tog mig väldigt hårt under det här året, var att krisen tvingade oss att sälja vårt drömhus! Det var en bland de jobbigaste flyttningar jag någonsin hade gjort. I många år efteråt, bar jag med mig fotografier i min handväska, föreställande vårt hus och utsikten, tagna ur olika perspektiv och årstider. Tack vare

Kristers affärskontakter lyckades vi få hyra en trerumslägenhet på Linnégatan. I samma veva som vi flyttade in, kom äntligen kallelsen från Mölndals Sjukhus till Krister. En rädsla uppstod dock och det var att vi skulle få problem med IVF-försöket eftersom vi hade flyttat från Tjörns kommun och nu bodde i Göteborgs kommun, men jag kunde andas ut. Det tar ett år innan mantalsskrivningen blir giltig och vårt sista återstående IVF-försök var säkrat.

Krister kom hem och viftade med ett papper i den ena handen, det var ett recept från urologen. Han berättade att läkaren hade varit stressad men trevlig. Jag tittade på receptet och läste namnet på medicinen. Nog hade läkaren varit stressad alltid! Krister hade fått ett recept för att bota hemorrojder! Han ringde upp Mölndals Sjukhus och fick pratat med den stressade läkaren. När han fick höra vad som hade hänt, gav han upp ett gapflabb i luren. Krister kunde vänta sig ett nytt recept på posten, lovade läkaren. Vi skrattade gott åt händelsen och undrade vem som hade fått Kristers hormonpiller. Det hade varit riktigt roligt att få reda på vad den mannen hade tyckt om det.

Ett par dagar senare kom rätt recept och Krister började äta tabletterna omedelbart. Doktor Bråttom, som vi hade döpt läkaren till, hade sagt att först skulle Krister äta de här pillerna i tre månader, därefter lämna nytt spermaprov och först då skulle de avgöra om det var nödvändigt med ett ingrepp. Efter två veckor märkte jag en klar förändring på Krister. Vanligtvis älskade vi med varandra ganska sporadiskt, helt plötsligt ville han älska var och varannan dag, morgon, middag eller kväll spelade ingen roll. Till slut kände jag mig tvungen att ta med mig mina kläder in på toaletten på mornarna. Allt för att inte gå omkring naken i huset. Jag hoppades att han inte skulle märka av mitt nya beteende. Jag var rädd att det skulle såra honom. Till en början satte jag inte hans plötsliga lust i samband med tabletterna. Men det visade sig vara tabletterna! Vi pratade ut om det och var överens om att det inte kunde fortsätta med att vi lekte katt och råtta på mornarna. Men samtidigt märkte jag att han blev sårad. Veckorna gick och blev till månader och jag såg hur Krister mer och mer hängde med huvudet. En kväll efter att vi suttit och glott på TV:n hade jag observerat hur Krister flackade oroligt med blicken och kände mig tvungen att fråga om orsaken.

– Vad är det som trycker dig?

Han ryckte till och stirrade på mig med uppspärrade ögon.

– Vad menar du?

– Jag har märkt att du inte är närvarande, även om du är här. Nu när vi tittade på nyheterna verkade det som att du befann dig i en annan värld. Är det tabletterna?

Krister suckade högt, lutade sig fram, tog tag i kontrollen och stängde av TV:n.

– Jag tycker att vi måste prata igenom det här med barnfrågan. Det har varit lite väl mycket ett tag, sa han och tittade på mig.

Jag undrade vad han menade. Ville han lägga av? Eller ville han bara sluta med tabletterna? Jag vågade knappt andas inför tanken vad jag trodde att han ville säga.

– Varför svarar du inte, frågade Krister. Tycker du inte själv att det har gått tillräckligt långt nu?

Fortfarande satt jag tyst och stel. Jag vågade inte röra mig, jag kunde inte tro på det jag hörde. Men det dröjde inte många sekunder innan mitt försvarstal hade kommit igång! Han hade ju barn, hur kunde han då förvägra mig rätten att få barn? Varför skulle jag sitta ensam på ålderdomshemmet? Han skulle säkert också få barnbarn, men jag då? Jag hörde hur min röst ekade mellan väggarna efter varje mening som kom ut genom min mun. Varje mening var aggressivare och tuffare än den förra. Grälet ökade i styrka, till slut sprang jag in i sovrummet, drämde igen dörren och slängde mig på sängen. Tårarna rann i strida strömmar och jag snyftade högt, men Krister kom inte in. Efter en halvtimma orkade jag inte gråta mer. Jag smög ut i badrummet och tittade i spegeln hur jag såg ut. Ögonen var svullna och formen liknade valnötter. Jag hörde att Krister fortfarande satt uppe, TV:n var på igen. Jag låtsades som ingenting och gick ut och satte mig i soffan mittemot.

– Hur mår du, frågade han.

– Åt helvete, svarade jag. Jag mår pest!

– Det är precis vad jag också gör, sa Krister. Vi kan inte fortsätta så här! Imorgon ringer jag till doktor Bråttom och avbokar min tid. Istället tycker jag att vi tar kontakt med någon psykolog! För jag orkar inte ha det så här längre, sa han och suckade.

Plötsligt såg jag hur tårar rann nerför hans kinder. Jag blev alldeles paralyserad. Varför grät han? Var han ledsen över att vi inte fick barn eller för att jag inte ville ge upp? Den kvällen gick vi och lade oss utan att pussa varandra god natt. Mina tankar gick fram och tillbaka. Hur kunde han be mig avstå från det viktigaste som fanns i livet? Tänk om han lämnar mig? Om han verkligen älskade mig skulle han vilja ha barn, eller hur, tänkte jag och fick ingen ro i tankeverksamheten.

Nästa morgon vaknade jag med ett ryck. Krister hade redan gått till jobbet och klockan var halv nio. Plötsligt ringde telefonen. Jag kastade mig på luren.

– Väckte jag dig, frågade Krister.

– Ja, sa jag och mindes gårdagen.

– Jag har beställt en tid hos en psykolog på Carlanderska

Sjukhuset. Han är specialist på barnlösa par.

– Jaha, sa jag och ville egentligen inte lyssna.

– Vi har fått en tid idag klockan två. Har du något annat för dig eller passar det, frågade Krister.

Självklart var jag ledig, men hade önskat att jag hade varit upptagen.

– Det passar! Vi kan ses utanför entrén, sa jag.

– Bra, då syns vi där, sa Krister och lade på luren.

Jag stirrade på luren i min hand och kände hur mitt hjärta började hamra. En blick i spegeln påminde mig om gårdagen. Ögonen var fortfarande svullna. Det kanske kunde hjälpa med is, tänkte jag och tog fram en kökshandduk ur linneskåpet och kom att tänka på hur det hade varit på Tjörn. I huset hade jag haft kökshanddukarna i en byrå, nu i lägenheten hade jag en hel garderob bara för handdukar. Tog fram iskuberna, rullade in dem i handduken och pressade handduken mot ögonen. Det fungerade inte. Det kändes som om ögonlocken stelnade av kylan. Hela tiden som jag höll på med handduken var mina tankar hos psykologen, som vi skulle träffa klockan två. Han var specialist på par som hade problem med att få barn. Vad kunde det betyda? Att han var på min sida? Eller var han på mannens sida? Jag skakade på huvudet och försökte strunta i vad psykologen skulle prata om. Oavsett tänkte jag minsann inte ge upp tanken på att bli med barn. Så det så!

*

Nervöst stod jag och trampade utanför entrén till Carlanderska Sjukhuset. Klockan var tio i två. Jag såg hur Krister kom körande i bilen genom grindarna, uppför den lilla backen och parkerade. Jag bestämde mig för att vara positiv och gick emot honom med ett stort leende. Han log tillbaka.

– Skönt att se att du är på gott humör igen, sa Krister och gick före mig in genom dörren.

Jag avstod från att svara och följde efter honom.

– Var sitter han, den där pyssologen, frågade jag hurtigt.

– I den vänstra flygeln, sa Krister och gick med bestämda steg.

Jag skyndade på mina steg och plötsligt stannade Krister framför en dörr. Han lyfte handen och tryckte på en knapp som satt vid sidan om dörren. En grön lampa tändes och vi steg in i rummet. Det var ett väntrum. Jag såg ytterligare en dörr som var stängd och vi var alldeles ensamma. Det fanns ett bord, en soffa, två stolar och en hög med gamla tummade veckotidningar. Vi satte oss i varsin stol och väntade. Knappt två minuter efter att vi hade satt oss ner, öppnades dörren. Han var rödhårig och hade krulligt hår. En säckig grå tröja hängde över de hopsjunkna axlarna. Ansiktet var runt och skägget var brunt med röda inslag, hans blå ögon var pigga och tittade nyfiket på oss. Vi presenterade oss och han visade oss in i mottagningsrummet. Där fanns det i alla fall en bekväm fåtölj att sitta i, tänkte jag och slog mig ner.

– Jaha, jag har förstått att ni har barnlöshetsproblem, sa han och tittade på mig.

Helt oförberett började jag gråta. Det räckte med en enda mening innehållande ordet barnlöshet och jag bröt ihop. Psykologen räckte mig en pappersnäsduk och jag snöt mig ljudligt. Krister tittade på mig med ledsna ögon och klappade mig på armen. Jag hulkade mig igenom min berättelse om varför det var viktigt för mig att få barn. Jag hade pratat i femton minuter och nu var det Kristers tur. Det var när han kom till anledningen, varför han inte orkade längre, som jag för första gången ryckte till, under alla dessa år.

– Jag känner mig inte som en man, utan som en avelstjur, sa Krister. Jag vet inte om du verkligen älskar mig eller om du bara vill ha mig för att få barn. Tänk om du får ett barn, men efter att barnet fötts finns jag inte kvar i ditt liv. Skulle du bli lycklig då?

Psykologen tittade undrande på mig efter den meningen. Krister tystnade och inväntade mitt svar. Plötsligt stod svaret lika klart framför mig som utsikten hade varit över havet från huset på Tjörn en klar morgon. Jag älskade Krister och ville inte förlora honom! I sexton års tid hade mina dagar varit uppfyllda av tankar på att bli med barn. Nu fick det vara nog! Jag ville inte bli en bitter, förgrämd och ensam kvinna. Jag ville älska och bli älskad. Framför mig satt mitt livs största kärlek och han var på väg ut ur mitt liv. Det var bara att erkänna, det fanns många som hade barn, men trots det satt de ensamma på julafton. Det fanns ålderdomshem där äldre håglöst satt i sina sängar, och som sällskap hade de enbart gulnade gamla fotografier av sina barn och barnbarn, under de återstående åren av sina liv. Jag ville inte förlora Krister! Jag vände mig om och tittade honom rakt in i ögonen.

– Jag älskar dig av hela mitt hjärta och vill du att vi ska sluta med alla försök att bli med barn tycker jag att vi gör det, slutar alltså!

Jag såg hur lycklig Krister blev av mina ord och kände både glädje och lättnad. Glädje över att se Krister lycklig igen och lättnad över att ha tagit beslutet att äntligen överge alla mediciner, prov, operationer och allt som hade med barnlöshet att göra och som hade tagit över min tid och mina tankar i sexton år.

Upprymd och lycklig med Kristers arm över min axel lämnade vi psykologen och gick till bilen. Vi satt i bilen, Krister vände sig mot mig, och hans ögon glittrade.

– Menade du verkligen det du sa inne hos psykologen, frågade han.

Jag nickade lyckligt och tittade på honom. Det var sanningen, rena rama sanningen. Jag kände ett rus av lycka strömma genom kroppen. Känslan gjorde mig yr. Jag försökte komma på vad det var för känsla. Jag hade inte känt detta på så länge att jag hade glömt vad det var. Plötsligt kom jag på vad det var. Jag kände mig som en hel kvinna! I bilen bestämde vi oss för, att när vi kom hem skulle vi gå till vår kvarterskrog El Paso och äta en dundermiddag. Det här skulle firas!

På kvällen gick vi ner till restaurangen, intog vårt fönsterbord och bara njöt. Vi njöt av att beröra varandras händer, njöt av att bara sitta tysta och se varandra i ögonen. Det var en helt magisk kväll.

Krister frågade mig flera gånger under kvällen om jag verkligen visste vad det var jag hade bestämt mig för och varje gång fick jag ge samma bestämda svar och det var sant.

* * * *

Har du läst ända hit vet du att jag inte blev med barn, men att vi är lyckliga utan gemensamma barn. Har du öppnat boken och börjat med att läsa de sista sidorna vet även du att jag inte fick barn, men inte varför!

Under alla år som har gått sedan vi tog beslutet, rår vi om varandra, äter goda middagar, reser, går på teater, spelar golf och mår bra så bra vi kan och det har vi tänkt göra resten av våra liv!

Vägen hit var lång och krokig, men nu vet jag att det är möjligt att göra det omöjliga, nämligen att leva utan barn. Jag skriver de här raderna, tittar ut över havet och skymningen är nära. I huset på Tjörn trivs jag som makrillen i havet. Ja, du läste rätt, jag bor återigen på Tjörn och vid havet. Faktiskt bara ett stenkast från huset som omtalas i boken och, som vi på grund av Sveriges drunknande krona, tvingades sälja, men ibland har jag haft tur också.

Förresten, om någon undrar hur det gick med stickmaskinen, så samlade den damm i en garderob, och jag insåg att det var roligare att sitta och sticka med två pinnar, därför sålde jag den via annons. Naturligtvis gick jag med förlust!

Några mediciner och medicinska uttryck som nämns i boken

Endometrios: Är en sjukdom som drabbar kvinnor i fertil ålder. Namnet kommer ifrån "endometrium" och är det vetenskapliga namnet på slemhinnan som täcker livmoderns insida.
När livmoderslemhinna förekommer utanför livmodern kallas detta endometrios.

Endometrioshärdar finns oftast i bukhinna, äggledare eller äggstockar.
Andra platser kan också förekomma, exempelvis runt operationsärr, på tarmar, urinblåsa och navel.

Precis som slemhinnan på livmoderns insida, påverkas endometrioshärdarna av de kvinnliga könshormonerna under menstruationscykeln.
När kvinnan får menstruation kan härdarna blöda.

Endometrios är en kronisk sjukdom.
Efter klimakteriet är det mycket ovanligt att man besväras av endometrios.

Källa: Svenska Endometriosföreningen
Box 14087
167 14 Bromma

Folliklar: Äggstocken producerar folliklar innehållande äggceller.

Hormonkurva: Kvinnans menstruationscykel och dess hormonella reglering.

HSG: Den här undersökningen tillämpas inom ramen för fertilitetsundersökningar för att titta närmare på livmodern och äggledarna.
Ett hysterosalpingogram (HSG) är ett röntgenfoto som skapar en bild av livmodern (hystero) och äggledarna (salpingo). HSG ger en god överblick över livmodern och äggledarna genom att kombinera röntgenteknik med röntgenkontrastvätska som sprutas in i de kvinnliga fortplantningsorganen.
Med hjälp av hysterosalpingografi kan läkaren avgöra om en kvinnas äggledare är öppna, svullna eller blockerade.
Undersökningen gör det också möjligt att utvärdera livmoderns omfång, form och struktur.

Källa: www.fertilitetsguiden.nu

Laparoskopi: Laparoskopisk kirurgi används exempelvis för att undersöka och behandla gallsten, diafragmabråck, ljumskbråck, förstorad mjälte, tumörer i prostata, binjure och grovtarm. Metoden används också på kvinnokliniker för att ta bort cystor på äggstockarna, ta bort utomkvedshavandeskap, göra steriliseringar och även som en del av en operation där livmodern ska tas bort.

Källa:www.vårdguiden.se

Pergonal: Gonadotropiner, fertilitetshormon. Avregistrerat i Sverige 1997.

Profasi: När man har tillräckligt antal folliklar av lagom storlek, påbörjas den sista mognadsfasen av folliklarna genom att injicera Profasi.

Suprefact: (nässpray) Verkar genom att hämma produktionen av testosteron, ett manligt könshormon. Förutom sina normala hormonella effekter kan testosteron verka stimulerande på tillväxten av vissa tumörer. Efter 3-4 veckors behandling med Suprefact har koncentrationen av testosteron sjunkit till mycket låg nivå.

Källa: Läkemedelsverket

Utomkvedshavandeskap: Vid utomkvedshavandeskap sätter sig det befruktade ägget fast utanför livmodern. Oftast fastnar det i äggledaren, men det kan också sätta sig i äggstockarna, livmoderhalsen eller bukhålan. Ägget börjar dela sig och växer på den plats där det fastnat.

*

Från början skrev jag den här boken på en skrivmaskin, idag en omodern tingest, under åren 1989-92. Under tiden som jag omarbetade den ville jag uppdatera möjligheterna för nutidens barnlösa par och skrev ett brev innehållande en förfrågan till "Enheten för reproduktionsmedicin kvinnokliniken Sahlgrenska Universitetssjukhus", överläkare, docent Lars Nilsson, som är den bäste specialistläkaren vad det gäller problematiken kring barnlöshet, och en av de läkare som var med när Sveriges första provrörsbarn såg dagens ljus 1982 på Sahlgrenska Sjukhuset i Göteborg.

Jag blev fantastiskt glad när Lars Nilsson hörde av sig och ville hjälpa mig att besvara frågorna. Vi bestämde oss för att träffas, äta lunch med havet som sällskap och det här var frågorna jag ställde:

Vad är det första ett par ska göra idag, som misstänker att de inte kan få barn?

Rekommendationen är att man ska ha försökt bli gravid i ett år. Statistiken visar att många par blir med barn inom ett år. Man tar kontakt med vårdcentralen eller Kvinnokliniken på orten där man bor. Väntetiden till utredning varierar något i Sverige liksom tiden för att göra färdigt utredning. Det är olika lång väntetid till IVF beroende på var man bor i Sverige. Västra Götaland har den kortaste väntetiden till IVF, tre månader. I vissa kommuner i Norrland är väntetiden upp till två år. Ni kan också söka direkt till Reproduktionsmedicinska avdelningen vid Sahlgrenska sjukhuset, om ni är mantalsskrivna i Västra Götaland.

Västra Götaland är bättre än andra landsting vad det gäller antal IVF-försök. Ni får alltid tre försök. Andra landsting beviljar bara ett enda IVF-försök. I Västra Götaland gäller också att resulterar IVF-försöket i att ni får barn, kan ni trots det få ett eller flera försök till med de frysta äggen, men då på egen bekostnad.

Det finns ingen lag om samma behandling för barnlösa i Sverige. Allt beror på var i Sverige ni bor. I vissa landsting krävs att det första försöket påbörjas innan kvinnan fyllt 39 år och i andra 38 år.

I dagens moderna värld använder man inte tempkurvor, utan LH-stickor. Dessa köper man på Apoteket och kostnaden är c:a 600-700 kronor för en månad. Har kvinnan regelbunden menstruation är inte LH-stickorna nödvändiga. Med regelbunden mens menas att det är 28-30 dagar mellan perioderna.

Behandlingen GIFT, finns den kvar? Om så är fallet hur utförs den idag?

Gamete intra fallopian transfer är metoden där ett ägg och spermier blandas och med hjälp av laparoskopi läggs i äggledaren. Idag används inte GIFT i Norden. Metoden uppfanns av den argentinske läkaren Ricardo Asch och han blev lite av en olaglig Robin Hood. Han stal ägg från kvinnor som fick många och gav dem till kvinnor som inte hade fått några. Idag är han eftersökt av den amerikanska rättvisan och är troligen på flykt i Brasilien.

Vad står ZIFT och EIFT för?

ZIFT och EIFT är överläkare Lars Nilssons uppfinningar. ZIFT betyder att man odlat det befruktade ägget i ett dygn och i EIFT är ägget odlat i två dygn. Därefter förs det odlade ägget in via äggledaren med laparoskopi, men metoden används inte längre.

När ägget tas ut kan man med mikroskop se om det är odugligt, men inte om det är ett riktigt superägg. Vid missfall är det minst 75 % av fallen ägget som är den felande länken. Det är kroppens eget sätt att tala om att fostret inte kan bli ett livsdugligt barn.

Vilka privata alternativ utöver de kommunala, finns det i Sverige och vad kostar ett försök?

IVF-enheten vid Cura kliniken
Telefon: 040-98 70 50
Hemsida www.curakliniken.se

Carl von Linné kliniken, Uppsala
Telefon: 018- 55 00 44
Hemsida www.linne.se

Reproduktionscentrum
Kvinnokliniken
Akademiska sjukhuset Uppsala
Telefon: 018- 611 57 07
Hemsida: www.uas.se/lul/uas/kk/reproc

Fertilitetscentrum Göteborg
Telefon 031- 710 46 00
Hemsida: www.fertilitetscentrum.se

Kvinnokliniken
Sahlgrenska
Universitetssjukhus/SU Göteborg
Telefon IVF: 031- 342 39 19
Utredningar 031- 342 35 71

Fertilitetscentrum
Carlanderska sjukhemmet
Telefon: 031- 20 85 00
Hemsida: www.fertilitetscentrum.se

RMC kvinnokliniken
Universitetssjukhuset Linköping
Telefon: 013- 22 31 70

Fertilitetsenheten
Kvinnokliniken
Regionsjukhuset Örebro
Telefon: 019- 602 10 00
Hemsida: www.orebro.se/fertilitesenheten

IVF-enheten
Kvinnokliniken
Huddinge Universitetssjukhus AB
Telefon: 08- 585 800 00, 585 875 06

Lucina-kliniken
Drottninggatan 56 Stockholm
Telefon: 08- 791 00 36
Email: lucina.ivf@stockholm.mail.telia.com

Reproduktionsmedicinska enheten RMC, IVF-mottagningen
Kvinnokliniken
Karolinska Sjukhuset
Telefon: 08- 517 72 538
Hemsida: www.ki.se/kbh/obgyn/rmc

Fertilitetscentrum Stockholm
Telefon: 08- 586 120 00
Hemsida www.fertilitetscentrum.se

IVF Stockholm (S:t Görans Sjukhus)
har även samarbete med Cura-kliniken i Malmö
och nystartade Kliniken Gothia i Göteborg.
Hemsida: www.stgoran.se

IVF-KlinikenUmeå
i samarbete med Norrlands Universitetssjukhus, Umeå
Telefon: 090- 785 26 00
Hemsida www.ivfstockholm.se

IVF-KlinikenStockholm
i samarbete med S:t Görans Sjukhus, Stockholm
Telefon: 08- 587 033 24
Hemsida www.ivfstockholm.se

Falu Lasarett
IVF Falun
Telefon: 023- 49 28 50
Hemsida www.ivffalun.se

Sophiahemmet, Stockholm
IVF Kliniken
Telefon: 08- 406 20 00
Hemsida www.ivf-gruppen.se

IVF-kliniken Öresund, Malmö
Telefon: 040-32 12 53
Hemsida www.ivfkliniken.com

Kostnaden varierar, men ligger på mellan 20 000 – 30 000 kronor per försök. De flesta klinikerna har utförliga hemsidor, eller så kan man skicka förfrågningar med mail. Mer information finns också på hemsidan: www.serono.com

Hur många procent av IVF behandlingarna lyckas idag?

Idag lyckas mellan cirka 30- 35 % av försöken. Man kan säga att siffran ligger närmare 35 % än 30%.
Idag återplaceras i regel ett befruktat ägg, men det händer i enstaka fall att det även återförs två ägg. Ibland i det sista av de tre IVF-försöken.

Hur ofta används metoden mikroinjektion idag?

Idag används metoden mikroinjektion i c:a 50 % av fallen.

Här sitter jag med överläkare Lars Nilsson,
som var en stöttepelare under många år av
min behandling av barnlöshet.
Fotografiet togs av en vänlig servitris
på restaurangen vid vårt möte.

* * *

SLUT